CÉLINE et RENÉ
Un amour invincible

Elisabeth Reynaud

CÉLINE et RENÉ
Un amour invincible

Les 2
Salamandres

LES 2 SALAMANDRES, Paris, 2016.

ISBN : 979-10-96301-00-3

Comme il a été cruel de nous donner un corps.
On a cru que c'était la Vie.
Or la Vie est en cage dans ce corps,
Comme un oiseau captif
Qui était libre avant, et sera libre après.

Elisabeth Reynaud, *Carnets*

Avant-propos

Lorsque j'ai rencontré René Angélil j'ai été frappée par ce qui émanait de lui : une douceur orientale, une impression d'homme luxueux, d'indolence mystérieuse, ce halo de séduction qui entoure la nature même du joueur. Et puis la franchise de son visage, cette voix cassée et profonde avec laquelle il me disait, au sujet du portrait que j'avais fait de Céline, vous m'avez fait pleurer, madame. Il y avait bien de l'indulgence dans son compliment, car mon travail m'est apparu ensuite comme assez incomplet. Je suis donc heureuse de lui rendre ici hommage, dans cet ouvrage où prend place un nombre important de révélations sur lui, en particulier sur son rôle majeur dans cette *succes story* sans exemple.

C'était dans les coulisses de l'émission *Vivement Dimanche*, où, grâce à l'entremise de Michel Drucker, Céline avait accepté de venir sur le plateau présenter le portrait que j'avais tracé d'elle.

Puis nous avions parlé ensemble avant qu'elle retourne dans sa loge et, sachant qu'elle avait la même passion que moi pour les enfants, je lui avais confié que j'avais perdu mon fils aîné. En apprenant sa mort, elle avait planté ses yeux dans mes yeux avec un regard que je ne peux oublier. Interdite, muette, devant l'idée folle de la mort de l'enfant. Elle qui s'est tant battue pour avoir ses trois fils. Puis on s'est prises dans les bras sans mot dire. En effet que dire ? Pas un mot ne pouvait troubler ce silence plus éloquent que toutes paroles. Simplement, elle accueillait favorablement l'admiration que je lui manifestais.

Elle venait de chanter à deux pas de moi, sur cette scène plus intime que les immenses plateaux du monde entier où elle se produit habituellement. J'avais reçu en plein cœur son charisme étincelant, son énergie, son professionnalisme.

Dans les coulisses, il y avait René, souriant, paisible, confiant, mais bien présent. Courageux aussi, lui l'homme aux cheveux blancs, luttant depuis des années contre un cancer implacable. Qui pourrait dire la lutte sans faille contre la mort, menée dans le champ de leur intimité, les derniers temps ? Pas moi, certainement. Il eut fallu pour cela être au plus près de cette geste humble et sainte, dans sa servitude quotidienne, auprès de l'homme de sa vie s'éteignant peu à peu dans ses bras.

Car je n'ai pas choisi de raconter Céline par hasard. Certains sarcasmes la concernant m'avaient profondément déplu. Même si leur grossièreté d'âme n'a jamais entamé d'un iota son succès planétaire. J'avais honte pour ceux qui les profèrent avec la bêtise de l'inconscience. Je voulais faire entendre une autre voix sur cette femme indomptable que tentaient de piquer des nains audiovisuels !

J'ai pensé que si on avait voulu mêler les noms de ces deux-là, Angélil et Dion, on aurait pu obtenir *ange-élion*. Lui, l'ange exterminator, le killer d'obstacles, le vainqueur du hasard. Elle, le lion, avec sa dimension extralucide, son mépris, son refus même, de la mort qui rôde. Sa volonté de reine de la jungle !

Le *Gamer* et la *star*

Dès leur première rencontre, elle l'a vu tel qu'en lui-même ; l'a aimé, l'a voulu. Toute jeune, à peine nubile, elle a anticipé d'emblée l'importance de cet homme dans sa vie. La petite fille a su que c'était lui qu'il lui fallait. Qu'elle ne le lâcherait plus. Un puissant instinct a généré en elle la certitude d'avoir trouvé son pygmalion. Envers et contre tout et tous, elle ferait sa conquête. Il était né pour elle. Il serait à elle. Quelle force, quelle énergie, quelle divination la possèdent au premier regard ? Celles d'un premier amour sans doute. Sauf qu'elle en fera l'unique, le plus loyal, de sa vie. Ce jour-là, dans le bureau du grand impresario, René Angélil, elle est accompagnée de sa mère, la redoutable Thérèse, mère de quatorze enfants, qui surveille sa fille cadette comme la prunelle de ses yeux. Son frère Michel s'est donné tant de mal pour que cette rencontre ait lieu.

Pourtant, sans hésiter, la petite aux vilaines dents, sans apprêts particuliers, se livre, à l'aveugle, à cet homme de vingt-six ans son aîné. Elle a compris, elle a senti de tout son être, avec une force inouïe, que c'était lui. Il n'y en aurait pas d'autres. Elle choisit sans trembler celui qui fera d'elle la plus grande. Personne ne la convaincra du contraire. Pas même sa mère qui dirige son existence. La prudence n'est pas de mise. L'apparente folie de la situation l'indiffère. Elle l'écarte d'un revers de main. Elle veut cet homme marié, père de trois enfants, un homme mûr, vivant dans le monde du showbiz et du jeu. Qui, de surcroît, n'est pas à ce moment, dans une phase de très grand succès. Un homme, semble-t-il, n'ayant que faire d'une gosse de plus, qui veut chanter elle aussi, comme tant d'autres. À quoi bon ?

Mais voilà que les yeux intérieurs du manager s'écarquillent. Son oreille interne tressaille. Comment ? C'est quoi cette voix ! Là. Dans ce corps de petite fille de douze ans. À la seconde, il sait. Il voit le diamant brut qu'il va falloir tailler. Pour en faire le plus beau des joyaux. René est un joueur. Né. Il va tout miser sur elle. Tout ce qu'il a. Et même ce qu'il n'a pas. C'est ce dont il rêve. Lui le champion des tapis verts, des roulettes diaboliques et des coups de poker insensés. Le découvreur de martingales improbables… qui lui feront perdre sa chemise. Ou pas…

Dans son enfance le jeu est entré dans sa vie. Sa grand-mère Nour est joueuse de poker et de backgammon. Ses parents, Alice et Joseph, son frère André, de trois ans son cadet, ses cousins, ses oncles et tantes, se retrouvent le soir ou le dimanche chez Tété Nour pour jouer aux cartes. Dans ce quartier francophone de Montréal où ils vivent tous, au sein de la communauté syrienne chrétienne dont est issue la famille de René, le jeu fait partie de leur vie. Peu importe de miser des allumettes ou des dollars, ce qui compte c'est de gagner. D'être champion. De tenter le sort. De savoir bluffer. Bluffer n'est pas tricher. C'est tout un art.

Jusqu'à ce jour de décembre 2007, au Caesars Palace de Las Vegas, où il deviendra le vainqueur magnifique du *Texas Hold'em sans limite*, un tournoi de poker où l'on s'inscrit pour cent mille dollars. Il remporte le bracelet de diamant du super *gambler* et un million quatre cent soixante-quinze mille dollars. Il n'en a pas vraiment besoin, il laisse 50 000 dollars aux croupiers et en distribuera une partie à des associations. Ce soir-là, heureux comme un pacha, échappant aux journalistes, il court embrasser Céline dans sa loge de star, et va s'asseoir dans la salle du Colosseum, bondée de plus de quatre mille spectateurs fanatiques. Il peut applaudir, le cœur heureux, cette femme, la sienne, dont il a fait une idole planétaire. Céline reprend ce soir, pour la dernière fois, avant la grande tournée mondiale, le show *A New Day*. Six millions de spectateurs viendront la voir chanter dans ce temple de l'*entertainment*, au cours des années suivantes.

René ne s'y est pas trompé. Las Vegas était fait pour eux. Il le sait depuis qu'il y est venu en février 1967 assouvir sa passion des tables de jeu, poker, black-jack, des spectacles de danseurs, de danseuses, de chanteurs, et de l'ambiance magnétique qui se dégage du lieu. A-t-il la prescience innée qu'un jour il achètera le Colosseum ? Qu'il sera propriétaire de ce lieu de féeries hypnotiques ? En tout cas, il s'y sent chez lui, il y respire l'air dont il a toujours rêvé.

Et puis dans sa jeunesse, avec son ami Pierre Labelle, dont le père accompagne au violoncelle des chanteurs venus de France comme Édith Piaf ou Charles Trénet, il a souvent fureté dans les loges et les coulisses des théâtres où ils se produisaient. Il a assisté aux répétitions, le cœur battant, avec la sensation d'être dans sa vraie vie. Il est incollable sur Elvis Presley dont il achète tous les 45 tours. Sur Bill Haley et son célèbre *Rock around the*

Clock, et sur tous les chanteurs de rock des années cinquante. Il est né en 1942. C'est l'époque de sa jeunesse.

Ses deux passions sont nées : le jeu et la chanson.

Les études de commerce ou de droit n'ayant pas voulu de lui, René s'est fait connaître au Québec comme le plus grand producteur de disques de variété. Il s'est d'abord rendu célèbre en créant un groupe de rock, les Baronets, avec deux amis de toujours Pierre Labelle et Jean Beaulne. Ils reprennent les succès d'Elvis Presley, des Beatles, des Beach Boys, et de tous les rockers des années 60. Mais déjà c'est lui qui tient les comptes. Il flambe sa part en quelques heures sur les tables de jeu et se retrouve régulièrement les poches vides. Qu'à cela ne tienne, il décroche d'autres contrats dans les salles de spectacle ou les boîtes de nuit. Le principal est de jouer, d'être sur scène et de vivre les heures enchantées de la nuit.

Une mononucléose le cloue au lit en plein succès des Baronets. Il réfléchit à la situation et comprend qu'ils ne feront jamais rien de sérieux sans manager. Le nerf du corps artistique. La carrière de son idole, Elvis Presley, n'est-elle pas fondée sur son génial manager, le Colonel Parker ? Ils choisissent un certain Ben Kaye qui les programme dans tout le Québec et même en Ontario. René s'intéresse beaucoup au travail de Ben. Il apprend le métier en l'observant. Les Fab Four, les Beatles, viennent de débarquer comme un raz-de-marée. Les Baronets reprennent leurs succès en français. Mais peu à peu René devient manager d'autres groupes comme les Classels que lui a fait connaître un nouveau fan plein de folie, Guy Cloutier. Celui-là remplit toutes les tâches pour les Baronets. Il s'occupe des tournées, de la promotion en radio, des salles de concert, des contrats. René observe, apprend, se passionne, plus pour la conquête du succès que pour sa propre partie scénique. Il fréquente une jeune fille Denyse Duquette, qu'il a connue dans une soirée. Pour régulariser la situation et faire plaisir à ses parents, il l'épouse le 11 décembre 1966. Bien lui en a pris, en janvier 1968, il est papa de son premier fils, Patrick. Cependant de nouveaux groupes ont supplanté les Baronets. Voici maintenant les Grateful Dead, Jefferson Airplane, ou encore Bob Dylan ou Robert Charlebois qui enflamment la scène québécoise. Les Baronets sont dissous. Dans la salle électrique du Café de l'Est, repaire de gens peu recommandables, Marc Verreault assure avec un certain calme, la sécurité. René se lie d'amitié avec lui et se met passionnément au golf. Ce sera son seul lien direct avec la nature, et une école de maîtrise de lui-même, qu'il n'abandonnera jamais. Son autre passion, celle du jeu ne le quitte pas pour autant.

Son cousin Paul, de six ans son cadet, est déjà gérant d'une succursale de la banque CIBC, où René a son compte. C'est lui qui couvre les découverts vertigineux de René dans les temps de vaches maigres. René surfant sur la notoriété des ex-Baronets, manage et produit de jeunes artistes. Avec Guy Cloutier, il produit Manon Kirouac, âgée de vingt ans, qui, sous le nom d'Anne-Renée, devient révélation féminine du Gala des Artistes, en 1971. René tombe fou amoureux d'elle. Ils ne se quittent plus. La sage Denyse et son fils Patrick ne peuvent rivaliser avec la vie agitée que René mène avec sa nouvelle compagne. Il quitte la maison où sa femme et son fils vivent avec Tété Alice, la mère de René. Il veut maintenant s'attaquer aux grandes scènes de Broadway, d'Hollywood ou de Las Vegas. Rapidement, il fait d'un jeune garçon âgé de douze ans, René Simard, sorte de Justin Bieber avant l'heure, la coqueluche du Québec. Son succès est foudroyant. Au moment où Anne-Renée donne un second fils, nommé Jean-Pierre, à René, le 23 mars 1974, René Simard – quelle étonnante présence du prénom René dans sa vie – remporte le prix du festival de Tokyo qui lui est remis par Frank Sinatra himself !

Mais René rêve toujours de Las Vegas. Il organise enfin son voyage de noces comme un *world tour*, à Nassau, Freeport et Las Vegas. Dans tous les casinos, il prend des crédits lorsque la chance n'est pas avec lui, et le matin, en arrivant à la banque, son cousin Paul constate très inquiet, que le découvert se creuse ! À son retour, pour se refaire, il organise une tournée de succès anciens, comme la tournée actuelle des chanteurs des années quatre-vingt. Il suffisait d'y croire. Ça marche, mais ce n'est pas très créatif. Le petit Simard marche bien, il fait la première partie de Daniel Guichard, à l'Olympia. Il passe sur les chaînes de TV aux côtés de Bing Crosby ou de Liza Minelli. René se constitue un réseau pour la suite… Mais lorsque CBS s'intéresse au jeune chanteur, René demande un million de dollars ! CBS décline poliment. La bulle éclate. Il se sépare de Guy Cloutier. En décembre 1976, il assiste à Las Vegas, au dernier concert du King qui meurt huit mois plus tard, à l'âge de 42 ans. René produit alors le show de Johnny Farago pour un hommage à Elvis, reprenant tous ses hits. Pendant des mois il fait salles combles au Québec. Et Anne-Renée donne le jour à Anne-Marie, le 12 juin 1977. Deux mois plus tard, René assiste à Memphis à l'enterrement d'Elvis. Il se fait passer pour un journaliste afin d'être au plus près de la cérémonie. Cette habitude de contourner le sort pour obtenir ce qu'il veut !

La tournée de Johnny Farago se poursuit sans pour autant répondre à ses rêves de grandeur. Un jour qu'il est descendu à l'hôtel El Presidente, à Acapulco, la chanteuse Ginette Reno qui se trouve là, lui demande tout de go d'être son manager. C'est alors une très grosse vedette – dans tous les sens du mot diront les méchantes langues – au Québec. René Angélil accepte sa proposition et produit *Je ne suis qu'une chanson* dont il refonde complètement l'orchestration. C'est un succès. Trois cent cinquante mille albums vendus en 1978-79. Mais René veut conquérir le marché français. Ce tube québécois ne marchera pas en France. Il s'adresse à Eddy Marnais, le parolier de Mireille Mathieu et de Nana Mouskouri. C'est un vieux monsieur de grande réputation qui a travaillé pour Yves Montand, Édith Piaf ou Michel Legrand. Lorsqu'on commence à parler de contrats, Ginette Reno annonce que son amant, Alain Charbonneau, exige d'être pour moitié, le manager de la chanteuse. René refuse de partager les vingt pour cent de droits qui lui reviennent. C'est la rupture. Et Anne-Renée abandonne sa carrière de chanteuse, pour animer une émission de TV. René n'a plus de poulains à gérer. C'est le trou noir. Est-ce que le showbiz ne veut plus de lui ? Va-t-il reprendre des études de droit ? Retourner à 37 ans à l'Université ? Ne plus vivre la nuit ? De longs mois se passent sans que rien n'arrive. Aucun coup de fil. Le téléphone est muet. Seuls quelques amis fidèles lui prédisent que c'est seulement une mauvaise passe. Il a tout en main pour réussir. Mais avec qui ?

Naissance d'une Star

Il faut avouer que leur première rencontre est assez cinématographique. Mais qu'est-ce qui ne l'est pas dans la vie de Céline ? Un jour René reçoit une cassette dans une enveloppe jaune. Le coursier, un jeune homme qui se nomme Gilles Cadieux, lui dit qu'il y a trois chansons interprétées par une toute jeune fille qu'il faudrait écouter. René est sceptique : la sœur de René Simard chante elle aussi et occupe le créneau. Pas la peine d'insister. René laisse tomber et pose la cassette sans prendre la peine de l'ouvrir.

Michel Dion, le frère et parrain de Céline, lui aussi chanteur qu'on voit parfois à la TV, a eu l'idée de faire parvenir à René Angélil, la maquette de trois chansons enregistrées par sa sœur. Et comme on n'avait trouvé aucun auteur qui puisse convenir à une si jeune gamine, ce fut sa mère Thérèse, qui s'y colla. Elle lui écrivit sur la table de la cuisine, une bluette : « Ce n'était qu'un rêve. » Puis ils firent la musique en famille. Comme depuis toujours. Ils sont tous musiciens. Céline n'a rien inventé, elle a été baignée dans ce rêve depuis sa naissance. Sa mère joue sur son violon des airs de village, son père de l'accordéon, des nuits entières, ses frères, de la guitare, du piano, de la batterie, de l'harmonica, ses sœurs chantent, font des disques, passent à la TV. Ils sont les idoles de leur petite sœur émerveillée. Aretha Franklin, Olivia Newton-John, Barbra Streisand, ses frères, ses sœurs, elle les voit tous en vrac sur le petit écran. Elle aussi, un jour, elle ira à l'Olympia, à Broadway ou à Las Vegas ! C'est écrit. Elle est tombée dedans en naissant. Thérèse, sa mère, a décidé que la vedette de la famille, ce serait elle. La dernière-née.

C'est cette maquette sans prétention, que le frère aîné vient de faire porter au grand producteur.

Inutile de dire que celui-ci ne prend pas la peine de répondre. Devant la colère de maman, Michel fait le siège de René Angélil. « Je sais que tu n'as rien écouté, dit-il au puissant homme replié dans son bureau. Sinon t'aurais déjà rappelé. »

Angélil se met à rire.

– Non, c'est vrai, j'ai pas eu le temps. Elle a quel âge ta sœur ?

Michel hésite :

– Douze ans. Elle aura treize ans le 30 mars.

– Le créneau est pris. Il y a déjà Nathalie Simard, une petite fille du même âge, dont la carrière est lancée.

– Céline n'est pas une petite fille. Elle a une vraie voix, affirme Michel. Écoute-la cinq minutes. Ça peut changer ta vie.

Comment cela changer sa vie ? Michel feint-il d'ignorer que le « milieu » sait que René a rompu avec Ginette Reno et qu'il est en panne ? Tout se sait.

Dix minutes plus tard, Angélil rappelle. Il a écouté les trois chansons. *Ce n'était qu'un rêve*, (écrite par Thérèse), *Grand-Maman* et *Chante-la ta chanson*, deux titres connus, de Jean Lapointe. Qu'a-t-il à perdre ? La voix l'a remué. Mais n'a-t-elle pas été retouchée en studio ? Il a du mal à y croire. Il veut l'entendre, la voir chanter en direct. Quelque chose en lui, déjà, s'éveille.

– Est-ce qu'elle peut venir cet après-midi ?

C'est le coup de fil du destin.

Près de l'immeuble de Télé-Métropole, la première chaîne du Québec à l'époque, Angélil a son bureau. Lorsque Céline, très intimidée, arrive, accompagnée de sa mère et de son frère, dans le bureau sombre, Angélil, est dos à la fenêtre, le visage en contre-jour. Il a une quarantaine d'années, une voix douce d'oriental. Sur une table basse se trouve un jeu de backgammon, et de chaque côté du bureau de grosses enceintes acoustiques.

Il demande de cette voix qui la trouble, si elle veut bien chanter pour lui. Là ? Comme ça ? Sans musique ? A capella ? La petite fille, enivrée d'espoir, regarde sa mère, affolée. Combien de fois n'a-t-elle pas chanté devant son miroir en se démenant comme une diablesse ? Mais là, devant cet homme, dans ce silence. Il lui semble que le temps s'éternise. Maman Dion suggère la cause de l'embarras :

– Elle n'a pas l'habitude, sans musique, sans micro…

René Angélil lui tend un gros stylo et répète de sa voix veloutée :

– Imagine que c'est ton micro, veux-tu ?

Son visage reste grave. Céline le trouve beau. Il lui plaît comme les hommes mûrs, doués de charme, peuvent plaire follement à de très jeunes filles. De façon dévastatrice, puisqu'elles n'ont encore jamais aimé, et que, d'un seul clic, leur territoire vierge se couvre d'un parfum puissant. L'agneau de la famille vient d'être livré au loup. Mais attention ! Thérèse Dion veille !!

Et l'agneau se lâche. Impudente et impudique, elle ouvre sa voix en grand. Elle répond à l'appel du mâle tapi dans l'ombre. Oubliant le faux micro qu'elle tient devant ses lèvres, le regard de sa mère stupéfaite, dans son dos, et le sourire amusé et fier de son frère. Elle regarde le loup dans les yeux avec un aplomb forcené. Et soudain dans le regard lointain de l'homme qui l'observe, elle voit poindre des larmes.

Quand elle s'arrête, le silence est mouvant, comme si des ondes continuaient d'envahir la pièce. René s'essuie les yeux sans honte et murmure simplement :

– Tu m'as fait pleurer…

La voilà donc cette voix de chair qu'aucune force n'a jamais vaincue. Pas d'école, ou si peu, pas de maîtres, pas de dressage. Une voix à l'état sauvage. Avec des défauts. Mais Angélil va prendre le temps de tailler son diamant. Déjà, à l'état brut, il pourra en tirer quelque chose. Il en fera la plus grande voix du monde de la chanson, l'incitera au meilleur, par ses paroles d'enjôleur. Ce qu'il n'a pas pu faire avec Ginette Reno, il va le faire avec celle-là. C'était donc elle qu'il attendait sans le savoir. Ce n'est pas seulement la voix qui l'a ému. C'est la force humaine et dramatique qui se loge au secret de cette enfant, comme si elle avait vécu une vie entière. Serait-ce cette immense tribu de frères et sœurs plus âgés, qui a infiltré en elle cette maturité pourtant pleine d'innocence ? Un fluide est passé de l'homme de 39 ans à la jeune fille de 12 ans. Peut-il deviner la passion brûlante qu'il va déclencher ? Rien n'échappe à la mère tigresse. Prudence. Elle sortirait ses griffes de fauve pour défendre sa petite dernière, sa « princesse », son bébé.

Thérèse Dion, manager

D'abord, elle a fait passer au loup le test de la famille Dion. Évidemment, seul face à quinze adversaires – seize moins une – il aurait du mal à s'en sortir. Il le passa haut la main.

Il arriva dans sa Buick. Celle qui faisait baver les garçons. Ils parodièrent un de ses anciens tubes. Cela le fit rire aux larmes. Puis il parla de sa passion pour Elvis. Il connaissait toutes ses chansons par cœur et les chanta avec les frères et sœurs de Céline. Et même avec sa mère. Il était incollable sur le rock des années soixante. Il avait assisté par ruse aux funérailles d'Elvis, s'était mêlé au cortège jusqu'à entrer au cimetière interdit à la foule. Il fourmillait d'anecdotes concernant les vedettes du rock'n roll. Il était intarissable et venait de trouver le terreau propice à s'enchanter de ces savoureux détails.

Toutes les sœurs, Denise, Claudette, Ghislaine, Pauline, Linda, et les frères, étaient séduits. On lui trouvait un regard de velours, de l'élégance, du mystère, de l'exotisme, un charme tranquille, une assurance authentique de parieur habitué à jouer gros.

Céline ne disait rien. C'était pour elle qu'il était là. Et pour nulle autre. Dans cette famille en vase clos, il faisait l'effet d'une vigueur nouvelle, venue de l'extérieur secouer le bonheur facile de la maisonnée. Avec ce charme oriental qui le parait d'une aura différente, parlant plusieurs langues, ayant l'air de ne pas y toucher, il apparaissait comme une sorte de prince heureux et sans malice. Avant de partir, il glissait comme ça, un ou deux mots qui valaient une bombe. « D'ici quatre, cinq ans, je ferai de Céline une grande vedette au Québec et même en France. »

Il avait déjà passé la porte, et tout le monde se regardait stupéfait, croyant rêver. Thérèse Dion avait avec finesse compris que sa petite ne devait pas seulement chanter de vieux tubes usés, mais une chanson inédite dont la nouveauté la mettrait en valeur. Elle avait gagné. René ne pensait plus maintenant qu'à convaincre Eddy Marnay d'écrire pour Céline. Des chansons sur mesure. Qu'il lui faudrait s'approprier. Oublier le répertoire ressassé du *Vieux Baril*, le petit cabaret où se produisait la famille Dion.

René a déployé toute sa force de conviction, au téléphone, pour décider Eddy Marnay à venir à Montréal entendre le petit prodige. Tout en ne lui avouant pas son âge afin de ne pas le décourager. Le vieux monsieur aurait pu craindre un emballement irréfléchi. Mais non, deux semaines plus tard, il arrivait à l'aéroport de Montréal, avec sa compagne, Mia.

Sans tarder, René l'emmène à son bureau où il a convié Céline et sa mère. Il veut qu'Eddy l'entende chanter en direct et non sur cassette. Céline renouvelle son exploit sans difficulté. Le parolier est ému aux larmes. Il y a quelque chose qui le bouleverse dans la fibre de cette voix sans apprêt. La vie, l'espoir frémissant, le sanglot du bonheur, un peu de douleur, une gaieté d'enfant aussi. Tout cela en germe mais déjà présent. Il est étonné, ravi, séduit. Il comprend l'enthousiasme, l'excitation de René. Il ressent les mêmes. Avec la conscience du long travail qu'il reste à faire pour que cette voix devienne adulte.

La nuit suivante, il compose une chanson, paroles et thème musical : *La Voix du Bon Dieu*. Pas moins ! Pourtant la voix de Céline n'a rien de typiquement céleste. Ce serait plutôt, déjà, une voix amoureuse. C'est ce qui a impressionné les deux hommes.

Puis il va le soir avec René, chez la famille Dion. Il a une soixantaine d'années, mais devient peu à peu le confident de Céline. Pendant que René joue aux cartes dans la cuisine, Eddy commence à façonner la jeune chanteuse. Il lui faut désormais habiter, comprendre, les mots qu'elle chante. Ne pas jouer artificiellement de sa voix en la chargeant de fioritures inutiles. Éviter les sons nasillards qui défigurent son timbre. Au sein de cette nichée de jeunes gens débordants de vitalité, il recadre les certitudes prématurées de Céline. Avec elle, il reprend tout à la base. Devient son tuteur. Constate l'amour démesuré qu'elle porte à sa mère et à sa famille. Comprend qu'il faut lui écrire les paroles qui collent à sa vie. À quoi cela sert-il qu'elle continue à chanter des mots qu'elle ne comprend pas ?

Céline reçoit tous ces avis, un peu désarçonnée, mais ravie d'avoir enfin un confident, un conseiller, un professionnel venu de Paris, la ville mythique à ses yeux, qui lui fait répéter les mots cent fois, avant de pouvoir les chanter.

Quand on lui demande ce qu'elle veut faire plus tard, elle répond, sûre d'elle, « star internationale ». Il lui faudra vingt ans de travail acharné pour y arriver. Ayant corrigé bien des défauts. Le talent visionnaire de René a vu loin. Ce sera long.

René s'inscrit maintenant avec délectation dans la lignée des colonel Parker et des Johnny Stark. Il sera le manager, producteur, agent, gérant de la jeune artiste, dont il prend le destin en charge. Sous la férule cependant de madame Dion qui garde les rênes en main. Il va vite s'apercevoir que rien ne se fera sans son aval. Céline est encore dans « les jupes » de sa mère et celle-ci n'a aucune intention de lui laisser la bride sur le cou. On est avec elle ou contre elle. René a donc très vite compris qu'il faut l'avoir avec soi.

Il a demandé à son ami avocat, Jacques Desmarais, de préparer un contrat en bonne et due forme. Il veut pouvoir mettre au clair un vrai plan de carrière, avoir le contrôle artistique sur les enregistrements, élaborer un plan de lancement des disques, forger l'image publique de son artiste, en toute liberté. Il n'a pas la mainmise sur la vie personnelle de Céline, mais sur son emploi du temps professionnel. Ne vont-ils pas obligatoirement se recouper ? C'est là que certaines dissonances risquent d'apparaître. Car Thérèse Dion n'est pas étrangère au chemin déjà parcouru par sa fille. C'est elle qui lui a transmis ce rêve et cet amour du chant. Elle a même déjà signé un contrat avec le producteur Paul Lévesque, pour lui confier la carrière de Céline. C'est encore pour un temps *sa* création. René en est bien conscient. Mais il n'a aucune intention de se laisser donner des ordres par un autre manager même si celui-ci a déjà signé avec Thérèse. D'où la nécessité de s'introduire au cœur de la famille Dion, et même dans les cœurs de ses membres. Il lui faut d'urgence séduire quinze personnes d'un coup !

Il commence par demander au pianiste Daniel Hétu de reprendre l'enregistrement de *Ce n'était qu'un rêve* afin de mettre la voix de Céline en valeur. Puis il donne une dizaine d'exemplaires de cette nouvelle cassette à Eddy Marnay pour qu'il la fasse écouter en France aux musiciens de son entourage et au producteur Claude Pascal. Eddy a la mission d'écrire des paroles qui collent aux rêves et aux espoirs d'une jeune adolescente, mais sans pour autant lasser le public adulte. Il doit arriver à cueillir dans les pensées intimes de la jeune fille les termes qui lui sont les plus proches. Madame Dion ne veut pas de paroles « usées ». Elle veut du sur-mesure. C'est bien l'intention de René. Il veut traiter son poulain comme une star et concocte avec Mia, des communiqués aux petits oignons où elle apparaît comme un trésor venu du ciel. Elle vient d'avoir treize ans, elle aime les sports nautiques et la mode, les chevaux et la chanson. Il la couvre déjà de cadeaux, l'emmène avec sa famille au restaurant. En un mot fait la conquête de la mère pour qu'elle ne nuise pas à son travail avec la fille. Car il prévoit que Céline se produise au plus vite en public. Le choc qu'il a reçu en la découvrant, peut rapidement générer des milliers de fans chez ceux qui auront le bonheur de l'entendre. Il en est sûr. Il va tout mettre en œuvre pour y parvenir.

La petite fille aux dents longues

Michel Jasmin est un présentateur de TV québécois, pour lequel René a beaucoup d'amitié et une profonde estime. Cet animateur de talk-show s'est attiré la sympathie du public en rééduquant ses jambes après un accident de voiture qui l'avait laissé paralysé. Il joue au golf dans les mêmes clubs que René. Ce dernier ayant compris que c'était là un lieu excellent pour faire des rencontres utiles. Même s'il a aussi développé une vraie passion pour ce sport. D'autre part Jasmin est très prescripteur auprès de son public. Lorsqu'il recommande un artiste, il est suivi. Mia, qui a déjà investi son rôle d'attachée de presse auprès de Céline, sait que Jasmin sera conquis. René lui a fait entendre l'enregistrement de *Ce n'était qu'un rêve* et *La voix du Bon Dieu*, dans son bureau.

Jasmin a dit c'est quand tu veux. C'était aussi bon pour lui que pour elle : promotion et événement médiatiques mêlés. René s'est empressé de créer un label, TBS, qui lui appartient. Il a les moyens de lancer le premier disque de Céline.

Le passage TV est prévu pour le 19 juin 1981. Il ne faut pas se rater. L'après-midi du grand jour, Mia, Céline et sa mère arrivent dans les studios. René lui fait visiter les lieux à l'avance pour qu'elle se familiarise. Elle rencontre le réalisateur, les cameramen, la maquilleuse, la coiffeuse, les assistants. Anne-Renée qui a l'habitude des plateaux, lui conseille de rester centrée sur elle-même, de penser qu'elle chante pour sa famille, pour ceux qui l'aiment. De ne pas regarder le prompteur mais simplement la caméra. Céline a très peur. Non pas de chanter, mais des questions qu'on pourrait lui poser ensuite. Elle prétend qu'elle n'a rien à dire. Elle craint de faire de mauvaises réponses. René est nerveux lui aussi. Mais il est comme tous les joueurs, superstitieux. Il suffit de toucher du bois et tout ira bien. En tout cas c'est ce qu'il affirme à Céline. Il l'a prévenue qu'il y aurait un million de téléspectateurs. Elle doit donner le meilleur d'elle-même sans penser à rien qu'à sa chanson. Mourant de peur, elle entre sur le plateau et oublie son trac dès qu'elle commence à chanter. Dans les coulisses, René lui a encore dit « Regarde une caméra et dis-toi que tu parles à ta mère et qu'elle t'aime. » Avec ses treize ans, elle redoute plus l'interview qui va suivre que sa prestation.

Elle chante comme en rêve. Sa voix est là. Complètement. Elle déclenche une salve d'applaudissements. Lorsqu'ensuite l'animateur lui demande si elle compte prendre des cours de chant, elle rétorque sans ciller qu'elle n'en a nul besoin ! Culotté ! Puis elle change le nom de son village pour qu'on ne sache pas exactement d'où elle vient. Au lieu de dire Charlemagne, elle dit Repentigny ! C'est peut-être un conseil de Thérèse. La maman est profondément heureuse, émue, mais reste sur ses gardes. Sa fille a-t-elle raison ou tort de se montrer si sûre d'elle, en public ?

René l'a encouragée dans cette conviction. Elle doit être la première à y croire. Sans restriction. Affirmer haut et clair qu'elle est « capable de jeter tout le monde par terre ». C'est la méthode Qwé. Tu y crois et tu t'obliges à y aller parce que tu as dit que tu le ferais. Il lui impose de se regarder à la suite de chaque passage TV. L'horreur ! Elle doit affronter ses défauts pour les corriger, en se détestant elle-même. Ce qu'elle fera avec conscience et honnêteté. Peu à peu va ainsi s'installer une discipline de fer.

Le grand départ sur les medias a eu lieu. Ni René ni Céline, n'oublieront ce 19 juin 1981 où ils ont eu le trac de leur vie. La machine Angélil tourne à plein régime. Il a profité de la présence sur le plateau du directeur de com du club de base-ball de Montréal pour lui proposer que Céline chante les hymnes nationaux lors du prochain match au Stade Olympique !

Le public populaire auquel s'adresse Céline est le même qui emplit les stades des grands matchs. Vêtue des couleurs des joueurs de Montréal, devant la foule massée dans l'immense amphithéâtre et les caméras de TV, elle entonne les deux hymnes nationaux du Canada et des États-Unis, *Ô Canada* et *Star Spangled Banner*, en anglais, sans comprendre un traître mot de ce qu'elle prononce. Elle a tout appris par cœur, en phonétique. La foule acclame le petit « prodige » de 13 ans, dont la voix a suscité un tel émoi.

René ne perd pas une seconde. Il organise une multitude de petits événements populaires soutenus par les stations de radio. Partout où Céline se produit, le 45 tours lancé le 19 juin, est en vente. René tresse un maillage populaire minutieux qui sera le socle du succès national. Puis international. Au bout de trois mois d'une activité sans trêve, *Ce n'était qu'un rêve* ne s'est vendu *qu'à* vingt-cinq mille exemplaires. Tout le monde est content, sauf René. Il s'attendait à un zéro de plus dans le chiffre des ventes. Il va falloir passer à la vitesse supérieure. Personne, ayant entendu chanter Céline, ne pourra résister. Il en est certain. Mais avec quels moyens financiers produire des spectacles, des albums ? Il faudrait investir de grosses sommes d'argent. Que René n'a pas. Le black-jack ? Hors de question. Il ne s'agit pas de se perdre dans le risque d'une banqueroute. René a une femme et trois enfants à nourrir, même si Anne-Renée travaille à la TV. Il sait bien que la sagesse voudrait qu'il construise pas à pas le succès de Céline. À travers les centres commerciaux, les mariages, les festivals de province. Cela pourra prendre des années avant qu'il puisse organiser une tournée dans tout le pays. Un cauchemar.

René se ronge, mais, en sous texte, il prépare le chemin contraire aux prédictions de prudence des oiseaux de mauvais augure. Non, il n'a pas un sou. En tout cas pas assez pour de grands projets. Non, Céline n'est pas encore suffisamment connue. OK. Mais cela fait vingt ans qu'il prépare son grand œuvre. Il a tout en main. Surtout après le travail qu'il a déjà effectué pour Ginette Reno.

Alors le joueur mise tout. Comme au poker. *All in.* Tout quoi ? Sa maison de la rue Victoire, à Laval. Il hypothèque la maison où il vit avec sa famille. Et bien sûr tout le monde s'exclame René est frappa-ding. Fou à lier. Mais, lui, répond, la vision, je l'ai. J'ai un plan. Vous allez voir. Ça va marcher ! Ce sera la plus grande chanteuse du monde !

Sais-tu, lui oppose-t-on, qu'on peut être la plus grande chanteuse du monde sans pour autant faire une carrière internationale ? Il y faut tant de paramètres imprévisibles. L'imprévisible, René en fait son affaire. Ça viendra tout seul. Le prévisible, il s'en occupe. Et si la voix cassait ? Et si les cordes vocales trop souvent mises à contribution, lâchaient ? Ce serait la ruine, l'opprobre. Et si la jeune interprète perdait courage ? Jamais ! Ça, il en est sûr. Sa volonté, sa détermination, sont intactes. De plus l'adolescente est soutenue par toute une famille de musiciens, de chanteurs, par une mère qui croit en elle avec la foi du charbonnier, et possède aussi, un sens des affaires plein de lucidité. C'est la gardienne du temple. Sa petite chante chaque jour depuis qu'elle sait parler. Ou même avant. Eddy Marnay, Mia Dumont, sa compagne, y croient également. Ils sont du sérail et savent de quoi ils parlent.

Cependant personne ne veut miser sur elle. Sauf un de ses amis, Denys Bergeron, qui lui passe 30 000 dollars, de quoi louer le studio Saint Charles pour quatre nuits d'enregistrement. Pas une de plus. Car, à contre-courant total de tous ceux qui l'entourent, amis producteurs, distributeurs ou managers de concerts, René-le-superbe vient de décider d'enregistrer *deux* albums avec Céline. En ce mois d'octobre, il décide de graver des chansons traditionnelles de Noël, d'une part, et un autre album composé par Eddy Marnay, d'autre part. Oui, les deux en même temps. Maintenant qu'il a hypothéqué sa maison, il ne peut plus reculer. Il profite d'ailleurs des séances d'enregistrement au studio Saint Charles, pour inviter « tout le monde ». Ses cousins, ses amis, Marc Verreault, Ben Kaye, des journalistes, des gens du disque, producteurs, distributeurs. Il paye tout comme si l'argent coulait à flots. Taxis, chauffeurs, restaurants, boissons, pizzas XXL, photographes.

Toute la famille est là, Anne-Renée, Eddy Marnay, Mia, Thérèse, les frères et sœurs, surtout Michel, Linda, les enfants de René, Patrick, Jean-Pierre, qui passent avant d'aller se coucher. Le studio est plein à craquer jusqu'au petit matin. Céline est plus que jamais entourée, choyée. René paye les pochettes des disques, les séances de photos, les vêtements, les communiqués de presse qu'il compose avec Thérèse et Mia. Sa mère fume. Comme son père. René va y mettre bon ordre. On ne fume pas en présence de Céline.

Un vieux contrat sans valeur

Paul Lévesque, voyant tout ce qui bouge autour de Céline, brandit le contrat de manager qu'il a signé avec Thérèse Dion. Une grande bataille s'engage. Entre les avocats des deux parties. Celui de René, Jacques Desmarais, et celle de Paul Lévesque, Louise Paul. Mais René est déchaîné. Jamais il n'abandonnera son poulain. Il a déjà tout mis en place pour triompher des gêneurs. C'est au moment du lancement du disque *La Voix du Bon Dieu,* que Lévesque se réveille en fanfare. Il exige de prendre en main la destinée de chanteuse de Céline. Il quoi ? Il « exige » ?! René s'emballe. Il va voir de quel bois il se chauffe ! Comment ça cinquante-cinquante ! Il n'en est pas question une seconde ! Lévesque brandit son contrat signé en bonne et due forme. Ce n'est pas fait pour impressionner René.

Angelil a pris la place. La famille Dion lui fait une totale confiance vu tout ce qu'il a fait pour les débuts de leur petit trésor. Céline est passée dans un grand show TV. Elle a chanté au Stade olympique, vient d'enregistrer deux albums dont un écrit par Eddy Marnay. Celui-ci ne créera jamais de chansons pour Lévesque. Mia Dumont, sa compagne, est au cœur de la communication construite autour de Céline. Même Anne-Renée, la femme de René, est un lien privilégié avec les chaînes TV que Lévesque n'a pas. René a engagé de fortes sommes pour l'enregistrement des deux premiers albums. Il peut enfin exploiter le travail de ses longues années d'approche du métier. Le producteur français Claude Pascal montre un solide intérêt pour la jeune chanteuse. C'est un atout sans prix. Si un album de Céline sort en France, ce sera le jackpot dont il rêve et qu'il a prophétisé à Thérèse Dion. Une porte ouverte sur toute la francophonie. René est inébranlable. Les deux pieds bien calés dans son projet, il ne faiblira pas. Rien ni personne ne pourra casser sa détermination. Il reste à la famille Dion à opposer à Lévesque une fin de non-recevoir.

Chaque soir René raccompagne Thérèse et sa mère chez elles, à Charlemagne. Il fait pratiquement partie de leur vie quotidienne. Et ce soir-là, tandis que René est là, Lévesque téléphone. C'est Adhémar, le père de Céline, qui est missionné pour lui répondre. Tout le monde est autour du combiné. Nous n'avons plus rien à faire avec vous, lui déclare d'emblée le père. Céline est désormais managée par René Angélil exclusivement. N'essayez pas de nous voir. Vous n'obtiendrez plus rien de nous. Adieu monsieur. Et il raccroche.

La suite évidemment se passe dans le cabinet de l'avocate de Lévesque, Louise Paul. René arrive bardé de certitudes. Il ne lâchera rien. Tous les atouts sont de son côté. Il adore ces joutes improbables dont il ne peut sortir que victorieux puisque c'est tout ou rien. C'est d'ailleurs ce qu'il dit à Lévesque. Tu la veux ? Je te la donne. Mais personne, entends-tu, ne voudra travailler avec toi. J'ai déjà envahi tout le territoire médiatique. Le milieu me connaît de pied en cape. Et c'est vrai. Angélil est connu comme un manager intrépide. On se souvient de ses premières armes faites au sein du groupe, les Baronets, on se souvient du jeune René Ménard. Or Lévesque n'a aucun atout pour mener la carrière de Céline. Il n'a pas de contacts en France et s'occupe seulement de groupes de rock qu'il tente de faire pénétrer le marché américain. Rien à voir avec Céline Dion.

Lévesque joue le tout pour le tout. Il exige 75 000 dollars payés comptant et 50 % des revenus bruts. Angélil doit lui rendre les comptes détaillés chaque mois. René prend feu. Je n'ai fait aucun profit, rugit-il, mais seulement des investissements pour lesquels j'ai misé ma chemise ! Je te laisse 12 % sur les 10 000 premiers dollars, lorsqu'ils rentreront dans les caisses. Et éventuellement, 6,25 % sur les revenus bruts des quatre années suivantes. C'est à prendre ou à laisser. Sinon je me retire et tu prends tous les frais à ta charge. Et n'oublie pas que les Dion ne veulent plus entendre parler de toi. Là-dessus, il claque la porte… Et attend son avocat en bas de l'immeuble comme c'est en fait, prévu entre eux deux.

Desmarais plaide avec fougue qu'Angélil ne changera jamais de position et que Lévesque risque de tout perdre, vue la situation. Puis il affirme qu'il va tenter de ramener Angélil pour discuter afin de signer un accord. Lévesque accepte. Il faut battre le fer pendant qu'il est chaud. Angélil remonte au cabinet d'avocat. L'atmosphère est lourde. Après avoir fait rectifier les chiffres du contrat, René signe en premier puis quitte les lieux sans un mot.

Il a joué, il a gagné. Jamais au grand jamais il n'aurait accepté de devoir rendre des comptes. Il veut être libre de toutes les « folies » nécessaires à ses rêves. Pas d'entraves. Il voit grand. Il voit loin. Il suit son instinct. Il a tout mis en place depuis des années. L'heure est venue d'embarquer pour la grande aventure dont il rêve. Dont Céline rêve. Dont Thérèse rêve. Le matériau est là, il en fera de l'or. Il a sué sang et eau pour cela.

D'amour ou d'amitié ?

Voir tout en grand. Penser à tout. C'est sa bataille. René choisit les lieux les plus prestigieux pour convoquer la presse. Comme pour une grande vedette. Le lancement de l'album *Ce n'était qu'un rêve* s'effectue dans les salons de l'Hôtel Bonaventure. Il a invité la presse, les gens de l'industrie du showbiz, distributeurs, disquaires. Les amis, la famille, deux cents personnes venues écouter la jeune chanteuse encore peu connue. Cela doit à tout prix être un événement, avec buffet somptueux, en boissons et nourriture fine. On n'attrape pas les mouches avec du vinaigre. Même s'il n'a pas encore les moyens de tout ce luxe.

Céline chante en live. Sur la bande son. Il faut pouvoir juger sur pièce de son talent, entendre sa voix surprenante. Il faut la voir à l'œuvre. Les jours suivants, les medias dans leur ensemble font un écho à ce qu'ils ont vu. Journaux, TV, radios, parlent du nouveau prodige, de son jeune âge, de sa maturité. René la briefe avant les interviews, prépare les questions et les réponses avec elle. Choisit les sujets abordés. C'est la partie où Céline se sent le moins à l'aise.

L'album *Céline Dion chante Noël* est sorti comme il l'a prévu en décembre 1981. Il se vend par dizaine de milliers d'exemplaires. Mais au bout d'un an, *La voix du*

Bon Dieu frôle les cent mille. René peut rembourser l'hypothèque sur sa maison. Ceux qui ont cru en lui sont embarqués dans l'aventure. Les sceptiques resteront sur le bord du chemin. Il a tenu les promesses faites à Thérèse Dion. Céline est connue au Québec comme une artiste hors du commun. C'est une traînée de poudre qui enflamme le public. Il faut maintenant conquérir la France.

Munie de ses premiers cachets, Céline court les magasins avec ses sœurs, Dada et Liette. Elle a la folie des chaussures. Caoutchouc roses, babouches à plumes, bottes à paillettes, sabots de bois, escarpins en cuir, toutes sortes de talons hauts multicolores, transparents, fluorescents, dans toutes les teintes existantes, parfois, pour un même modèle. Qu'ils lui blessent le pied ou pas, elle les portera tous au moins une fois. René sourit, c'est un domaine dans lequel il n'a pas d'ordre à lui donner, sauf en ce qui concerne les photos destinées à la presse. Elle aime le clinquant, le brillant, le flashy. Elle se voit rockeuse en cuir, vamp en jupe fendue et long fume-cigarette, mannequin adulé sur les podiums, ou meneuse de revue en boa de plumes et diadème de strass.

Or, pour l'instant, auprès du public, elle est une jeune fille sage et douce qui chante, d'une voix étonnante, certes, mais seulement des ballades en l'honneur de sa mère et de ses rêves d'enfant. *Ce n'était qu'un rêve* ou *La voix du Bon Dieu.*

On est loin de la Prière païenne qu'elle chantera en 2012 *Je ne prie pas le ciel, Il n'entend pas.* ou *L'amour est un criminel en cavale*, paroles de *Qui peut vivre sans amour ?* Cette chanson-là, elle la sculpte, la brandit comme une épée de feu, la grandit, en extraie la folie. La porte jusqu'à l'incandescence tapie derrière les mots. C'est de la grande Céline Dion 2012. Une autre. La prochaine à venir. Celle qui naît de trente ans de passion. Qu'il serait temps de débrider. *Il torture, il foudroie, nous cloue les bras en croix*, chantera-t-elle avec fougue. Rien à voir.

Alors qu'à l'époque, une petite fille de 13 ans, avec une voix de femme, vient d'étonner les plus grands professionnels du monde blasé de la chanson. Ils regardent cependant avec une certaine méfiance ces incroyables canines qu'elle cherche depuis toujours à dissimuler. Elle dit elle-même : « Devant les photographes qui préparaient les photos de l'album, je refusais de rire ou même de sourire. Mes canines étaient si longues et si proéminentes que, même la bouche fermée, elles soulevaient les coins de ma lèvre supérieure. Personne d'autre que moi dans la famille n'était équipé d'une telle dentition, pas même mes parents. Je me serais volontiers passé de cette exclusivité. »

En lien ou pas avec ce problème, Céline confie à Eddy Marney qu'elle n'a pas d'amoureux. L'amour l'a oublié. Elle se sent seule et croit qu'elle restera toujours seule. Elle pleure et ressent une très grande tristesse bien que la vie lui sourie d'autre part. Eddy a compris. Il lui écrit une chanson qui colle à son état d'esprit : « Et je suis comme une île / en plein océan / on dirait que mon cœur / est trop grand. »

Eddy Marnay est un parolier connu et reconnu en France dans le monde de la chanson. Il a écrit pour les plus grands, d'Édith Piaf à Claude François. Mais le marché français est, à l'époque, très frileux sur les artistes francophones venus d'ailleurs. C'est un non de principe qu'il oppose systématiquement. L'album *Ce n'était qu'un rêve* ne rencontre pas le succès en France. Les radios n'en veulent pas. Le succès du Québec ne convainc pas du tout les décideurs de Pathé Marconi. On reproche à Céline son accent, des thèmes trop édulcorés, sa famille nombreuse, son milieu provincial. On a déjà Mireille Mathieu dans le genre.

Loin de renoncer, Eddy se bat pour Céline dont il apprécie le talent. Elle est devenue proche de ce vieux monsieur qu'elle considère comme son confident. C'est d'ailleurs en l'écoutant qu'il peut lui écrire les chansons les plus proches de son cœur. Cela n'a pas échappé à René. Ni à Thérèse qui veille. Cependant Eddy Marnay est conscient qu'il doit écrire pour Céline des textes forts, qui la sortent de l'enfance. Il a saisi dans le cœur de Céline un grand remue-ménage. Un trouble profond s'est installé en elle depuis qu'elle vit cette aventure de rêve. Ce nouveau manager qui s'est enflammé pour elle, qui est aux petits soins chaque jour. Qui soudain envahit sa vie en l'arrachant à sa condition de petite fille au seuil de l'adolescence, quelle place a-t-il dans son cœur ? Elle confie son émoi à Eddy. Celui-ci a en tête de très belles musiques sur lesquelles il va écrire pour elle. Trois titres : *D'amour ou d'amitié*, *Visa pour les beaux jours* et *Tellement j'ai d'amour pour toi*. Ce dernier titre a un sens ambivalent, il semble adressé à sa mère qui tient une grande place dans son cœur. Certes. Mais ne pense-t-elle qu'à elle lorsqu'elle la chante ? Eddy serait-il déjà dans le secret d'une autre passion naissante ? En tout cas ces nouveaux titres ont convaincu les producteurs de Pathé Marconi. Céline va pouvoir enregistrer dans leurs studios parisiens l'album prévu pour l'automne suivant.

Gros défauts. Grands malheurs.

Pendant ce temps au Québec, René ne chôme pas. Il carbure jour et nuit pour la promotion de son poulain. Il cherche à donner à son image publique, un visage humain, chaleureux, empathique. Céline, issue d'une famille nombreuse, vit déjà les épreuves qui ont frappé certains de ses membres de façon cruelle. Ainsi, sa nièce Karine, la fille de sa sœur Liette, est atteinte de mucoviscidose. La mère et l'enfant doivent se battre sans répit contre la maladie. L'espérance de vie de la petite malade est à court terme. Céline, qui vit au pays des merveilles, est profondément marquée par le mal terrible qui atteint sa petite nièce. Toute la famille se tient au courant des progrès de la science en ce qui concerne l'avancée des recherches. L'Association québécoise contre la mucoviscidose cherche une marraine à la pointe de l'actualité pour la campagne de financement qu'elle lance au printemps 1982.

Ni une, ni deux, René saute sur l'occasion. Mais le plus beau dans tout cela, c'est que ce qui pourrait apparaître comme un coup de pub, est en fait enraciné sans fard au cœur de Céline. Ce cœur-là est grand ouvert au malheur. Jamais le succès ne lui fera oublier la souffrance humaine sous toutes ses formes comme elle le prouvera plus tard. Au milieu du tourbillon qu'elle vit, elle reste présente aux soucis de ses proches. Sa petite nièce Karine mérite qu'on mette tout en œuvre pour la guérir un jour. Céline lui est très attachée. Elle portera la campagne de financement aux côtés du chanteur Gilles Vigneault. Il est quatre fois plus âgé qu'elle, engagé politiquement pour l'indépendance du Québec, c'est un pilier de la chanson québécoise. On ne peut faire plus dissemblable. Mais entre les concerts qu'elle donne, comme celui de l'hippodrome Richelieu, au milieu des grands noms de la chanson québécoise, elle remplit sa tâche de marraine.

René veut inscrire Céline dans le cœur du public. Car lui aussi sait s'émouvoir et laisser ses larmes couler lorsqu'il est touché.

Mais voilà que s'annonce une grande tournée avec l'explosif Plastic Bertrand – *Ça plane pour moi* ! – et la rockeuse Nanette Workman. Les bluettes gentillettes qu'elle chante n'ont rien à voir avec les deux phénomènes, mais René se bat pour qu'elle fasse la première partie. « Elle va apprendre à se défendre » affirme-t-il. Ajoutant, avant chaque entrée en scène de Céline « Tu vas les jeter par terre » ! Céline se désespère, elle pense que Nanette fera tout mieux qu'elle. Mais René a toujours le dernier mot « Moi, j'attends que toi, tu me jettes par terre. »

Ce soir-là, elle chante pour lui, posté au bas de la scène, les yeux rivés sur elle. Elle oublie la foule et donne tout. L'adolescente brandit sa voix des grands jours. Le public est saisi.

Mais la voix n'est pas tout. Elle doit travailler sa diction, sa technique vocale, corriger ses défauts. Malgré ce qu'elle a dit à la TV, elle devra prendre des cours de chant avec un grand professeur. Il faut casser les certitudes sur son talent qui l'empêchent d'avancer. Et puis le temps est venu d'aller enregistrer à Paris.

À l'époque de la gloire des Baronets, René s'était lié d'amitié avec le chanteur des Scorpions, Guy Morali, qui faisait un malheur en France. Avec sa femme Dodo, il a ouvert un petit restaurant qui ne désemplit pas, dans le IXe arrondissement de Paris. C'est un des QG du monde de la chanson. On y fait la fête, on rit, on mange, on boit, tout en parlant du métier. Quand Guy vient au Québec il fait des bœufs, des nuits entières, à Charlemagne, avec les Dion.

Tout est en place. René part pour Paris avec Céline et Thérèse. La mère et la fille resteront à Neuilly, chez Eddy Marnay et sa femme Mia. René, dans un petit hôtel mitoyen. Et ils iront dîner le soir chez Guy et Dodo. René adore être chef de gang. Mais c'est un gang d'amitié chaleureuse au sein duquel il ne perd jamais de vue son projet. Tout tourne autour de ses rêves de gloire pour Céline.

À Paris, une certaine madame Tosca lui fait passer une épreuve redoutable. Assise au piano, elle lui fait chanter la même phrase pendant une demi-heure. La séquence à peine terminée, sans aucun commentaire, elle lui demande de recommencer. Céline s'applique à faire de mieux en mieux, mais elle se perd et ne sait plus où elle en est. Plus fort, plus haut, plus bas ? La puissance de son souffle, son large registre, ses cordes vocales en acier, ne suffiraient-ils pas ? Non, il va lui falloir trouver en elle l'émotion, l'apprivoiser, chercher la vérité des mots qu'elle prononce. Se calmer. Madame Tosca lui apprend la douleur et le plaisir de chanter, de se mettre en danger. Céline au bout de cette épreuve, entrevoit tout ce qu'il lui reste à faire. Mais, reconnaissante du travail accompli, elle lui offre des fleurs, sans rancune, pour l'avoir mise dans le bon chemin.

Elle enregistre au studio, toujours bondé de monde, cette chanson dédiée à sa mère, *Tellement j'ai d'amour pour toi*. Les compositeurs, arrangeurs, techniciens, gens de Pathé-Marconi, la famille de Guy, Eddy, Mia, toute une smala est là pour la soutenir. Parmi les visages collés derrière la vitre de la cabine d'enregistrement où elle chante, elle cherche celui de Thérèse et s'adresse à elle :

Il peut couler du temps / Sur tes cheveux d'argent... Mais les tempes de René ne sont-elles pas déjà un peu argentées ?

L'entraînement chez madame Tosca a porté ses fruits. À la fin de la première prise, toutes les personnes présentes éclatent en cris de victoire. Maman reste muette, la gorge serrée. La femme de fer vient d'être touchée en pleine cible. Elle regarde sa fille, fascinée. Pourtant ce n'est qu'un début. Tout le monde est heureux. René le premier.

Céline qui se fait des films dans sa tête à longueur de voyages en avion, en limousine ou en car, se voit déjà sur des affiches géantes, en robe de gala, sous des tonnerres d'applaudissements.

De retour au Québec, avec ses sœurs Manon, Dada ou Pauline, elle va voir et revoir *Flashdance* au centre commercial de Repentigny. Une petite fille pauvre rêve de danser un jour à Broadway. Et Céline euphorique, se fait sans tarder le film de son propre triomphe, assumant tous les rôles, du producteur, au réalisateur en passant par l'interprète principal. Elle se voit déjà épuisée de gloire, comblée d'admiration, couverte de fleurs. Mais c'est juste un film.

Un problème crucial se pose dès lors : est-ce qu'une jeune chanteuse qui fait des tournées, passe à la TV et enregistre des disques, a encore le temps d'aller à l'école ? René a décidé que non, et Thérèse ne se montre pas très difficile à convaincre. Elle-même est autodidacte et se méfie des têtes trop pleines. Paul Lévesque avait mis en garde les parents Dion. Que Céline ne manque surtout pas ses cours.

René Angélil ne voit pas du tout les choses de la même façon. Aujourd'hui Céline dévore les livres d'art, d'histoire et d'architecture dès qu'elle a un moment, mais à l'époque elle ne se voue qu'à son rêve. Elle a déjà projeté, sur l'écran de ses nuits, les images les plus enivrantes : acclamée à Broadway, adulée à Hollywood dans les superproductions musicales, ou remplissant d'immenses stades, noirs de monde !! Prémonitions sans doute, mais la tâche est immense pour y parvenir.

Tout le monde est d'accord, la carrière avant tout. Sauf le directeur de l'école, monsieur Portal, qu'il va falloir convaincre. Va-t-il accepter de lâcher son élève, à peine âgée de 14 ans ?

Dans le bureau du directeur, avec Thérèse et Céline, René plaide sans vergogne. Pendant que les jeunes de son âge font des petits boulots, entre les cours, Céline enregistre des albums avec de vrais professionnels, chante sur les grandes scènes de Montréal, passe à la TV, part en tournée, gagne plus d'argent en un soir que son père en un mois. Elle suivra un programme de cours par correspondance que sa mère et lui-même s'engagent à assumer. Le directeur a beau montrer le bulletin de notes en dentelles de Céline, René plaisante et assure qu'elle n'apprendra pas moins en tournée « dans le monde » qu'au sein d'une salle de classe.

Céline est dans ses petits souliers. Elle attend, muette et fermée sur elle-même, l'accord de monsieur Portal sans lequel tout pourrait s'écrouler. Combien de fois, ayant chanté tard dans la nuit, avec ses frères et sœurs, au *Vieux Baril*, n'a-t-elle pas séché l'école ? Elle sera autodidacte, comme sa mère. L'homme ne peut pas lutter. Trois fortes personnalités face à lui ne lâchent pas l'affaire d'un pouce. Il ne peut aller contre. Il s'avoue vaincu, sachant la notoriété naissante de sa jeune élève. René sera son mentor, son pygmalion. Thérèse veillera au grain.

Angélil s'épanouit à fond dans son nouveau rôle. La route est libre. Il complète au jour le jour la culture musicale de son artiste en herbe. Stevie Wonder, Barbra Streisand, Aretha Franklin, Leonard Cohen, ou Brassens et Brel, rythment désormais l'existence de la jeune chanteuse. Céline se plie à tout. Avec passion. Son pouvoir d'assimilation est insatiable. Son énergie, sans limite. René lui-même est ébloui par les ressources de son poulain. La correspondance entre eux est totale. Céline emmagasine tout avec une intelligence étonnante pour son âge. Elle ne demande qu'à passer sa vie à chanter. Ce désir est chevillé en elle depuis toujours. Sa mère et ses frères et sœurs l'ont entretenue sans cesse, ayant perçu l'instrument sans exemple qu'ils avaient devant eux.

La tâche est immense. Il faut trouver les meilleurs auteurs de chansons originales, les compositeurs de talent, louer les salles les plus prestigieuses, soigner la communication, s'adjoindre les meilleurs photographes, maquilleurs, stylistes, coiffeurs. Investir dans la publicité. Il faut investir d'accord, mais ne pas être trop gourmand en retour pour le moment. Faire grimper sa valeur aux yeux du monde, peu à peu ; construire un édifice solide. Au diable les petits succès d'un soir, d'un titre, comme ceux des chanteurs lancés à la hâte, pour faire vite un peu d'argent. René, dans la jungle de son combat, est un aristocrate, un grand monsieur. Il veut le plus grand, le plus beau, pour Céline. Comme Thérèse, la mère-tigresse. Et comme Céline elle-même qui, avec l'innocence de son jeune âge, ne doute de rien. C'est aussi sa force. Cette volonté sauvage ancrée au cœur des trois, va finir par attirer la chance, l'imprévu sur mesure.

Aveux et triomphe à Tokyo

Eddy Marnay, à Paris, est dans les mêmes dispositions que les trois mousquetaires. Il a des relations multiples dont il va se servir. Et des informations anticipées sur de nombreux événements musicaux. La France n'a pas encore choisi de candidat pour le *Yamaha World Popular Song Festival*, à Tokyo. Rien n'oblige que l'artiste francophone soit issu du pays qui le présente. Près de deux mille chansons sont proposées par 49 pays. Une trentaine sont retenues pour ce 13e festival.

Eddy a bien travaillé. Le comité de sélection français a arrêté son choix sur *Tellement j'ai d'amour pour toi*, interprété par la Canadienne Céline Dion ! Bingo ! Céline allait chanter dans l'amphithéâtre de douze mille places, situé près des jardins du Palais Impérial ! Des centaines de millions de personnes la verraient au cours de la retransmission des chaînes du monde entier. René la regonfle à bloc. Elle est la meilleure de tous. Voici enfin un obstacle à sa taille.

René n'a pu oublier le jour de gloire où le jeune René Simard avait reçu des mains de Frank Sinatra himself, le grand prix. C'est un glorieux souvenir qui le pousse à retrouver les mêmes émotions. Son nouveau poulain ne doit pas rater la marche. L'occasion est trop belle.

Il appelle Céline au téléphone et lui murmure d'un ton de confidence intime, comme un amoureux plein d'espoir, la confiance qu'il met en elle. Cette voix au téléphone ! Quel philtre magique ! L'écolière est loin déjà, c'est une femme qui tend l'oreille. René la fait rêver. En tournée, au restaurant, en voiture, il lui raconte inlassablement la saga des grandes vedettes, Elvis Presley, les Beatles, Barbra Streisand, qui ont chanté à Las Vegas, dans le monde entier.

À la mi-octobre, le grand départ pour Tokyo est arrivé. René a demandé à son ami, le producteur Ben Kaye de les accompagner. C'est un homme d'affaire avisé qui connaît le showbiz comme sa poche et, ce qui ne gâte rien, se révèle un boute-en-train sans pareil. On ne s'ennuie jamais avec lui. Il met de l'ambiance, peut chanter des airs tsiganes ou de vieux tubes, en toutes occasions. Il a été l'agent du groupe de René, les Baronets.

Eddy Marnay ne pourra pas aller au Japon avec eux. Il est cloué au lit, à Paris, avec une méchante sciatique. Ils sont quatre à prendre l'avion une semaine avant le concours. René, Céline, Ben et Thérèse. Maman est gonflée d'orgueil, de trac et d'émerveillement. Elle se croit indigne d'un tel bonheur ou du moins se persuade-t-elle que cela se paye. A-t-elle vraiment mérité, tout cela, les palaces, les chauffeurs de limousine, le monde à ses pieds ? Elle se creuse la tête pour savoir comment y répondre. Alors à l'aéroport, où son fils Paul les a accompagnés, elle se tourne vers lui, lui tend son paquet de cigarettes entamé, en disant « tu peux les fumer, les donner ou les jeter. Je n'en veux plus, je ne fumerai plus jamais de ma vie. » De ce jour, elle n'a jamais refumé. Tout se paye !

Désormais les fumeurs sont bannis de l'entourage de Céline. Même son père s'abstiendra de fumer devant elle, grillant ses cigarettes à l'extérieur. Céline conclue de tout cela qu'il va lui falloir mériter ce que le ciel lui donne. Cette idée ne la quittera plus. Elle fera tous les jours ses devoirs de chanteuse, ses vocalises, ses exercices, aussi astreignant cela soit-il. Elle dira plus tard « j'ai suivi sans tricher les régimes imposés, j'ai fait silence quand il le fallait, aussi longtemps que c'était nécessaire pour reposer ma voix. Je n'ai jamais dérogé à cette discipline, pas même un jour, pas même une heure. » Et pourtant il arrivera que ce régime se change en véritable exploit. À la limite du supportable.

Mais à Tokyo, elle n'en est pas encore à se demander si elle mérite ce qui lui arrive, elle ne pense qu'à tous « les jeter par terre ». Selon l'expression favorite de René.

Dans l'avion, entre Vancouver et Tokyo, lorsqu'on leur propose un plateau repas de poulet ou des sushis japonais, la mère et la fille choisissent sans hésiter le poulet. René, ayant déjà tenté de les convertir aux baba-ganoush et à l'houmous libanais, leur conseille de goûter aux sashimis et autres tempuras. Car, au dîner de gala où sera convié le vainqueur du festival (Céline évidemment), il n'y aura ni hamburger, ni spaghettis, mais plutôt des sushis et des sauces de poisson. On verra plus tard pour les sushis.

Les éliminatoires ont lieu les deux premiers jours. La grande finale passe à la TV le dimanche.

Dans l'amphithéâtre du Budokan, près du Palais impérial, où elle chantera à plusieurs reprises par la suite, une foule de douze mille personnes est rassemblée. On a tiré au sort l'ordre des passages. Elle est tombée sur le n° 5. Comme le parfum Chanel lui précise Ben. Et comme 5 se dit *go* en Japonais, René considère que c'est un excellent présage. Immense scène, public énorme, millions de téléspectateurs. Un certain vertige la prend. Mais René ne la quitte pas d'une semelle. Il lui dit de cette voix douce, feutrée qui la transporte déjà, il n'y aura personne de meilleur que toi. Tu vas gagner le premier prix. Tu le sais n'est-ce pas ?

Pour une fille de 14 ans qui ne rêve que de cela depuis qu'elle est née, poussée par sa mère et ses 13 frères et sœurs, le choc est profond. Ce ton d'intimité entre à jamais dans sa fibre. Elle qui n'a pas d'« amoureux » selon ses termes, avec sa folie coutumière, dès ce jeune âge qui est encore le sien, veut un homme, un vrai. Fort, important, puissant, mystérieux. Un peu sulfureux, d'après sa mère. Mais justement c'est ce qui lui plaît. Elle en éprouve une certaine volupté et se sent soudain des ailes. Elle part chanter devant les jurés comme dans un rêve.

Et voilà qu'elle est retenue pour la finale. Et tire à nouveau le n° 5. Ce sera son ordre de passage le dimanche. Un chiffre que désormais le superstitieux René mettra à toutes les sauces dans sa vie. Chambres d'hôtel, téléphones, dates de lancement, etc.

Céline se couche le soir le cœur oppressé comme dans les serres d'un oiseau de proie. Le monstre aux douze mille têtes qui l'attend dans le stade va-t-il la dévorer toute vive ? Où trouver la force de l'affronter sans chanceler ? Si ce n'est auprès de René, qui, loin de minimiser l'enjeu, lui en fait voir toute l'importance décisive. Elle doit vaincre, elle n'a pas le choix. Elle n'est pas ici pour perdre mais pour gagner. Elle en est capable. Ce discours viril lui redonne de l'aplomb. Elle a beau n'avoir que quatorze ans, il lui parle en partenaire, en adulte. Et c'est ce qui la comble.

Le lendemain elle entre sur scène dans une robe légère de coton blanc. Un peu légère pour la météo, mais pas pour les spectateurs. Elle aperçoit par terre une petite pièce d'argent qui brille. C'est une pièce de 5 yens. Rapidement elle la ramasse et la met dans sa chaussure, comme porte-bonheur, car sa robe n'a pas de poches. Elle va gagner, c'est sûr. Elle sent la pièce sous son pied comme une petite fée protectrice. Un talisman qu'elle gardera toujours. Le « monstre » est devenu un bon géant qui n'attend que de lui dire je t'aime. Elle chante *Tellement j'ai d'amour pour toi*, non pas comme dans la cuisine de Charlemagne, ou dans les premiers concerts avec Plastic Bertrand, mais en plaçant sa voix dans une structure technique nouvellement apprise. En veillant à donner son âme sans pour autant s'abandonner.

Elle reçoit le grand prix. Ex aequo avec le candidat mexicain. Les musiciens de l'orchestre se lèvent pour l'applaudir. En répétition, elle les avait remerciés la veille, sur les conseils de René, pour leur accompagnement. Elle a tellement de reconnaissance envers tous ces talents mis au service du sien. Quand on lui a donné le prix sur scène, elle a pleuré de joie et d'émotion.

Dans les coulisses, René pleure aussi et maman également, toutes les larmes de son corps, elle qui ne pleure presque jamais. Les Japonais se détournent, gênés par ces torrents d'eau salée tout à fait inhabituels chez eux.

Eddy Marnay qui est souffrant à Paris, lui dit son bonheur au téléphone. Céline explose de joie et bégaye dans les sanglots, des remerciements à celui qui a déjà tant fait pour elle. C'est un des plus grands paroliers français. Il a déjà écrit tant de titres qui sont devenus des succès. Elle voit les effets de son travail sur elle et en éprouve une profonde gratitude. Et puis il a pris jusque-là auprès d'elle un rôle de confident qui lui est précieux. Car, malgré tout, elle ne peut dire tous ses secrets à sa mère. Il est un territoire de son cœur qu'elle ne lui ouvre pas si facilement. René, bouleversé et émerveillé par son courage et sa prestation, lui a murmuré dans les coulisses : « Tu sais que ça va changer notre vie ». Dans l'état de fébrilité où elle se trouve, Céline l'a pris comme un aveu amoureux. Comme un lien personnel, un engagement de couple. Mais pour l'instant, tandem ne signifie pas couple, sauf dans son esprit romantique. Peut-être le projet qui les dépasse alors, les inscrit à leur insu, dans une union à long terme. Céline la désire déjà avec l'innocente folie des premiers amours. Un événement anodin va lui donner l'occasion de montrer un morceau de ce grand secret qu'elle tente de garder.

René, adepte des cuisines exotiques, du coca-cola et du jeu, a décidé d'initier sa famille québécoise à tout ce qu'il aime en général, et au poisson cru en particulier. La cuisine de Thérèse est loin, il faut s'ouvrir au monde. Même si ses pâtés de viande, ses tourtes et ses tartes ont enchanté des milliers de repas, il va falloir se mettre aux sushis. Le soir, au banquet donné en l'honneur du festival, René, assis loin de Céline, lui fait signe que le moment est venu de l'épreuve du poisson cru. Elle avait dit que si elle gagnait, elle en mangerait. Il brandit un morceau de thon rouge dans ses baguettes. Céline, pour retarder un peu le moment fatidique, commence par engloutir une bouchée de… wasabi. Elle devient rouge pivoine, manque trépasser, et attire tous les regards sur elle, déclenchant le rire des convives. René s'est précipité. Il se met à genoux à côté de la chaise de la blessée, et attend qu'elle puisse à nouveau parler. Et surtout chanter. Il lui demande d'essayer. Là, tout de suite. « Tu es sûre que tu peux ? » insiste-t-il, très inquiet.

Mais Céline est déjà remise. Il est tout près d'elle. L'occasion est tentante. Sans réfléchir, pour le rassurer, pour l'amuser, elle murmure juste pour lui, les yeux dans les yeux, une chanson d'amour. Ou plutôt de drague. *Are you lonesome tonight ?* René ne rit pas ; il prend soudain un air grave. Il la serre dans ses bras de toutes ses forces et retourne à sa place sans un mot.

La mâtine, galvanisée par son succès, n'a pas hésité à trahir un peu de son secret. Oui, cet homme lui plaît, et maintenant, il le sait. Elle a pris sa voix de velours et le monsieur qui la guide depuis un an maintenant, a senti le danger, la folie, l'effleurer. Ce chant n'était que pour lui. Maman n'a pas vu, en tout cas elle n'a pas entendu. Le secret reste entre eux deux. La soirée se poursuit dans le bonheur. Céline mange du poisson cru et y prend goût. L'ambiance est au beau fixe. La jeune fille n'est pas peu fière. À juste titre. Aidée d'une interprète, elle répond aux questions sur le Canada, la neige, les Esquimaux, les loups, les ours, la police montée, les arbres rouges de l'automne. Depuis ce jour, dit-elle, j'aime le Japon. Et René.

Un si beau rêve

Puis c'est le retour triomphal au Québec. Elle croule sous les oursons, les grenouilles en peluches. La télé, la radio ne parlent que d'elle et de son grand prix du Japon. Le premier ministre, René Lévesque, l'accueille à l'aéroport pour la féliciter. Les journalistes interviewent son père, veulent des photos, des détails sur son âge, son enfance. Quelques jours plus tard, elle participe à un grand concert au Forum de Montréal. Lorsqu'elle entre en scène, la foule des Québécois lui fait une ovation de plusieurs minutes. Comme pour la remercier de revenir vers eux après son triomphe à Tokyo. Le lendemain, sa photo paraît dans tous les journaux.

René est aux anges. Plus personne ne peut douter de lui. Il rêve de rejouer au black-jack. Les tapis verts lui manquent. Mais non, il prépare une énorme campagne de promotion pour la sortie du prochain album. Remue ciel et terre pour trouver les meilleurs arrangeurs, les meilleurs compositeurs. Mais surtout il veut que Céline représente le Canada au Midem de Cannes. Il lui fait rencontrer les journalistes de presse et de TV. à qui elle n'a rien à dire. Surtout lorsqu'ils veulent savoir si elle a un amoureux. Là, silence. Son cœur s'arrête. Non, elle n'a pas d'amoureux. Comment avouerait-elle le nom de celui qui a déjà pris son cœur ? C'est un tel secret.

Or voilà que pour les fêtes, René, sa femme et ses enfants, partent dans le sud. Deux semaines creuses, sans engagement, sans promo, sans télé, sans concert. L'effervescence retombe tout à coup. Céline s'aperçoit que René est le moteur, l'instigateur unique de ce tourbillon qui l'emporte depuis un an. Lui parti, elle vacille au bord du vide. Elle comprend que cet homme, à côté d'elle, est inventif, intelligent, audacieux, qu'il lui est devenu indispensable. Son cœur a déjà tressailli, sans doute, mais c'est plus grave que cela. Il semble qu'il est devenu le pivot de sa vie. Céline est soudain très triste. « Son » homme lui manque.

Sa mère qui la suit comme son ombre, partout, tout le temps, essaye de savoir ce qu'il se passe. Céline pleure et ne peut ou ne veut pas mettre de mots sur ce qu'elle ressent. Son père, Adhémar, au prénom improbable, discret, attentif, délicat, voit la tristesse de sa fille cadette, sans en connaître la cause. Il n'aime pas le malheur. Un soir où elle n'a envie de voir personne, et semble si abattue, il prend son accordéon et joue de longues heures pour elle seule, afin qu'elle retrouve le sourire. Céline a une immense tendresse pour son père. « Il est très habile de ses mains, dit-elle, il peut construire une maison entière, les fondations, la charpente, poser les fenêtres, les câbles électriques, l'isolation, la plomberie, tout. Il l'a fait. »

Mais surtout Adhémar est un incroyable joueur d'accordéon. Quand il joue, debout, contre le mur de la cuisine, ou dans le salon, « c'est tout moelleux et joyeux, très doux, comme lui… Il n'a plus le même regard, il sourit tout le temps. » Il met du *soul* dans sa musique, improvise, mélange les genres, reprend un riff de guitare rock, une gigue ou un rigodon ancien, en lançant forces œillades malicieuses. « Mon père est le champion du monde des clins d'œil. Quand il joue de l'accordéon il peut devenir un dangereux séducteur ! » dit Céline. Quand il a connu Thérèse, il avait vingt ans et elle, seize, il jouait de l'accordéon, elle, du violon. Ils ont fait de la musique, se sont mariés et ont eu quatorze enfants en dix-sept ans !

Long, maigre et poétique, il semble sorti tout droit de la période bleue de Picasso. Son accordéon ne le quitte pas depuis l'âge de sept ans. Quand on lui demande s'il est ému de voir sa fille chanter, il répond les yeux pétillants d'émotion « J'suis tellement émotionné, que j'pleure pas des yeux, j'pleure en-d'dans. » Son regard bleu outremer s'illumine au-dessus d'une élégante et fine moustache blanche. « Je me suis aperçu que y'aurais une grande star dans la famille. » ajoute-t-il. Il a de longues mains de musicien poète comme celles qu'il a léguées à sa fille.

Aujourd'hui quand elle chante *Parler à mon père,* la belle chanson de Jacques Veneruso, elle nous retourne le cœur, mais sans douleur, seulement par la marque précieuse du style Célinien : l'émotion. Simple. Vraie. Forte. Pour tous. Alors comment ne pas la croire quand elle raconte les repas de son enfance ! 16 à table ! Le père a dit qu'on se taisait. Pour éviter la foire. Les enfants, rieurs, quoique interdits de paroles, prennent leurs fourchettes, leurs cuillères, et font de la musique sur les pots de moutarde – de marinade, dit Céline – ou de mayonnaise. Si papa Adhémar proteste « Je vous ai demandé !!… » Il a sa réponse « Mais papa, on parle pas, on fait de la musique ! » Ils en ont tellement besoin, tous, qu'elle leur sort par les bras, par les jambes, par la bouche.

Avec sa tchatche habituelle, dans ses premières interviews, Céline dit « Ma mère voulait faire une famille. Mon père voulait pas d'enfant. Qui qu'a gagné ?... » Thérèse en a fait quatorze ! Même que pour la dernière, elle a eu très peur. Elle a tant redouté que ce dernier enfant soit handicapé ! À l'époque, après quarante ans, on considérait comme une folie d'enfanter à nouveau. Elle s'était sentie coupable de « courir après le feu ». Et pourtant. Et pourtant elle lui a écrit cette première chanson prémonitoire

Ce n'était qu'un rêve

Mais si beau qu'il était vrai.

À un moment où Céline n'a pas encore bien réalisé que c'est *son* rêve. Le rêve de sa mère, le sien : une seule et même chose. Divination maternelle. Mais passion aussi de la mère pour la chanson depuis toujours. Elle a nommé sa fille « Céline » par amour de la chanson d'Hugues Aufray qui passait cette année-là, en 1968, sur les ondes.

Dis-moi, Céline, les années ont passé,

Pourquoi n'as-tu jamais songé à te marier ?

Cette Céline-là est restée célibataire pour élever ses frères et sœurs orphelins. Thérèse fond d'émotion chaque fois qu'elle entend ces paroles à la radio. C'est décidé, sa cadette s'appellera Céline. Certaines des autres sœurs ont semble-t-il, eu moins de chance dans le choix de leur prénom. Autre époque. Qui aurait cru que la petite fille aux grandes canines et aux cheveux frisés deviendrait une star mondiale à force de travail ? Dès le départ, il y avait cette voix hors du commun. Qu'il fallait porter jusqu'aux nues. Jusqu'aux étoiles. Il fallait croire au *Miracle*. Celui qu'elle chante aujourd'hui sous les sunligths du monde entier.

Le miracle est en nous, mon amour
Sauras-tu le voir ?

Belle, sage et folle, consciente de tout ce chemin accompli. Ayant conquis le bonheur qui ne se donne pas. La magie était là. Il fallait la capter, la vivre. À travers les péripéties les plus terribles et les plus belles. « Ma mère a sauvé mon père. De l'alcool. » dit Céline, « la musique a su lier mes deux parents. Mon père était un être exceptionnel. Mais ma mère l'a sauvé. » Thérèse porte la culotte. Elle a en partie élevé les 14 enfants. Elle a tenu son mari hors de la chute. C'est pourquoi, aujourd'hui, Céline chante :

Je veille sur celle qui m'a tout appris.

Celle-là, c'est Thérèse, sa mère, la femme d'amour, la femme de fer. Celle qui ne s'est jamais plainte. Sauf sur son violon de village où elle faisait courir les danses folkloriques et les berceuses d'antan. « Je veux lui montrer qu'elle a fait de ce quatorzième enfant, une bonne personne » dit Céline. Comment n'aurait-elle pas réussi avec l'entourage fanatique, dévoué, aimant que furent ses treize frères et sœurs ? La petite dernière, arrivée le 30 mars 1968, six ans après les jumeaux, Paul et Pauline, est l'objet de toutes les attentions de ses aînés. « Ils me regardaient, me bichonnaient, m'adulaient. Ils se disputaient le soir pour savoir qui me prendrait dans son lit. » À cinq ans, elle chante au dîner, debout sur la table de la cuisine. Les autres l'accompagnent armés de toutes sortes d'instruments étonnants, casseroles, cuillères de fer ou de bois. Clément à la batterie, Jacques à la guitare et Daniel, au clavier. Elle n'a peur de rien ni de personne, chante au mariage de son frère Michel qui est aussi chanteur et musicien. Tout le monde rit et applaudit le petit phénomène.

Il y a aussi le rêve sans entrave d'une mère intelligente et simple. La volonté farouche d'un homme qui a misé sur elle. Dans tous les sens du terme d'ailleurs, puisque René, pour produire les débuts de sa perle rare, n'a pas hésité à hypothéquer sa maison, puis à faire faillite momentanément. Il est joueur aussi, et passe du temps sur les tapis verts de Las Vegas. Qui, du reste, seront un jour à lui.

Le Midem à Cannes et Michel Drucker

René n'est jamais vraiment en vacances. Il ne cesse d'être en ligne avec des dizaines de personnes. De l'île où il est, il a déjà organisé le prochain tourbillon qui va emporter sa chanteuse. En cette année 1983, Céline va se produire au gala du MIDEM, qui se tient à Cannes, chaque année en janvier. C'est le plus grand marché international du disque. Car en France, pour l'instant, cela se passe mal. Céline n'a pas encore trouvé son public. Ou son public ne l'a pas encore découverte. Pathé-Marconi reste sceptique. René lui met la pression. Elle va chanter devant le public le plus blasé et le plus exigeant au monde : les professionnels. Devant les producteurs des maisons de disques et les journalistes, elle ne doit pas se rater. Elle n'en a pas le droit. C'est l'occasion *grand angle* de se faire remarquer tout azimut par les décideurs.

Autour du Palais des Congrès de l'époque, René a fait poser de gigantesques bannières sur lesquelles Céline se balance aux vents marins. Son nom en lettres immenses. Tous les producteurs de tournées, de galas, les programmateurs de radios sont là. Céline est piquée au vif par le défi qui lui est lancé : les séduire en une chanson.

Une fois sur scène, devant cette vaste salle éclairée, elle voit la foule des visages, captive, tournée vers elle. En entendant sa voix prestigieuse sur la bande son d'orchestre, les professionnels ne s'y trompent pas. Ils s'immobilisent dans leur fauteuil, se taisent, et leur écoute attentive devient palpable. Céline s'en rend compte. Elle est devant des gens qui savent de quoi ils parlent. Sa voix, à peine domestiquée, mais si prometteuse, vient de les scotcher sur leur siège. Elle sent qu'elle est en train de gagner.

Et le tourbillon s'accélère. Les gens de Pathé-Marconi sont enfin emballés devant le succès qu'elle remporte à Cannes. RTL, partenaire de l'événement programme *D'amour ou d'amitié*, dès le lendemain. Les grands patrons des radios nationales la demandent. Les stations francophones de Belgique, de Suisse, leur emboîtent le pas. Dans la salle un tout jeune auteur-compositeur, encore inconnu, n'oubliera pas sa prestation et la retrouvera plus tard pour lui écrire ses plus belles chansons : Jean-Jacques Goldman.

Moins d'une heure après sa performance, les assistants de Michel Drucker contactent René Angélil. Drucker l'invite à son émission Champs Élysées. C'est une consécration. Et pas dans quinze jours, non, pour la prochaine émission, le surlendemain. René jubile. Ils ont dû déprogrammer quelqu'un pour toi. Triomphant, il déclare à Céline « tu sais que Drucker c'est le Ed Sullivan français !! » Elle ne sait pas qui c'est ce Ed. Et René de lui expliquer qu'il a reçu les plus grands de la chanson : Elvis, les Beatles, les Stones. Il l'imite, penché sur un micro imaginaire, "ladies and gentleman… the greatest voice in the world… Céline Diooooooooon!!"

Tout le monde est dans un état d'excitation indescriptible. Céline a emporté sa petite robe blanche de Tokyo.

Elle a des pantalons, des vestes, des robes, mais ses sœurs courent les magasins de luxe pour lui acheter des pulls, des jupes, des jeans. On la coiffe pendant des heures à l'hôtel Crillon où ils sont descendus. On la briefe sur Michel Drucker, (si, après ta chanson, il te prend par le cou, s'il te parle, s'il te prend la main, dis-toi que t'es devenue une grosse vedette). On la maquille, on lui donne des conseils pour tenir son micro loin de la bouche, ne pas attaquer trop fort dès le début. Eddy Marney, sa femme Mia, Anne-Renée, l'épouse de René, les pontes de Pathé-Marconi, sa maison de disques, Thérèse, Linda, sa sœur, et plein de gens, nécessaires ou pas, tout un monde s'agite.

René veut conduire la voiture d'un ami pour aller au studio. Ils adorent se lancer des défis comme prendre la Place de l'Étoile à l'envers. Là, au bout de quelques mètres, il emboutit une voiture. Il laisse la voiture en plan au copain et se lance dans une course folle avec Céline vers la place de la Concorde pour trouver un taxi. Quelques minutes plus tard, ils sont au studio des Champs Élysées pour la répétition. Les yeux de Céline brillent d'excitation. Tout l'enchante. Elle est la curiosité du show du fait de son jeune âge. Les dirigeants de Pathé-Marconi ont dépêché toute une équipe autour d'elle. Attachés de presse, stylistes, conseillés, pour assister René et Mia. Pas de rayures, cela passe mal à l'image. On prépare les interviews données aux journalistes. Chacun est plein d'attention pour elle. Thérèse parvient à glisser à Drucker « prenez soin de ma petite fille ». Céline a bientôt quinze ans, elle n'est pas si « petite » que le croit sa maman. Pendant la répétition elle chante *D'amour ou d'amitié*. La chanson qui illustre ce grand dilemme envers René, qu'elle a confié à Eddy Marnay. Drucker vient la féliciter et lui dit qu'il parlera trente secondes avec elle après sa prestation.

Oui ou non, cela suffit-il ces trente secondes ? Non, René, n'est pas satisfait. Il faut mettre la barre plus haut. Impressionner l'animateur, l'émouvoir, le sonner. Il a trop l'habitude des grandes vedettes. Il faut lui en donner plus.

Le jour de l'émission, quand Michel Drucker annonce l'entrée en scène de Céline, René est tout près d'elle dans les coulisses, sa tête penchée contre la sienne. C'est devenu un rituel. Il lui influe sa force en murmurant « c'est toi la meilleure, tout le monde t'aime. » De cette voix qui lui fait tant de bien. Et il la pousse doucement dans la lumière. Elle travaille cette chanson avec lui depuis des semaines entières. Au bord du feu qui couve, la possède, l'envahit de plus en plus. S'interroge-t-elle encore sur ce qu'elle ressent si fort ? Est-ce un jeu ? Est-ce que c'est cela l'amour ? Ne plus pouvoir respirer sans lui ? Avoir tellement besoin de sa présence ? Heureusement il y a le chant. Le soin qu'il prend d'elle n'est-il que professionnel ?

En tout cas, René, comme il le fera toujours, ne va pas laisser passer un tel événement sans en garder les traces, sans le faire largement connaître. Il a averti la presse people du Québec. Le journaliste Marc Chatel est venu à Paris, avec un photographe, pour l'occasion. Il la suit partout. D'abord au restaurant chez Dodo, au studio Gabriel, pour les répétitions, puis sur le plateau pour sa prestation en direct, avec sa mère dans les coulisses. René supervise tout, garde la mainmise sur l'image de Céline. Il établit avec les journalistes ou les interviewers, comme

Michel Drucker, Julie Snyder, ou plus tard, Oprah Winfrey ou Barbara Walters, une relation directe, amicale. Il demande à voir les textes, les enregistrements, rectifie, corrige, supprime ou ajoute, selon les cas. Il est intraitable. Et ceux qui se choquent, n'auront plus rien de lui. C'est à prendre ou à laisser.

L'émission *Champs-Élysées* du 29 janvier 1983, rassemble Nicole Croisille, Herbert Léonard, les Charlots, un punk anglais, Captain Sensible. Michel Drucker présente Céline Dion comme la révélation du Midem et l'accueille sur le plateau en disant au public : « Cette jeune fille ira très loin. Vous n'oublierez jamais cette voix. Retenez bien son nom ; Céline Dion. » Céline chante sa chanson *D'amour ou d'amitié*. Drucker est conquis, il se lève pour l'applaudir. Le public l'acclame. Il vient vers elle, l'embrasse, lui tient la main et lui parle un bon moment. Il a compris ce qui se passe avec cette toute jeune fille. C'est juste le début d'une carrière fabuleuse. Il le sait.

René est fou de joie. Il demande à Céline « tu sais ce qu'il a dit pour te présenter ? » Non, elle ne sait plus. Des coulisses, elle n'a rien vu, elle était dans un autre monde. « Il a dit Mesdames et messieurs, vous n'oublierez jamais la voix que vous allez entendre. Retenez bien ce nom : Céline Dion. » René répète cent fois ces mots magiques dans la soirée, sur tous les tons. Plus tard, il les reprendra pour qu'ils deviennent le slogan de CBS : *Remember this name, Céline Dion, because you'll never forget this voice.*

Le soir, on fait la fête, avec Eddy, Mia, Guy et Dodo, Michel Drucker est là, avec son épouse Dany Saval. En moins d'une semaine, le Midem de Cannes et Michel

Drucker ont fait de Céline, une vedette en France. Et dans tous les pays francophones qui reçoivent l'émission.

Les disques d'or, de platine et de diamant, vont déferler de tous côtés. *D'amour et d'amitié* monte au sommet des ventes et s'y maintient tout l'été. Céline cette année-là traverse vingt fois l'Atlantique pour des galas entre Paris et Montréal. Grands hôtels, boutiques chics, avions first class, chauffeur de maître, scandent sa vie tourbillonnante. Elle a de nouveau participé à l'émission de Michel Drucker, *Champs-Élysées*, et à celle de Patrick Sabatier *Atout Cœur*, avec une nouvelle chanson, *Les Chemins de ma maison*. L'album a franchi les sept cent mille ventes.

Tout cela est soudain, brutal, l'éloigne de sa fratrie. Rien ne sera plus jamais pareil. C'est un rêve cruel qui brille de mille feux. Thérèse ne la lâche pas d'une semelle. Eddy Marnay reste le confident idéal. Ils marchent tous les deux dans les rues de Paris, pendant de longs moments au cours desquels Céline se confie. Elle fait peu à peu avec lui le deuil de son enfance. Il va lui écrire son dernier album d'adolescente. Avant qu'elle entre dans son âge de femme.

Pour l'heure elle est toujours dans les jupes de sa mère. Et cette situation l'empêche encore de se comprendre. D'ailleurs elle n'a plus le temps pour rien, ni pour des amis, ni pour des amours. Elle n'est plus entourée que des intervenants de sa carrière. Y consacre tout son temps, toute son énergie, sept jours sur sept. Même en mangeant et en dormant, elle se plie à une discipline d'enfer, avec pour seul but refaire ses forces. Tout est calibré dans cet esprit.

Succès au Québec

Au Québec, les caméras de Télé-Métropole la suivent jusque dans sa cuisine de Pointe-aux-Trembles où elle a acheté une maison. Jusque dans sa chambre. René qui ne perd pas de vue son projet à long terme, leur a déclaré qu'elle serait un jour « la plus grande chanteuse du monde ». Ensuite il s'excuse d'avoir manifesté son impatience, mais affirme qu'un jour cependant, tu verras, ce sera vrai. Cependant tout cela coûte cher. Très cher. René ne compte pas. Il dépense plus qu'il ne gagne. Il mise de grosses sommes. Début mars 1983, la faillite se profile. On en parle dans la presse. Malgré tout, il refuse les propositions de tournées mirifiques que lui font les producteurs de spectacles québécois. À ses yeux, Céline n'est pas prête. Mais surtout il ne veut pas dépendre financièrement de décideurs qui auraient barre sur lui. Il leur tiendra la dragée haute tant que le naufrage financier le guette. Il n'est officiellement que le « petit » employé d'une compagnie appartenant à sa femme, qui gère la carrière de Céline Dion, produit ses albums et ses spectacles. Il ne fait lui-même que de maigres profits, en tant que manager, engageant pour son poulain le plus de dépenses possibles sur le chiffre d'affaires. La banque commence à se lasser voyant dans la presse s'étaler les succès de la jeune chanteuse : plus d'un demi-million d'exemplaires vendus en France de son album *D'amour ou d'amitié*. René a de gros moyens mais pas de revenus. Son avocat a plaidé pour lui, et la banque a été déboutée de ses demandes de remboursements immédiats. On verra plus tard, lorsqu'en dehors des besoins incessants de la carrière de Céline Dion, il restera suffisamment de moyens pour honorer les dettes.

Désormais, les paroliers et les compositeurs de chanson, si difficiles à joindre auparavant, lui proposent spontanément leurs œuvres pour qu'elles soient chantées par Céline. René Angélil a toutes les cartes en mains. Pour le prochain album, sur des paroles d'Eddy Marnay, il veut un grand orchestre de cordes et de cuivres pour magnifier la voix de Céline, donner de l'ampleur aux mélodies. Il veut des arrangements sophistiqués. Ce qui ne se révélera pas une idée lumineuse car le grand orchestre est trop lourd et couvre sa voix.

En juin 1983, il entame l'enregistrement au studio Saint Charles, toujours envahi de la même troupe de supporters enthousiastes. Puis, il le termine au studio Montmartre, à Paris. Avec attachés de presse et journalistes, devant rendre compte de tout ce qui se prépare. Il les reçoit en grande pompe à côté de Céline. *Marie-France*, le mensuel féminin, *Podium*, le magazine des jeunes, ne tarissent pas d'éloges sur le jeune prodige à la voix « impressionnante de force et de musicalité ». Puis, cet été-là, Céline chante gratuitement, pour l'Association contre la mucoviscidose avec l'Orchestre de Montréal. Elle donne ensuite plusieurs concerts en plein air. Elle prépare aussi, pour l'automne suivant, avec René, une émission spéciale, *Beaux Dimanches*, intitulée *La Naissance d'une étoile*.

Une autre fois, Terre des Hommes a demandé que Céline chante en plein air, sur le Lac des Dauphins, devant 45 000 personnes. René trouve que la scène au milieu du lac est trop éloignée du public. Il demande qu'on la rapproche d'une quinzaine de mètres. Il est vrai que l'artiste est loin des premiers rangs, mais on lui refuse l'opération. Cela demanderait l'intervention de plusieurs plongeurs afin de libérer la scène de ses attaches, de la tirer vers le bord et de la refixer sous l'eau. René est intraitable. Rapprochez la scène ou Céline Dion ne chantera pas. L'opération est réalisée à contre-cœur, mais la soirée est un énorme succès.

Pour l'ouverture du Théâtre Félix Leclerc, René a décidé que Céline chanterait une des chansons de cet auteur-compositeur dont la voix rocailleuse s'est attachée à des titres éternels comme *Moi, mes souliers* ou *Le p'tit bonheur*. Elle chantera *Bozo*. L'histoire déchirante d'un pauvre hère amoureux d'une fée qui n'existe pas. René lui fait répéter sobrement, sans effet, sur un tempo très lent, pendant des heures et des heures. Céline est sûre que cet amoureux transi, c'est elle. C'est elle la pauvre folle sans amoureux, qui aime à fonds perdus. Quand on acclame son interprétation, ses larmes coulent. Bozo, messieurs, dames, c'est moi. C'est pour cela que vous y avez cru.

Elle chante ce qu'elle vit. Il y en eut une autre qui chanta ce qu'elle vivait. L'amour et ses affres. Une très grande : Édith Piaf. Avec toutes les nuances qui les distinguent l'une de l'autre. On retrouve en chacune d'elle l'être brut, dont la voix est le corps même de l'amour. Certes, le bonheur peut se vivre dans l'intimité de deux personnes faisant l'amour, mais la voix, l'impudique et mystérieuse voix, peut « trahir » l'amour. C'est ce qui enchante et déchaîne les foules. Ce qui leur tire les larmes. Comme si la voix nous rendait l'amour dans son essence première. Hors sexe. Mais issu en direct de la chair. Des centaines de millions de personnes ne s'y sont pas trompées. Ce sont les fous de Céline. Les fous de l'amour.

Au gala de l'Adisq qui est le même événement que les Victoires de la musique, en France, ou les Grammys Awards, aux États-Unis, elle reçoit quatre trophées, dont interprète féminine de l'année, meilleure chanson, révélation de l'année, et meilleure artiste hors du Québec. Chaque fois, elle verse d'abondantes larmes. La foule est saisie d'un fou rire lorsqu'elle entend son nom pour la quatrième fois. Céline sanglote et hoquette à nouveau pour aller recevoir ce dernier trophée. La pression des mois précédents a été trop forte, sans doute, mais surtout Céline vit un grand chagrin d'amour. Aussi démesurément grand que ceux qu'on vit à quinze ans. Ceux dont on ne se remet jamais. Dans les journaux du lendemain, personne ne se doute que ce visage tuméfié est celui de l'amour en pleurs.

Céline reconnaît d'ailleurs détenir le record absolu des larmes. Ces crises de sanglots ont fait la joie des critiques et des chroniqueurs. Et aussi des imitateurs qui en faisaient des sketches hilarants. Rire aux larmes ou pleurer. Les gens qui pleurent sont bénis, lui a dit Eddy Marnay. Chez les grands spirituels ne parle-t-on pas du « don des larmes » ? Dans son album *Sans attendre*, Maxime Le Forestier lui a écrit une petite ballade sur le sujet,

Moi quand je pleure c'est pour de bon
J'aime pas lancer mes larmes en l'air

C'est une petite boîte à musique qui l'habite depuis toujours. Elle dit « pleurer, je l'ai toujours fait sincèrement. Ça fait partie de moi. C'est moi, Céline, qui ai toujours pleuré. » Aujourd'hui où tant de bonheurs lui sont venus, elle contrôle peut-être mieux ses larmes. Quoique. De tels bonheurs ouvrent les vannes aussi. Le souligner dans une chanson, c'est l'admettre avec humour, prendre conscience de soi-même, de sa nature profonde. C'est un peu mystérieux les larmes. Et ça le restera. Mais son humour n'est jamais loin. Lorsqu'un jour Maxime Le Forestier vient la voir chanter à Las Vegas, elle lui demande « t'es venu souvent ici ? » Et lui de répondre, maladroitement, « la dernière chanteuse que j'ai vue à Vegas, c'était Liza Minelli ! » Et Céline, malicieuse : – Bah dis donc ! Tu sors pas beaucoup !! Et elle éclate de rire gentiment.

Céline en larmes

Les deux grandes scènes de larmes que Céline nous a offertes restent inoubliables. D'abord, en 1992, au cours d'une interview, au Québec, avec Lise Payette. Ce jour-là, elle use une boîte entière de kleenex, incapable de prononcer un mot qui ne soit baigné d'eau salée. La journaliste lui a demandé si elle avait un amoureux. Catastrophe ! C'est un point brûlant auquel il ne faut pas toucher ! Céline aime René, mais maman ne veut pas. Point. René, dans le studio pleure aussi. À l'époque, il n'est pas encore séparé de la mère de ses deux enfants, Anne-Renée.

Thérèse voit avec colère cet homme, de 26 ans de plus que sa « petite princesse », lui dérober sa fille et prendre la place d'un amoureux éventuel, de son âge. Elle refuse que Céline se déclare officiellement envers cet homme-là. Mauvais pour sa carrière, mauvais pour sa vie. Cela pourrait faire jaser. – ce qui, en son temps, ne manquera d'ailleurs pas –. Céline est dans ce dilemme hurlant, renoncer à l'amour ou renoncer à sa mère. Impossible ! L'un et l'autre lui sont aussi nécessaires. Ils se partagent son cœur.

René est chaque soir assis dans le public. Il assiste au spectacle pour ensuite le commenter. Ne reste jamais dans les coulisses comme le font d'autres producteurs moins consciencieux. Puis il vient voir Céline et sa mère dans leur chambre d'hôtel. Il reprend chaque chanson, tout ce qui s'est passé dans le show ce soir-là. Au point que Céline, toujours pleine de malice s'écrie « Ma foi du Bon Dieu !! Il fait comme si je n'avais pas été là et me raconte en détail ce que je viens de faire et dire !! » C'est seulement pour faire un mot. Car Céline goûte avec délice le soin que René prend d'elle.

René débriefe, puis il l'embrasse sur les deux joues, et la laisse avec sa mère, après s'être enquis que rien ne leur manque. Enfer et douleur ! Où va-t-il ainsi ? Sans elle ? Il va rejoindre ses amis, jouer aux cartes, voir un spectacle de cabaret. Vivre dans un monde mystérieux où elle rêve d'entrer avec lui. Un monde qui l'attire. Glamour, excitant, scintillant. Elle se met au lit, déçue, avec cette douce brûlure sur les joues. Ce parfum masculin qui plane. Elle a à peine seize ans. Et maman veille farouchement. Céline ne lui a pas avoué qu'elle est amoureuse de René. Elle lui a dit cent fois qu'elle le trouve beau, ce qui est déjà beaucoup pour une mère qui devine tout. Mais elle n'a pas osé lui dire qu'elle rêve de lui toutes les nuits. Se fait des films très chauds où il l'emmène sur une île déserte pour lui faire l'amour ! Thérèse ignore les épisodes torrides dont il est le héros.

Céline se console avec une photo de lui qu'elle porte en secret et regarde mille fois par jour dès qu'il est absent. À l'insu de sa mère, elle la couvre de baisers le soir avant de s'endormir, la glisse dans son cou, sur ses épaules, comme une caresse, puis la cache sous son traversin. Sauf le jour où elle s'est réveillée, la photo de son amour bien en vue sur l'oreiller !! Thérèse était déjà prête, habillée, avait tiré les rideaux. Elle ne pouvait pas ne pas avoir vu la photo. Céline tressaille. Elle redoute que sa mère en parle à René et lui dise qu'il a intérêt à faire attention à sa fille s'il ne veut pas avoir affaire à elle.

Mais René est prudent. Il a une autre vie et seule, en tête, la carrière de Céline. Dès qu'il n'est plus question de métier, il semble à l'adolescente qu'elle n'existe plus à ses yeux. « Je redevenais pour lui, dit-elle, une petite fille ordinaire, pas trop jolie, avec des canines démesurément longues et proéminentes, des sourcils trop épais, le visage trop long, baignant encore dans ses rondeurs, avec un gros nez et des lèvres trop minces. »

Il ne parle qu'à la chanteuse, mais jamais, d'elle, dans la vraie vie. Du coup, elle ne peut faire l'amour avec lui, que de la scène.

Quand elle l'aperçoit dans l'ombre, au milieu du public, dans les premiers rangs, et qu'elle le voit applaudir, ne pas la quitter des yeux un instant, attentif, tellement attentif, elle donnerait tout pour lui. Et c'est ce qu'elle fait. Pour qu'il la trouve excellente, pour qu'il lui redise encore « c'est toi la meilleure » et qu'il verse des larmes en entendant sa voix amoureuse. Elle profite des moments qu'il lui consacre ensuite comme des seuls moments voluptueux qu'elle peut obtenir de lui ; ne peut plus se passer de ces instants-là. C'est leurs rendez-vous quotidien. Mais Thérèse y assiste. Céline devient folle. Elle étouffe de ne pouvoir se livrer à celui qu'elle aime.

Plus tard, René avouera « Ah, elle m'a eu ! Ça c'est sûr, elle m'a eu ! Absolument. Nous deux, on a vu que c'était parfait. » Céline ne rêve que de crier au monde son amour. Le vivre au grand jour. Mais la caricature du vieux manager qui « s'offre » sa chanteuse, non. C'est le cauchemar de Thérèse. Et sans doute, celui de René.

Pourtant dans ses interviews, Céline lance des appels désespérés à celui dont elle rêve « j'ai toujours envie de dire à l'homme que j'aime, « quand je suis avec toi, je me sens plus belle ! » » René est lui-même bouleversé devant ce débat cornélien. Il avouera plus tard avoir été très tôt, fou de cette adolescente passionnée. « Moi aussi je suis un peu trop sensible. Moi aussi je pleure souvent, dira-t-il. »

Une autre fois encore elle a offert son chagrin au public. Quand elle chante, elle sait qu'elle ne doit pas gâcher son émotion en larmes vaines. Il lui faut la garder secrète pour en habiter ses paroles et sa voix. Mais le soir de la mort de son père, elle est sur scène. Elle dit « Ce soir est un soir spécial pour moi, c'est aussi très difficile… j'ai perdu mon père ce matin… » Elle est blonde platine, les cheveux mi-longs ; sur son visage pâle déjà les larmes coulent, « J'ai insisté pour venir » parvient-elle à dire encore, puis les mots se hachent dans les sanglots. La foule explose en clameurs chaleureuses. Elle avale ses larmes. Lutte de toutes ses forces. « Mon père… était… est encore… mon plus grand fan, depuis que… Je suis toute petite. » Les larmes coulent. Elle les écarte prestement. Importunes. Elle reprend, arc-boutée contre la douleur qui l'envahit « Et je sais que mon père aurait voulu… que je sois là ce soir en scène, avec tous ceux que j'aime, à faire ce qu'on aime. » Les larmes coulent toujours sur ses joues comme une source naturelle sans qu'un seul de ses traits ne se défigure. Son visage est un visage de cire qui parle. « Et… on se croit toujours si fort… mais, je sais qu'il est là. Et ce soir, pour lui, pour vous, je donnerai le meilleur de moi-même. Je donnerai tout ce que j'ai… Je voudrais dédier ce show à mon père. »

Elle chante en larmes, la voix vampirisée par le chagrin, luttant pour reprendre son souffle qui la fuit, tournant le dos un instant pour retrouver sa voix qui la lâche. Crachant sa douleur dans des respirations courtes. À genoux en terre entre deux sanglots. Partageant sans honte son chagrin.

Quels sont ceux qui auraient préféré qu'elle se cache, pour se livrer ensuite sur elle au plaisir de la chasse ? Ils détestent qu'elle leur coupe l'herbe sous le pied, en disant tout sans eux. Pourquoi aurait-elle vécu ce malheur dans une chambre en annulant son concert ? Pour qu'ils puissent vendre ensuite des papiers fantasmés ? Ceux qui l'aiment sont là. Elle a besoin d'eux. Le reste ne compte pas.

Céline dira « J'ai dû travailler fort et longtemps pour canaliser mes émotions et retenir mes larmes. C'est un travail cruel. Il faut arriver à saluer, à sourire, à prendre les applaudissements et les ovations en plein cœur, tout en empêchant sa gorge de palpiter, fermer les yeux sur une larme menaçante, penser au maquillage. » Il est impossible de chanter en pleurant. La gorge se grippe. Le souffle bégaye. Elle le sait.

Un soir d'août, dans le Vieux-Port de Québec, elle donnait un gala à l'occasion du 450e anniversaire de la découverte du Canada par Jacques Cartier. Soudain, attirés par les lumières de véritables nuages d'éphémères se sont mis à tournoyer autour d'elle. Elle en avait dans le nez, dans les yeux, les oreilles, la bouche. Ils passaient sous sa robe et lui chatouillaient les jambes. Elle crut étouffer, se refusant à cracher devant les milliers de spectateurs. Elle dut se forcer à avaler les insectes entrés dans sa bouche. Au premier rang, ses sœurs, Claudette, Denise, Pauline, Louise, Ghislaine, Dada, Manon, se tordaient de rire en la voyant déglutir péniblement. Ce fut un horrible moment.

René est à l'affût de tous les grands événements qui peuvent porter la notoriété et le succès de Céline au plus haut. Il retrouve à Paris une directrice de programme d'une station de radio québécoise, Sylvie Lalande, qui est chargée de communication à l'occasion de la venue du pape, à Montréal, en septembre 1984. Le souverain pontife vient voir les jeunes pour leur parler de l'amour, de la vie, de la mort, du racisme, de la violence du monde, du divorce, du suicide. L'incarnation de son message de paix est une colombe. C'est le titre de la chanson composée à cette occasion. Il faut pour l'interpréter une chanteuse connue au Québec, ayant conservé la fraîcheur de l'adolescence, et porteuse d'émotion. René a déjà tout visualisé. Un stade de soixante mille personnes ! Les radios, les télés du monde entier. Une ambiance de ferveur et la bénédiction du pape ! Il invite Sylvie Lalande dans un restaurant libanais, pour prendre le temps d'en savoir plus. Elle lui fait écouter une maquette de la chanson *Une Colombe* chantée par le compositeur Paul Baillargeon. René est emballé. C'est une chanson pour Céline. Il prétend qu'il doit la convaincre pour en fait, se donner le temps de la réponse. Ne jamais se laisser guider par l'émotion. Une fois rentré à son hôtel, il en parle à Eddy Marnais et à Anne-Renée, mais son avis est arrêté. Oui, Céline chantera devant le pape. Puis il appelle Céline et sa mère, à leur hôtel, pour leur annoncer la nouvelle.

Elles ne peuvent y croire. S'imaginent qu'il s'agit d'une blague. Mais non c'est vrai ! Céline danse la gigue dans la chambre. Thérèse ne peut plus la calmer.

Les jours suivants, René emmène Sylvie à tous leurs rendez-vous, chez Pathé-Marconi, chez Dodo, à la télé. Partout il annonce que Céline va chanter devant le pape à Montréal. Et que Sylvie Lalande qui s'en occupe est la directrice de programme d'une grande chaîne de radio québécoise. Sylvie lui rappelle qu'elle ne l'est plus depuis deux ans. Ça fait rien tu l'as été, donc tu peux l'être ! Du René Angélil dans le texte. On ne garde que le meilleur, le reste ne compte pas ! *Une Colombe* serait rajouté au prochain album qui contenait le titre *Mélanie* dédié aux enfants atteints de mucoviscidose.

Le 11 septembre 1984, le jour où Céline doit chanter *Une Colombe* devant le pape et les soixante mille spectateurs, devant les chaînes de TV du monde entier, le temps est à la tempête. Il pleut des cordes. Dans la foule les jeunes ont brandi des banderoles qui dessinent une immense colombe. René supplie le ciel que la pluie cesse. Des milliers d'accompagnateurs veillent au service d'ordre. Si la prestation de Céline échoue, c'est une immense déception pour la suite de sa carrière. Le journaliste de TV, Michel Jasmin, qui anime la cérémonie, annonce l'entrée en scène de Céline Dion. René scrute le ciel avec angoisse. Mais le temps qu'elle s'installe au micro, le soleil perce les nuages et soudain le stade est envahi des rayons triomphants. René est pétri de reconnaissance, le ciel a écouté ses supplications.

Radio Canada va consacrer son émission *Superstar* à son artiste. Les grandes surfaces diffusent le disque en exclusivité.

2000 jeunes rassemblés pour accueillir le pape, ont déployé une immense colombe qui ouvrait lentement ses ailes dans le ciel. C'était si grandiose et si émouvant que Céline se souvient « J'ai terminé ma chanson *La Colombe*, en pleurant à chaudes larmes à cause du pape, de la colombe, de la foule et du soleil apparu juste au bon moment. »

Elle ne réussissait pas encore à retenir ses pleurs malgré tous ses efforts, mais quand même à pleurer en chantant, ou à chanter en pleurant, sans que sa voix se mette immédiatement à chevroter ou à se briser.

Un peu plus tard, René, Céline et sa mère, sont reçus en audience privée chez le pape, à Rome. En apprenant que madame Dion avait eu quatorze enfants, le pape a semblé s'intéresser. Ils ont parlé musique puis ils ont été bénis par le saint Père. René qui n'est, au cours de cette rencontre papale, ni le père de Céline, ni le mari de Thérèse Dion, ressent soudain une gêne vis-à-vis du garant de la famille. Et lui, sa famille, qu'en fait-il, aveuglé, absorbé tout entier par cette passion qui l'a envahi ?

Les journalistes les ont suivis à Castel Gondolfo, la résidence du pape à la campagne. Céline a trait une vache ou fait semblant, puis elle a bu du lait cru. Cet épisode va faire les choux gras des humoristes. Ils ne vont pas manquer de tourner en dérision la jeune chanteuse dans des situations qui prêtent à pouffer de rire.

Se battre comme un lion

Cette émotion qu'elle restitue sur scène s'enracine dans de lourds chagrins. Elle a neuf ans lorsqu'elle voit sa mère, les yeux pleins de larmes, parler tout bas au téléphone avec ses frères et sœurs déjà partis de la maison. Quelque chose de terrible vient d'arriver. La fille de sa sœur Liette, Karine, qui est atteinte de mucoviscidose, a été transportée en ambulance à l'hôpital Sainte Justine. On craint qu'elle ne vive pas. C'est le premier grand malheur qui frappe depuis que le grand-père Dion a été écrasé par un train à quelques pas de la maison. On lui a conté ce drame, mais elle n'était pas née lorsque c'est arrivé. Passionnée par les enfants de ses sœurs, cette condamnation d'un jeune enfant lui semble injuste et cruelle.

Karine ne meurt pas, mais Liette devra l'entourer à tout instant de soins, l'empêcher d'étouffer en la massant, lui faire prendre des médicaments, veiller à un régime très strict. En sachant la lutte perdue d'avance. À l'époque les progrès de la médecine dans ce domaine sont encore bégayants. L'espérance de vie est de quelques années seulement. Si jeune, ses frères et sœurs partis de la maison, Céline va se prendre d'amour pour cette petite fille fragile. Karine a de grands yeux tristes. Jamais elle ne jouera aux jeux des enfants de son âge. Elle n'assimile que peu d'aliments et reste maigre et anémique. Quand elle vient chez Thérèse et Adhémar, Céline l'entraîne dans la chambre des filles pour écouter de la musique pendant des heures, ou lui chanter des chansons devant le grand miroir. Pour la distraire de son mal, elle lui donne de petits concerts.

En fait cette enfant qui se bat pour sa survie donne un fabuleux exemple de courage à sa toute jeune tante. Au cours des années, tandis que la chanteuse monte au zénith du succès, elle voit Karine s'affaiblir de mois en mois, sans révolte, menant cette petite vie d'oiseau menacée. À huit ans, elle est déjà au milieu de sa vie et continue à lutter de toutes ses forces. Donnant à sa famille un exemple troublant de destin fracassé.

Cette réalité de la souffrance, Céline n'en avait pas idée, protégée qu'elle était par un essaim de gens à son service. Emportée dans une farandole perpétuelle de luxe et de plaisirs. L'image constante dans son esprit, de Karine, la ramène à un autre aspect de la vie qui lui échappait jusque-là. Les yeux bleus de Karine ne la quittent pas, doux, rêveurs, traversés parfois d'une gaieté d'enfant sans espoir, assujetti sans cesse au rappel de sa faiblesse.

Céline est partie à Paris faire une série d'un mois de concerts à l'Olympia, en première partie de Patrick Sébastien. Mais l'assemblage des deux artistes, trop dissemblables, ne prend pas. Le public est venu pour rire, face à des sketches virils et bon enfant. Les chansons de Céline qui donnent dans l'émotion ne prennent pas. C'est un échec au niveau du succès, mais René, a déjà fait imprimer des affiches impressionnantes pour la tournée qui suivrait au Québec. On y voit Céline en compagnie d'une grande athlète, Sylvie Bernier, d'un côté, et de Karine, de l'autre, L'une, la sportive, rayonnante, l'autre, toute menue. Céline disait « Deux âmes sœurs, deux combattantes, qui m'avaient marquée, qui m'avaient beaucoup appris. » Elle continue à soutenir aujourd'hui, l'Association pour la recherche contre la mucoviscidose, au Québec.

Cette nature de combattante est en elle. Quelle énergie farouche possède donc Céline dès son plus jeune âge ? C'est une question qui peut se poser, lorsqu'on la voit, ayant à peine atteint l'âge de raison, capable de se déchaîner toute seule, sur un punching-ball installé par ses frères dans le hangar attenant à la maison. Les enfants de son âge l'ennuient, elle déteste l'école où elle se rend le moins possible. Elle s'y sent comme étrangère, exilée. Pendant les cours, ayant parfois chanté la veille jusque tard dans la nuit, elle somnole. Ou bien s'évade dans ses rêves de gloire : elle chante le soir, dans le petit cabaret de ses parents, *Le Vieux Baril*, et tout le monde se tait pour l'écouter. Elle rêve qu'elle part en Afrique comme missionnaire pour soigner les enfants et nourrir les affamés. Elle reçoit des trophées dans les grandes villes du monde.

Une folle rage de se dépenser bouillonne en elle. Peut-être veut-elle évacuer la révolte que lui inspire l'état de Karine. Elle frappe comme une sourde ce ballon pendant des heures jusqu'à en avoir les poings et les poignets enflés. Elle ne peut plus s'arrêter. Au moment du dîner, elle arrive les mains en sang. Sa mère doit lui faire un pansement avec des compresses de gaze, comme on en fait aux boxeurs. Et, si ce soir-là, il n'y a pas musique chez les Dion, elle y retourne, insensible à la douleur, ayant décidé de s'entraîner comme un champion. Elle délaisse ses poupées Barbie pour un autre jeu qui la passionne : chanter, se costumer, se maquiller, se déguiser, jouer la comédie, faire du spectacle, comme ses parents, ses frères et sœurs. Les deux ensemble, boxe et spectacle, la porteront au sommet d'elle-même. Un rude combat l'attend. Et dans la vie et sur scène.

L'épreuve du passage en vedette américaine du spectacle de Patrick Sébastien, à l'Olympia, durant cinq semaines, valait un ring de boxe. Ce n'était pas son public. Ils étaient venus là pour se payer une bonne tranche de rire. Les émotions de la petite Canadienne ne les touchaient pas beaucoup a priori. Mais René avait dit « chante pour ceux qui ne t'écoutent pas. Va les chercher un à un s'il le faut. » Dans son enfance, son père disait « Fais ce qui te fait peur. Commence par ce dont tu as le moins envie. »

Alors elle s'est battue comme un lion. Elle a arraché des minutes d'attention à ceux qui ne voulaient pas d'elle. Elle les a vus se taire soudain, immobiles, fascinés, puis applaudir et crier bravo. Pendant ces cinq semaines, elle a changé, appris, et surtout compris qu'elle avait grandi. Rien n'était acquis. Cet automne-là, en se bagarrant avec un public indifférent, elle a vu que son enfance était très loin. Qu'elle était devenue capable de s'endurcir, comme un athlète qui se fait les muscles. En même temps il lui fallait rester une artiste sensible, ne pas oublier l'émotion pour encore la communiquer. Elle a découvert qu'il fallait se battre non seulement sur scène mais dans la vie. Elle a cherché des modèles de courage chez les grandes sportives. Et de façon plus bouleversante, dans le combat de sa sœur Liette pour garder en vie sa fille Karine.

Toute jeune déjà, elle a à peine huit ans, elle se prend de passion pour la gymnaste, Nadia Comaneci, championne olympique aux Jeux de Montréal de 1976. Il faut dire que le monde entier tombe en arrêt devant ce petit bout de femme habité par la grâce. Céline accroche les photos de son idole sur les murs de sa chambre. Elle est fascinée par la force de son regard et par son agilité de fée.

À part les chansons de Janis Joplin ou de Barbra Streisand, dont elle s'enivre, rien ne lui paraît plus grand que ce nouveau talent. Il semble que la petite Croate donne sa vie dans le délié de sa danse. Céline admire profondément la rigueur, la précision, la perfection avec lesquelles elle évolue sur le tapis de compétition ; devant des millions de téléspectateurs conquis. Elle dira, en toute simplicité, à propos de cet exploit « la volonté qu'elle montrait de parvenir au sommet par l'entraînement et la discipline me convenait totalement. » Ce n'est pas un vain mot.

Céline rencontre vingt ans plus tard son « modèle », au Jeux olympiques d'Atlanta. Devenue elle-même célèbre, elle est si émue devant cette femme qu'elle vénère, qu'elle en tremble. Comme ces fans qui perdent leurs moyens devant elle. Nadia Comaneci a la surprise d'apprendre qu'elle a été un maître d'endurance, par son exemple, pour Céline.

Un naufrage annoncé

Ce ne sera pas la seule. L'été 1985, Céline fait la connaissance d'une championne olympique de plongeon, Sylvie Bernier. Ces êtres-là la passionnent, l'intriguent, l'attirent. Leur courage, leur force, leur patience, quasi inhumains, la captivent. Sylvie vient de décrocher une médaille d'or aux Jeux de Los Angeles. Elles se voient à cinq ou six reprises et partagent une connivence et une complicité immédiates. Comme si elles se connaissaient depuis toujours. Elles découvrent des ressemblances troublantes dans leurs goûts, leurs habitudes, se sentent sœurs d'âme. Sur la même longueur d'onde. De plus, Sylvie a les yeux bleus de Karine. Ils expriment la même douceur pour les autres mais une dureté terrible pour elle-même. C'est une jeune fille plus mûre que son âge. Capable d'une force de caractère et d'une concentration hors du commun. Céline comprend que Sylvie s'est battue comme elle pendant des années. Sans jamais lâcher. Comme Karine et sa mère, Liette. Mais la championne a obtenu la récompense de monter sur la plus haute marche du podium. Karine elle, ne sera jamais récompensée. Elle veut savoir comment Sylvie s'y prend pour dépasser les limites de l'endurance. Pour aller toujours plus loin que ce qu'elle croyait pouvoir supporter. À chaque instant, elle-même doit lutter, mais juste pour survivre. C'est ce qui provoque la révolte de Céline.

Les deux jeunes filles parlent de leur entraînement, de leur régime alimentaire, des trucs pour lutter contre le trac, avant un spectacle, pour l'une, ou une épreuve sportive, pour l'autre. Elles font des métiers qui ont beaucoup de points communs. Céline découvre que la vie des grands athlètes est faite de renoncement, de persévérance, de solitude aussi. Sylvie se prépare en répétant son plongeon cent mille fois dans sa tête, après l'avoir exécuté cent mille fois dans les airs, reprenant chaque tonneau, chaque pirouette, jusqu'à la perfection, plus loin même que la perfection. Si elle pouvait dépasser les limites humaines. Trop c'est juste assez pour moi, disait un chef indien. Céline fait la même chose avec ses chansons.

C'est une fabuleuse découverte. Elle a maintenant en réserve les personnes avec qui elle se sent le plus d'affinités. Elle n'est plus seule dans son monde d'exigence. Tout lui plaît dans ces conquérantes de l'exploit. « J'aime leur mentalité, dit-elle, leur sensibilité, leur entêtement, leur besoin, leur désir de gagner, et quelque chose de difficilement définissable qui pourrait s'appeler la pureté ; pureté du geste, de l'effort, de l'idéal ». Oui, car dépenser toute sa vie, toutes ses forces pour plonger à la perfection, cela s'approche d'une ascèse mystique, où la volonté de se dépasser franchit les limites du corps. Et se résout en lui.

René est enthousiaste. Il explique à qui veut l'entendre que Céline poursuit un entraînement d'athlète. Ce qui est vrai. Refaire la même chanson pour la centième fois avec la même intensité, demande une force peu commune de concentration, si on ne veut pas se mettre « en pilote automatique », et en quelque sorte, tricher devant son public.

René a l'œil à tout. Rien ne lui échappe. Il s'occupe de chaque détail. De la mise en scène et des décors, des arrangements musicaux et des éclairages, de l'ordre des chansons et des textes d'enchaînements. Des vêtements que porte Céline et de sa coiffure. En tournée, il met la main aux éclairages, se soucie de l'affichage, de la campagne de promotion. Il partage sa vie entre la carrière de son poulain et le jeu. Il prétend avoir mis au point un système qui lui permet de gagner sans faute au blackjack. Il a toujours avec lui un feutre vert, des jetons et des jeux de cartes. Il en parle constamment autour de lui. Il a une théorie des séquences. Quand la chance est là, tout va bien. Si elle disparaît, il faut attendre son retour. Elle finira bien par revenir.

À ce régime, sa femme Anne-Renée, se lasse. René est sans cesse absent, sur les tables de jeu, ou en tournée. Elle supporte de moins en moins bien son absence perpétuelle. Leur fils Patrick est en manque de son père qu'il admire mais à qui il ne peut jamais confier ses problèmes d'ado, ses rêves. Il n'est jamais en tête à tête avec lui. Il y a toujours du monde qui l'entoure pour parler de sujets qu'il ne maîtrise pas. Il voudrait tant aller aux matchs de baseball avec son père. Mais non il y a des producteurs, des journalistes, des gens du métier qui ne le laissent jamais en paix. Il passe des nuits entières à répéter au studio avec Céline et les arrangeurs, de longues soirées chez les Dion. Patrick retrouve son demi-frère Jean-Pierre, et sa demi-sœur, Anne-Marie, chez leur grand-mère, Tété, mais lui, le père, est rarement là. Ou pour quelques instants seulement, toujours prêt à repartir pour un rendez-vous urgent de TV ou de radio.

Depuis le début, sa seconde femme, Anne-Renée, l'a toujours soutenu. Elle lui a fait profiter de ses contacts professionnels à la TV. Elle l'a épaulé financièrement au moment de ses difficultés bancaires. Il continue les dépenses pharaoniques pour le bien-être et le train de vie de son artiste. Éclairages fabuleux, musiciens au top, sono d'enfer. Rien n'est trop beau pour le prestige des concerts qu'il organise. Rien n'est trop beau pour Céline. Pourtant il n'a plus de dettes et s'est acheté une maison à Laval. Mais il n'a pas renoncé au jeu et fait souvent des virées coûteuses à Las Vegas.

Il a vaguement tenté de recoller les morceaux avec Anne-Renée en l'emmenant au restaurant, mais alors il ne parle que de Céline et de sa carrière. Même lorsqu'il a passé les fêtes de 1984, avec ses enfants et son ex-femme, il n'a pas cessé d'organiser la grande tournée au Québec qu'il prépare comme un fou furieux, jours et nuits. Il faut choisir les chansons, rock, tendres, folklore, blues, reprises. *Mamy Blue*, *Le Train du Nord* de Félix Leclerc, des titres en anglais, *Over the Rainbow*, *What a feeling*. Il faut s'assurer des musiciens, des salles, des dates. Au moment des répétitions, il change de chef d'orchestre et remercie Alain Noreau pour le remplacer par Paul Baillargeon qui s'adapte mieux à mettre en valeur la voix de Céline.

Au cours de la tournée, Anne-Renée finit par annoncer qu'elle a l'intention de le quitter. L'orage gronde pendant cette tournée au Québec. René regagne Montréal, distant de mille kilomètres, une nuit, seul. La tournée est interrompue. Il disparaît pendant des semaines. L'énergie de

Céline retombe comme un soufflé. Au cœur de l'hiver, elle se sent abandonnée et perd toute envie de travailler. C'est alors qu'elle découvre un certain nombre de choses qu'elle ignorait. Dont elle ne s'était jamais souciée.

Depuis quatre ans que René se dépense en grand pour sa carrière, il ne lui a jamais parlé de ses problèmes financiers ou sentimentaux. Elle vient juste d'avoir dix-sept ans et elle s'aperçoit qu'elle a été gâtée, surprotégée, sans qu'on lui laisse se charger du moindre sujet d'angoisse, autres que ceux concernant ses chansons et ses spectacles. René a tout pris sur lui. Il a emprunté de grosses sommes. Il a déjà fait faillite pour assurer la charge énorme des galas et des tournées.

« Pendant ce temps, je vivais comme une princesse » avoue Céline. Elle a, maison, voiture, fourrure, bijoux, et même plus. Sans se douter de rien. René a déposé son bilan, hypothéqué sa maison, mais aussi flambé au jeu, à Las Vegas ou Atlantic City. Il s'est comporté en millionnaire, persuadé de l'être un jour !

Sa femme, Anne-Renée, a lâché depuis longtemps. Au début, elle était proche de Céline, puis elle s'est éloignée peu à peu. Elle n'assiste plus jamais aux spectacles, même à ceux de Montréal. Son instinct de femme, ou même ses yeux, lui ont appris que la jeune fille a un tendre et fort sentiment pour son époux. Céline est amoureuse et se montre de très méchante humeur lorsqu'elle les voit ensemble. Son spectacle s'en ressent.

Elle est maintenant au centre de la vie de cet homme qui a tout joué sur elle. Elle est son numéro gagnant. Son histoire d'amour devient un véritable scénario de film. Comme toute sa vie d'ailleurs. Tous les ingrédients sont là pour nouer une intrigue des mieux bâtie. Un flambeur séduisant, une amoureuse contrariée, une mère puissante, une femme abandonnée, une carrière en pleine ascension. Céline a tout raconté. On ne peut que respecter son propos. Elle a tout dévoilé sans rien laisser dans l'ombre de ce qu'elle a vécu comme un drame.

Lorsque la tournée au Québec a repris, le long silence de René avait donné un poids supplémentaire à l'amour de Céline. Elle crut que son retour auprès d'elle allait instaurer de nouveaux rapports entre eux. Mais maman veille et rien ne change, apparemment. René passe toujours ses jours et ses nuits avec des producteurs, des auteurs, des compositeurs, des musiciens. Au téléphone ou en studio. Il vient chaque soir dans la chambre de la mère et la fille, après le spectacle. Débriefe en détail, jamais satisfait, certain qu'« on » peut faire encore mieux. Telle note, plus haut, plus longtemps. Tel geste, moins souvent. Telle tonalité, trop basse. René taille encore et toujours le modèle, à coups d'encouragements et de remarques fermes. La jeune fille écoute, embraye, accepte, se sent pousser des ailes. Ne demande qu'à se perfectionner, pour à la fois conquérir son mentor, et devenir la plus grande chanteuse au monde. Puisque ce rêve a été semé en elle dès l'enfance. Puis, comme à une petite fille, il lui donne deux baisers brefs sur les joues et s'en va. Céline pleure. Sa mère s'impatiente.

C'est un secret de polichinelle, tout le monde sait que Céline est amoureuse de son producteur. Aucun avis la concernant ne prévaut sur celui qu'il a donné. Il a toujours raison. Son mot le plus fréquent devient « René a dit… ». À cela, on ne peut lui opposer aucun argument. S'il n'est pas là, elle l'attend. S'il s'absente, elle le cherche. Thérèse guette l'heure d'intervenir. Elle a espéré que cette tocade passerait. Sa fille doit épouser un garçon de son âge et non pas un homme de 26 ans son aîné, divorcé deux fois, avec trois enfants à charge.

René garde de bons contacts avec sa première femme, Denise, dont il a eu un fils, Patrick, du même âge que Céline. En revanche, avec sa seconde épouse, Anne-Renée, dont il a deux enfants, Anne-Marie, onze ans et Jean-Pierre, huit ans, les choses sont beaucoup plus compliquées. Tout simplement parce que les deux plus jeunes ont encore besoin de leur père. Céline n'en prendra conscience que bien plus tard, lorsqu'elle aura elle-même enfanté. Mais pour l'heure, elle s'endort toujours avec la photo de son amoureux cachée dans son lit. Elle en change lorsque sa mère la subtilise comme par enchantement. Elle se sent cernée de pauvreté. Son bonheur sur scène disparaît dans le gouffre de sa solitude amoureuse. Elle ne peut parler à personne de son tourment puisque sa mère le lui interdit. Cet amour n'existe pas. Il ne peut pas exister. Or, par divination, par entêtement légitime, cet amour au contraire se creuse.

Céline va sur ses dix-huit ans. Elle se sent femme. La violence de son désir ne passera pas. Elle le sait, l'a décidé. Envers et contre tout. Elle veut que cet homme la prenne dans ses bras, la caresse, fasse l'amour avec elle. Elle le dévore en songe. Sa peau, ses mains, son parfum, ses yeux de velours, sa voix qui l'envoûte, son calme oriental, sa force, son autorité envers tout un chacun. Elle aime sa passion du jeu, son rire un peu cassé, la rigueur avec laquelle il analyse toutes les situations, toutes les possibilités d'amélioration. Se rend-il compte qu'en devenant le sculpteur de son jeune modèle, il est en train d'en faire sa créature ? Qu'elle s'abandonne à ses mains, à sa voix. Parce qu'elles la poussent vers ce qu'elle désire le plus au monde. Désir mêlé pour le sculpteur et pour son œuvre : elle-même en superstar.

Les tabloïds prétendent qu'Anne-Renée « fréquente » quelqu'un. Elle demande le divorce. René lui accorde ainsi que la garde des enfants. Mais pour lui c'est un échec irréparable, qui le laisse profondément blessé. Il aime ses enfants et sait qu'ils vont en souffrir. Céline, aveuglée par ses sentiments, croit qu'il est triste parce que sa femme ne l'aime plus. Sa hantise est qu'elle ait encore ce pouvoir sur lui. Elle aurait tant voulu que cela le fasse souffrir de ne pouvoir l'aimer librement. Avec quel délire de tendresse, ne l'aurait-elle pas consolé ! Elle invente toutes sortes d'hypothèses comme les femmes amoureuses savent le faire. Peut-être qu'il l'aime mais qu'elle l'ignore et que cela le rend très malheureux. Si elle pouvait en aimer un autre, pour le rendre jaloux et lui donner l'idée de l'arracher, elle, à ce rival plus heureux. Elle lui résisterait cyniquement jusqu'au jour où, vaincue, elle céderait dans une scène d'amour torride comme elle en a le secret ! Aucune île lointaine ne serait alors trop belle pour eux.

La presse s'empare du sujet. Invente des sondages pour demander aux lecteurs ce qu'ils pensent de cette situation. Êtes-vous choqués par la différence d'âge ? Pensez-vous que René Angelil a abusé de son autorité ? Croyez-vous que cet amour soit possible ? À votre avis s'agit-il d'amour ou d'autre chose ? Tout ceci n'est-il pas, tout compte fait, une bonne source de publicité ?

Scandale : ils s'aiment

Avant même que les protagonistes se soient déclarés l'un à l'autre, la presse à scandale effectue son travail de vulgarisation. Toutes ces rumeurs gênent terriblement l'homme perturbé et la femme malheureuse en amour. Ils se sentent cernés, observés, traqués, dans le plus intime d'eux-mêmes. René est pris au piège. On dit partout qu'il y a quelque chose entre eux. Comment le nier, comment l'avouer ? Il n'en a pas le droit. Thérèse le lui a carrément interdit. Il est sur le grill. Et son amoureuse ne se fait pas faute de le chauffer à blanc. Elle est convaincue que cet homme l'aime mais ne veut pas lui dire. Ses défenses, elle le sent, sont sur le point de se rompre. Ils font tout dans l'amour sauf l'amour. Avec le rôle qui est le sien – observateur implacable –, il ne la quitte pas des yeux, déshabille son âme, engloutit tout ce qui émane d'elle avec gourmandise, en fait l'or de ses jours. S'isole avec elle dans un travail intime qui les comble tous deux, mais les laisse affamés. Dans le studio d'enregistrement, quand ils écoutent sa voix ensemble, leurs deux âmes se mêlent dangereusement.

Ils ont leurs habitudes voluptueuses. Au restaurant, presque chaque soir, à Paris ou à Montréal, comme les deux segments d'un même corps, ils s'assoient l'un près de l'autre. C'est un rite immuable. Céline entre dans l'amour avec lui. Si près, tout près, de l'homme qui la rend folle. Ils parlent, rient avec ivresse, tous les deux. Céline s'appuie contre lui, pose sa tête sur son épaule « par jeu ». Mais ce n'est pas du tout un jeu. Elle est sûre maintenant qu'il l'aime, tant leur entente physique est totale avant même d'avoir consommé l'amour. La fureur de Thérèse est à son comble.

À ses yeux la coupe est pleine. Elle écrit une lettre terrible à René où elle l'accuse purement et simplement de trahison. Elle n'acceptera jamais pour sa fille adorée un homme deux fois divorcé, de presque trente ans son aîné. Elle veut que son enfant chérie épouse un jeune homme de son âge, et non pas celui qui n'est que son manager. Et rien d'autre. Elle en fait une affaire personnelle. Elle lui intime l'ordre de cesser toutes relations de ce type avec Céline. C'est un scandale qui pourrait briser sa carrière. Elle a mis sa confiance en lui et se voit aujourd'hui trompée, flouée. Elle attend de lui qu'il s'éloigne et avertisse Céline qu'il ne l'aime pas.

En un peu plus de deux mois Céline a donné trente-six spectacles dans vingt-cinq villes du Québec, en Ontario et au Nouveau Brunswick. René est fasciné par le prodige qu'il a lui-même créé. Lorsqu'il regarde le spectacle, il oublie tout, hypnotisé par sa chanteuse tant elle dégage de puissance et d'émotion. Un soir Eddy Marnais qui les accompagne souvent, lui fait remarquer un défaut d'éclairage dans les spots projetés sur scène. René n'a pas vu. Il est obligé de reconnaître qu'il était « dans la lune ». Céline s'écrie quoi tu es dans la lune quand je chante !! Je suis trop absorbé à te regarder, avoue René. Elle fait preuve d'une telle maîtrise, d'une telle assurance, que le grand organisateur devient un pur spectateur. Il y a en elle une force qui les dépasse tous.

Quand ses amis l'interrogent il dit : « Je ne suis pas amoureux d'elle. C'est encore une enfant. Ce n'est pas parce que je suis son fan numéro un que je l'aime d'amour. Ce qui nous unit c'est que nous avons le même but. La même rage de réussite. »

N'empêche que le lien est ambigu. Ils se comprennent à demi-mots. Sont dans leur bulle dès qu'ils parlent de chant. Sans cesse l'un près de l'autre, dans les studios, dans les restaurants, dans les avions. La même ambition les possède. Lorsqu'à la fin de la tournée, elle chante dans la plus grande salle du Québec, la Place des Arts, à Montréal, on la compare à Édith Piaf et radio-Canada diffuse le show. Mais il va falloir casser l'image de la jeune fille sage qui chante des bluettes sentimentales. Le temps est venu d'en faire une chanteuse sexy.

Un soir, à Paris, dans un restaurant où ils ont leurs habitudes, Céline, innocente du drame qui se joue, attend impatiemment que René vienne s'asseoir à côté d'elle comme les autres jours. Mais quand il arrive avec toute la troupe, il prend place en bout de table, le plus loin possible d'elle. Céline dira « J'étais atterrée, détruite. Mes jambes se sont mises à trembler. Tout s'effondrait autour de moi. » Le repas est sinistre. Elle ne peut rien avaler. Elle cherche des yeux son regard. Il l'évite. Sa mère est entre eux, ainsi que d'autres personnes de son entourage. À la fin du dîner, tout le monde s'en va. Ils restent seuls tous les deux. René a l'air accablé. Il lui propose tristement de rentrer à pied ensemble. Céline s'attend au pire. Elle y va comme à l'échafaud. Elle tremble de tout son corps. Dès les premiers pas, il lui révèle qu'ils ne peuvent plus continuer à vivre de cette façon. Il leur faut briser cette familiarité trop visible qui les lie. René semble répéter une leçon bien apprise. Les mots sonnent faux. Céline a raconté par la suite : « Je voulais qu'il me laisse seule. Je serais restée là jusqu'à la fin du monde et j'aurais marché jusqu'à m'écrouler. »

Elle devine bien sûr, sans être au courant de la lettre, qu'il agit sous les ordres de sa mère. C'est elle qui lui a demandé de parler ainsi. Angélil ne peut pas mettre Thérèse en cause, elle lui a demandé de ne pas la citer. Tout ceci doit venir exclusivement de lui pour garder sa force de conviction. Céline jouant le tout pour le tout déclare « Je sais que tu m'aimes, René Angélil. Ose dire que tu ne m'aimes pas. Dis-moi « Céline, je ne t'aime pas » si tu en es capable. »

C'est le début du triomphe. René reste silencieux. Les mots ne peuvent pas sortir de sa bouche. Et même s'il l'avait dit, elle ne l'aurait pas cru. Elle est trop sûre de ce bonheur à portée de main qui navigue autour d'elle depuis tant de temps. C'est une demi-victoire. Elle argumente avec une certaine finesse. Comment peut-il espérer faire le bonheur de ses enfants en se rendant lui-même malheureux ? Pourquoi se refuse-t-il, – ainsi qu'à elle par la même occasion –, le droit de s'aimer pour de bon ? Sa femme l'a quitté. Il est libre.

Pas tant que cela pourtant. Un lien de chair le relie à ses enfants partis du côté de son ex-femme. Ne doit-il pas tenter de réparer son mariage pour ne pas les perdre ? Son âge ne représente-t-il pas un obstacle majeur ? Céline voudra des enfants, elle l'a dit et redit. Peut-être sera-t-il trop vieux pour lui en donner. Céline, sonnée, mais subtilement satisfaite, ne veut plus rien entendre. Elle rejoint l'hôtel où sa mère l'attend.

Là, une grande tempête pourrait ravager la chambre. Céline affronte celle pour qui elle chantera un jour :

Je veille sur celle qui m'a tout appris
C'est le jeu de la vie

Thérèse devine ce qui s'est passé. Elle a fait couler un bain. Céline dans son bain pleure à gros bouillons. Ses nerfs se relâchent. Sa mère l'aide à mettre son pyjama en lui tapotant le dos comme à un enfant que l'on console d'un gros chagrin. À cause des larmes et de l'énorme vague qui la submergent, Céline ne peut parler : elle doit tuer sa mère pour conquérir son homme. La nouveauté de la situation lui coupe la parole. Celle qui est tout pour elle doit faire place à un autre. Thérèse n'est plus l'amour de sa vie. Il faut se rendre à l'évidence. Céline devine tout cela c'est pourquoi aucun mot ne sort de sa bouche. Le meurtre de la mère s'est accompli en elle à son corps défendant. Elle n'en fera pas état. C'est inutile. René n'a pas pu lui dire « je ne t'aime pas ». Cela seul compte à ses yeux.

Thérèse se trompe lorsqu'elle accuse René d'être « responsable » de cet amour qui dévaste sa fille. Tout s'est mis en place pour que cela arrive. Elle a lâché en bordant « sa » petite : « Il aurait pu s'arranger pour que ça n'arrive pas. » Comme si on maîtrisait l'amour. Céline sait déjà qu'il est plus fort que tout. Elle chantera plus tard, dans son album *Sans attendre* :

L'amour est un criminel en cavale
Il torture, il foudroie,
Nous met les bras en croix

Et ce sera une de ses plus belles chansons. Celle où elle montrera quelque chose d'elle-même que l'on n'avait pas encore vue.

Soudain, celle qui a tout fait pour le bonheur de sa fille, devient un obstacle à ce bonheur. Que de choses se mêlent dans cette volonté farouche d'exiger que Céline « guérisse » ! C'est son mot. Mais la bataille est perdue. Elle aura beau se mettre en colère, lui interdire d'en parler devant elle. Céline se dresse dans toute sa force neuve et finit par lui asséner : « Je suis majeure. Nous sommes dans un pays libre. Personne ne m'empêchera d'aimer qui je veux ! » C'est dit. Thérèse connaît assez sa fille pour savoir qu'elle ne renoncera jamais. Il va falloir céder la première place.

Le problème maintenant est que René a pris les ordres de Thérèse au pied de la lettre. Vacillant quant à son mariage précédent, il garde ses distances avec son amoureuse, ce qui la fait beaucoup souffrir.

Sa carrière monte en flèche. Elle reçoit toutes sortes de trophées, dont cinq à la soirée de gala de l'Adisq, mais une tristesse inhérente à sa vie ne la lâche pas. Non seulement le public, mais les critiques québécois, sont conquis, délirants. Rien n'y fait, ses larmes ne sont jamais de joie, mais de désespoir. Pourquoi cet homme qu'elle aime et qui l'aime, elle en est sûre, ne se décide-t-il pas ? Puisqu'il a accepté le divorce que sa femme lui propose, pourquoi tente-t-il à nouveau de sauver son ménage ? Un doute terrible la possède soudain. Et s'il ne l'aimait pas ! Si elle s'était complètement trompée. Horreur et damnation ! René reprend sa vie de couple avec Anne-Renée au début de l'été 86. C'est l'enfer. Finis les dîners au restaurant, les séances complices d'enregistrement, René disparaît peu à peu de sa vie. Céline se torture les méninges pour échafauder toutes sortes d'hypothèses plus improbables les unes que les autres. Sa peine indispose René donc il s'éloigne. Tout cela l'ennuie, il veut s'en débarrasser. Ou bien il pense que cet amour pourrait gêner leur travail. Elle confie son malheur à Eddy Marnay qui lui écrit derechef une chanson-message :

Ne m'oblige pas à tout te dire
Puisque tu le sais déjà
Tout ce que je fais aujourd'hui c'est pour toi…

Bon. S'il ne comprend pas c'est vraiment qu'il le fait exprès. Elle continue à se torturer pour comprendre ce que René prépare. L'idée qu'il fasse peut-être encore l'amour à sa femme, la rend folle. Elle souffre et pleure beaucoup. Au moment des trophées, elle « triomphe dans le rôle de la pleureuse intarissable ».

Rien ne va plus

En fait, tout est plus simple et plus compliqué. René a compris qu'il est arrivé au bout de ce qu'il pouvait faire professionnellement avec Céline. Le Québec c'est top, mais le monde entier c'est mieux. Il veut le monde entier. Il veut une star à l'américaine. Il va falloir à la jeune fille de longs mois de travail pour se transformer. Ça tombe bien Thérèse veut de longs mois de séparation pour mettre cet amour de côté. On verra s'il a survécu ensuite. Le couperet tombe : « On arrête tout. » Céline suffoque. Comment ça ? Combien de temps ? Pourquoi ? Pour quoi faire ?

De Paris à Montréal, dans le monde de la chanson, la nouvelle a déjà fait son chemin. Tout le monde pense qu'Angélil est fou. Il arrête tout au moment où son artiste est enfin reconnue, vend des wagons de CD, passe à la radio et à la télé régulièrement ?? Tous ceux qui bénéficient de son talent, producteurs, distributeurs, maisons de disques, directeurs de salles et de tournées, voient avec dépit s'éloigner la poule aux œufs d'or. Mais René est joueur. Il va miser plus gros, beaucoup plus gros. Toute sa vie est en désordre. Il faut redresser la barre avant qu'il ne soit trop tard.

Il a tenté de se réconcilier avec sa femme Anne-Renée, mais ça ne marche pas du tout. Au bout de quelques heures, les cris, les disputes et les pleurs reprennent. Et soudain il apprend, et tout le monde avec lui, que sa femme sort avec un autre homme dont elle s'est éprise. Ce qui devait arriver est arrivé. René est effondré car il est inquiet pour ses enfants. Mais une attache vient de tomber. Il se sent aussi libéré. La vie lui donne l'occasion de reprendre l'existence qu'il aime plus que tout. Il s'installe à l'hôtel Sheraton de Laval et voit ses enfants presque chaque jour à l'appartement qu'ils occupent avec leur mère. Mais cela devient trop délicat de se retrouver face à elle. Il prend un dupleix à Laval pour lui-même, où ses trois enfants, Anne-Marie, Jean-Pierre, puis Patrick, le rejoignent. La cohabitation se révèle bohème, bordélique, fantasque et joyeuse. Chacun en gardera un souvenir excellent. Comment trois adolescents, qui plus est, aux frais de leur paternel, n'auraient-ils pas apprécié cette vie de liberté, de relative folie, et le bonheur d'être enfin auprès de lui. Quand il n'est pas là, plus souvent qu'à son tour, c'est Patrick, l'aîné de 17 ans, qui remplit le frigidaire.

Cependant, au contraire de l'impression qu'il a pu donner, René est engagé dans des projets grandioses. Sa vie amoureuse est en pleine tempête. Il faut tout remettre en place et pour cela, retrouver la pure envie de vivre que lui donne sa passion du jeu. Aussi sec, laissant chacun dans son jus, Céline désespérée, chez sa mère, ses enfants, ravis, dans l'appart, sa femme, avec son nouvel amour, il part pour Las Vegas. Cette ville que son instinct lui prédit comme étant la sienne. Où il devine qu'il va retrouver l'énergie, la magie, la féerie, de tous ses rêves. Il descend au Caesars Palace, qu'il a déjà fréquenté autrefois avec ses amis d'enfance. Il reprend ses marques, laisse les lieux agir sur lui. Recontacte de vieilles connaissances, oublie ses malheurs conjugaux. Ne perd pas une seconde la pensée de Céline qu'il sait dans la frustration. Depuis quatre ans, ils ont vécu ensemble de si belles heures. L'excitation du succès, le bonheur des salles combles, l'enthousiasme des fans, et tant de moments incroyables comme le concert de la venue du pape, ou le trophée de Tokyo. Au Québec le succès est acquis, c'est sûr. Mais ce n'est pas cela dont rêve René Angélil. Il veut l'Amérique, il veut le monde.

À Las Vegas, il est incognito sauf pour ses proches qui peuvent le joindre à tout moment. Il s'inscrit dans les tournois sous de faux noms, Ray Ban, Eric Ferrari... Pendant l'hiver et le printemps 1986, il joue comme un ding, note tout sur de petits carnets, les tables, les partenaires, les croupiers, les gains, les pertes. Les pertes : 140 000 dollars. Et puis certains petits matins, ayant beaucoup perdu, sa vie lui semble en stand by. Il a satisfait sa passion du jeu qui était de côté depuis quelque temps, mais lorsqu'il a Céline au téléphone, de temps en temps, car s'il ne l'appelle pas, elle, parfois ne résiste pas au plaisir de le faire, un vide se creuse en lui. Il est revenu à plusieurs reprises pour voir ses enfants principalement, mais un soir, il est chez les Dion. Pour la plus grande joie de leur cadette. Il leur explique tout. Il va changer de musiciens, de paroliers, de distributeurs, de maisons de disques, de répertoire. Céline va enregistrer en anglais avec une grosse production.

À la TV, – René est-il venu pour cela ? – on diffuse les American Music Awards que Thérèse Dion regarde bien sûr, avec sa fille. Céline se passionne pour la performance de Michael Jackson. « C'est ça que je veux faire, s'écrie-t-elle, je pourrais très bien être à sa place sur scène, ou chanter avec lui ! Je te jure que j'en suis capable. » René n'en doute pas. Mais d'abord, il faut parler parfaitement anglais, prendre des cours de danse. Il ajoute même que si un jour elle parle anglais correctement, il lui décrochera un contrat dans la même maison de disques que Michael Jackson. Y a du boulot ! Et Céline de répliquer aussitôt « Si tu m'arranges ça, je vais l'faire. » Il ne faut pas la défier, elle prend tout de suite le mors aux dents.

Le lendemain, elle s'inscrit à l'école d'anglais des joueurs de hockey francophones. Et opte pour le programme le plus lourd de Berlitz : neuf heures de cours par jour, cinq jours par semaine, pendant deux mois. Quand René reviendrait de Las Vegas, elle serait prête. Il était temps car, en France, ça ne marche pas du tout. Les bluettes de la petite fille sage ne plaisent pas. L'album *C'est pour toi*, ne s'est vendu qu'à soixante-quinze mille exemplaires, alors que René avait reçu une avance pour cinq-cent-mille ventes. Un genre de fiasco. Quelques mois après la grande tournée du Québec, on disait Céline Dion n'ira pas plus loin. Oh que si ! avait décidé René Angélil.

Ayant repris le contrôle de lui-même à Las Vegas, au milieu de ses compagnons de jeu, baigné dans l'atmosphère multicolore, enivrante, du Caesars Palace, René a retrouvé toute sa lucidité : il voit avec précision et même un certain malaise, à quel point les albums de Céline ont quelque chose de mignard, de doucereux, qui lui semble désormais insupportable. Elle a plus que correctement rempli son contrat, c'est un fait, mais si on ne veut pas perdre ses chances fabuleuses, il lui faut aujourd'hui, de nouveaux textes forts, de nouveaux arrangements plus modernes. C'était à lui René, de rebondir plus loin, plus vaste, Céline le mérite. Elle n'a cessé de s'améliorer. Elle doit maintenant s'épanouir. Elle doit avoir son mot à dire sur ce qu'elle veut ou ne veut pas.

La machine est en route. Il le sait.

Céline va se faire refaire les dents, changer de look, apprendre l'anglais, prendre des cours de danse et entraîner son corps pour l'embellir, devenir plus forte. Elle va mettre le pied dans le monde de l'entertainment, agrandir son show aux dimensions internationales. Le challenge lui plaît, l'attire, lui donne une envie folle d'y arriver, mais René…

Elle se fait maintenant des films d'horreur. Les bombes explosives, blondes, brunes ou rousses, des casinos, ne vont-elles pas lui voler son homme ? Comment pourra-t-elle rivaliser avec leur décolleté vertigineux, elle qui a le buste si plat ? Qu'à cela ne tienne ! Elle ira vers la figure du top model, sexy, mince, ondulante, longue, fine. Elle embarque immédiatement sur le nouveau projet qui se profile. Ah ! René n'a pas voulu scandaliser les foules, en vivant l'amour avec l'adolescente aux vilaines dents !? Hé bien, elle va devenir irrésistible, se battre pour le conquérir en star du show-biz. Elle va gravir seule les marches d'une transformation radicale pour séduire cet homme de vingt-six ans son aîné. Il veut bien être l'homme de sa vie, mais il semblerait qu'il la préfère en femme magnifique plutôt qu'en jeune fille mal dégrossie. Qui pourrait lui donner tort ?

Il suffit à Céline de regarder ses idoles pour mesurer le chemin qui lui reste à parcourir. Barbra Streisand, Cher, Madonna. Elle va vivre loin de l'homme qu'elle aime pendant de longs mois, certes, mais elle va relever le défi le plus excitant : forger toutes les armes indispensables à la conquête du monde et de son amour. Ce qu'elle veut en priorité : lui. Le succès peut venir en prime mais son but est de le capturer totalement. Elle reprend avec passion le cours de ses scènes d'amour imaginaires durant lesquelles René se dépense en grand !

Elle fait tout avec un excès typique de sa nature perfectionniste. Dans son école de langue, elle suit effectivement neuf heures de cours d'anglais par jour, cinq jours par semaine, pendant deux mois. Elle dort en anglais, rêve en anglais, chante en anglais, s'embrouille, découvre le sens de chansons qu'elle chantait sans rien y comprendre depuis tant d'années. Un monde s'ouvre. Elle s'y prépare en restant dans l'ombre pendant ces longs mois. À qui pourrait-elle d'ailleurs se montrer avec le gros travail d'orthodontie qu'on accomplit sur ses dents ? Elle a des vis, des broches qui la font souffrir. Elle peut à peine parler. Sa disparition des scènes de spectacle et des écrans suscitent toutes sortes de bruits farfelus. Elle était missionnaire en Afrique ; avait perdu la voix ; avait accouché de jumeaux : l'un était caché en Suisse, l'autre à Los Angeles.

Pendant ce temps, la transformation s'accomplit. René revient de temps en temps pour voir ses enfants et parler de ses grands projets. Il veut conquérir Broadway, Las Vegas. Pour cela Céline devra enregistrer un album en anglais. Il oublie le marché français et ne s'intéresse plus qu'au public américain. Avant celui du monde entier.

« Personne ne m'empêchera ! »

Un jour enfin, elle n'a plus, après tant de souffrances, les canines qui l'avaient faite surnommer Dracula par des journalistes moqueurs. Elle est plus fine, musclée, bronzée. Depuis plusieurs mois, les cours de danse ont produit leur effet. Elle a changé de coiffure, porte des shorts en jean et des gilets sans manche. René se trouble. Une jeune femme de bientôt vingt ans, toutes voiles dehors, défie son séducteur. Le même frisson les parcourt. Il est l'objet de cet amour qu'elle chante dans ses chansons. Il le sait mais veut rester prudent. De cette prudence qui la rend folle.

Maintenant, quand il lui parle, il arrive qu'il perde le fil de sa pensée. Céline sourit. Elle entrevoit le jour où René lui tombera dans les bras. Ce jour approche. Ils ne sont pas amants, mais leur danse amoureuse a repris en cachette. Tout le monde se demande s'ils ont couché ou pas. Rien n'est sûr, ils se retrouvent si souvent. Mais il ne faut pas affoler maman. Céline préfère lui mentir sur ces rendez-vous secrets avec René Angélil. Elle prétend, par exemple faire des courses avec une amie, complice du bobard, mais elle les fait en réalité avec son manager et amoureux. Ou bien, ils se rendent à des rendez-vous professionnels, seuls tous les deux, sans en avoir averti personne. Thérèse n'est plus là systématiquement. Sa fille poursuit sa conquête en quasi-liberté. Elle dira « je ne sais d'où me venait ce besoin de vivre un amour total et absolu. » Peut-être de la vision du couple de ses parents. Car de fait, ce n'est plus vraiment au goût du jour, malheureusement, de voir une adolescente dès ses 16 ans, choisir un homme plus âgé qu'elle comme seul amour de toute sa vie.

À cause de son jeune âge, René a su tout de suite qu'il devait tisser des liens étroits avec Thérèse, la mère. Il lui fallait son accord pour toutes sortes de raisons tant qu'elle n'était pas majeure. Il la consultait respectueusement sur de nombreux points de santé, de planning, de caractère, de goût, concernant sa fille. Ils avaient agi jusque-là dans une concertation amicale et de bon aloi. Or voici que madame Dion se retrouvait écartelée entre deux extrêmes. Être l'alliée de René pour la carrière de Céline et, en même temps, une opposante farouche à la réussite de son histoire d'amour. La combattante devait se tourner vers un nouvel adversaire.

Un jour, dans ce lieu idéal des grandes causes à gagner, qu'est la cuisine, dans beaucoup de foyer, maman prépare le repas. Le sujet est sur la table. Chacun donne son avis, avec plus ou moins de passion. Jusqu'à ce que Céline explose désespérément : « Mais vous ne comprenez donc pas que je l'aime. Je l'aime ! » Et, à bout d'arguments, elle éclate en sanglots. Thérèse s'essuie les mains sur son tablier et prend sa fille dans ses bras. « Je comprends, dit-elle, je comprends. » Oui, cette fois-ci, il semble qu'elle a compris. Elle n'est pas prête à favoriser l'entreprise, certainement pas, mais elle l'admet. Cet amour n'est pas une tocade, elle ne l'extirpera pas du cœur de sa fille. C'est un premier moment de soulagement. Pour tout le monde.

Céline respire à nouveau. Elle va pouvoir recommencer à chanter de toute son âme. De tout son amour.

Pour produire son prochain album, René est allé voir la compagnie Trans-Canada afin d'obtenir une avance de 50 000 dollars. Le grand patron la lui refuse. Comme s'il ne croyait pas en Céline après le grand succès qu'elle a déjà obtenu au Québec. René plaide, décrit la nouvelle artiste qu'elle est devenue. Assure qu'elle va désormais chanter en anglais. Conquérir le Canada et les États-Unis. Rien n'y fait. Il est refoulé… et entre dans une très grande colère. Jamais plus, entendez-vous, il ne travaillera avec les gens de Trans-Canada, même s'ils lui proposaient des millions. Pour l'instant ce n'est pas le cas. Mais lorsque René a élaboré un projet auquel il croit, rien ne peut l'en détourner. Même si c'est non, ce sera oui. Avec d'autres. En mieux.

Il s'arrange, en fréquentant les bons endroits, au bon moment, pour rencontrer le boss de CBS, Bill Rotari. Et il reprend sa plaidoirie de plus belle. Céline est prête pour un nouveau public. Elle est à un tournant de sa carrière. Elle a une voix unique. Personne au monde ne chante comme elle. René va obtenir, c'est certain, des paroles de chansons de Luc Plamandon, le parolier de Starmania. L'opéra rock qui allait bientôt passer à la Place des Arts, à Montréal. Soit dit en passant, René n'a pas encore rencontré Plamandon ! Mais il est sûr que celui-ci ne lui refusera pas d'écrire pour Céline. Enfin, il n'a encore ni les paroles, ni les musiques, mais il *sait* que ce disque sera un énorme succès et que c'est une faveur qu'il fait à Rotari de lui proposer Céline dans son écurie. Et le boss accepte. Lâche une avance correcte, assumant les frais de production de l'album.

Le directeur artistique de la compagnie, Vito Luprano, aux manettes du choix des chansons, est un peu inquiet du répertoire assez fleur bleue de Céline. Mais René lui assure qu'Eddy Marnay, sans être écarté, ne serait plus le seul parolier, loin de là, et qu'ensuite, l'album serait traduit en anglais. Car Luprano est très érudit sur les chanteurs rock, mais ne connaît pas grand-chose à la chanson française. Une fois de plus, René décroche l'engagement d'un album en anglais, même s'il est composé avec d'autres chansons en français ! Son ancien ami Ben Kaye, le regarde avec un peu d'ironie, très suspicieux sur les promesses de CBS. Et alors ?! René passe outre. Pas d'entraves, s'il vous plaît. Ça passe ou ça casse.

Plamondon a aidé à faire exploser Diane Dufresne lorsqu'il lui a écrit un album intitulé *Tiens-toé ben, j'arrive* ! Il a écrit pour Julien Clerc, *Cœur de rocker*. Des tubes qui ont grimpé au sommet des hits parades. Il a écrit pour Robert Charlebois, Barbara, et maintenant ce succès foudroyant, *Starmania,* écrit avec Michel Berger. Ni une, ni deux, René emmène Céline voir *Starmania*, à la Place des Arts. Et la présente à Plamondon, ensuite, dans les coulisses. Le parolier les reçoit avec plaisir et répond que oui, bien sûr, il écrirait volontiers pour Céline. Il connaît la voix extraordinaire, et le talent d'interprète qui sont les siens. Ensuite René est retourné le voir un autre soir chez lui, dans sa superbe maison face au Parc Saint-Viateur. Il lui a dit combien il avait adoré son opéra-rock. Que c'était exactement le rêve de Céline d'être l'héroïne d'un opéra comme celui-là. Il ne lui a pas demandé une chanson de plus, mais carrément un nouveau répertoire pour son poulain, mal engagé dans des textes trop sirupeux et indignes de sa puissance d'émotion. Il fallait oublier la Céline d'avant sa métamorphose. C'était maintenant une jeune femme aguerrie, parlant anglais, amincie, embellie, amoureuse. Il ne disait pas de qui. Elle était prête à « tout casser » si on lui en donnait les moyens.

L'album *Incognito*

Il fallait revoir Plamondon à Paris. Dans son milieu professionnel. René lui avait plu. Il les invita tous les deux à une soirée qu'il donnait chez lui, à Paris, dans son grand appartement du Champ de Mars. Là il y avait des chanteuses comme Catherine Lara, très en vue à ce moment.

Céline, en pleine forme, et fort excitée de tout ce qui se passe autour d'elle en compagnie de l'homme qu'elle aime, redevient ce soir-là, la petite fille qui se produisait déjà comme une vedette devant toute sa famille, au *Vieux Baril.* Elle se livre à une sorte de stand up, parle et chante en anglais et en français, rit et fait rire l'assemblée par son auto dérision, se comporte avec René comme une amoureuse très sûre d'elle. Elle montre le charme et l'exubérance d'une femme heureuse et sexy. Céline se déchaîne. Dans le grand salon, elle se livre à une imitation d'artistes, comme elle en a le secret. Streisand, Joplin, Piaf, tout y passe. Un vrai concert. Elle fait le clown avec talent. Reprend tous les airs de *Starmania* qu'elle connaît déjà, tout en calquant sa voix sur celle des vrais interprètes. Luc Plamondon est scotché sur place. René, dans son coin, regarde son poulain avec une profonde satisfaction. On ne peut imaginer qu'il n'a pas prévu tout cela à l'avance, avec Céline… Un sourire sur les lèvres, il ne la quitte pas des yeux. Elle est sûre qu'il est une fois de plus, conquis. Elle sent son adhésion, sa fierté. Son amour. Ils vont entrer dans ce qu'elle appellera joliment « leur amour silencieux ». Idéal, platonique, clandestin. À la fois frémissant et voluptueux. Même entourés, ils sont seuls au monde, se disant l'un à l'autre ce qu'ils croient que personne ne sait. L'épreuve de la longue séparation a ciselé leur désir. Ils sont comme un tandem gagnant. Comment « cela » ne se verrait-il pas ? On a vite compris, et c'est ce que Céline veut, qu'il y a autre chose entre elle et son manager, qu'un pur projet professionnel. Elle exulte sans vergogne. Ce soir-là Plamondon a réalisé à quelle personnalité il avait affaire.

Lorsqu'ils se revoient à Montréal, le parolier a déjà griffonné deux textes, *Lolita* et *Incognito*. L'inspiration n'attend pas et lorsque les mots sont venus, après la folle soirée de Céline à Paris, il n'a même pas pris le temps d'ouvrir son clavier, il les a jetés sur le premier papier venu. Mais Plamondon ne veut pas froisser Eddy Marnay qui est aussi un grand parolier. C'est un vieux monsieur qui a écrit pour les plus grands. Cela lui reste tel un titre de noblesse. Plamondon se souvient du mal qu'avait ressenti Étienne Roda-Gil, lorsqu'il avait écrit pour Julien Clerc. Roda-Gil s'était senti trahi.

La charge revient à René de faire comprendre à Eddy Marnay que son temps de parolier pour Céline arrive à son terme. C'est un déchirement autant pour René que pour Céline. Comment oublierait-elle qu'il fut son confident au moment où elle n'avait personne à qui dévoiler son secret ? Qu'il l'avait suivie dans ses premiers succès, soutenue, écoutée ?

Mais il faut du sang neuf. C'est inévitable. C'est même devenu la condition sine qua non pour continuer.

Les chansons déjà écrites par Eddy Marnay seront, pour certaines d'entre elles, conservées sur l'album, mais la majorité seront de Plamondon. Marnay comprend parfaitement, mais il s'inquiète de la noirceur de certaines paroles de *Starmania*. Le vieux monsieur ne sait pas que les romances d'autrefois n'ont plus cours. Elles ont pris à ce jour une tournure plus rude, plus agressive. Les mots sont chargés d'une révolte qui cadre mal, pense-t-il, avec la Céline que l'on connaît.

Justement ! C'est une autre qui va exploser maintenant. Une nouvelle chanteuse dont on n'avait pas idée jusque-là. C'est précisément ce que René souhaite. Il donne toute liberté à Plamondon pour écrire des textes inédits, forts, osés même. Céline lui a dit qu'elle voulait chanter l'amour, le vrai, le brûlant amour, le désir qui dévore. Luc a compris. Ça l'amuse beaucoup. Il va s'y mettre sans délai.

Un peu plus tard, il donne à René, les paroles des chansons achevées, disant le mal du désir inassouvi, assez crues, explicites, sans détour : *Incognito*, *Lolita*, *Délivre-moi*, *Jours de fièvre*, des titres évocateurs. René reçoit d'abord le choc en plein cœur. Il lit et relit les textes effrontés que Luc a écrits. Puis il les tend sans un mot à Céline. Elle tressaille de joie en découvrant, là, sous ses yeux, les phrases qu'elle n'aurait jamais osé prononcer, si elles n'avaient été écrites par un autre. Quel magicien se cache dans le parolier pour qu'il ait pu la cerner si étroitement ? Elle voit son secret mis à nu et se trouve totalement bouleversée en même temps que transportée de joie. Luc se met au piano et entame la mélodie composée par Jean-Alain Roussel. En quelques notes, Céline l'intègre et commence à chanter sans aucune gêne, les mots qui feraient bondir sa mère :

Toutes ces nuits que j'ai passées
Seule à me caresser
Il faut que tu me les rendes une à une
Toutes ces nuits, seule dans le noir de ma chambre
À rêver que tu venais me prendre !

René trouve cela parfait. Il déclare à Plamondon que c'est exactement ce qu'il voulait. Céline est électrisée. S'il trouve que cette chanson lui va si bien, ne voit-il pas à quel point elle parle de sa vie ? Surtout que la déclaration se fait encore plus claire dans la chanson suivante :

Quand le désir dévore son corps
Jusqu'au bout de ses doigts…

Ah ! Ces Québécois ! Quels sauvages ! Faire parler ainsi une jeune vierge de dix-neuf ans s'adressant à un vieux monsieur de quarante-six ans ! Thérèse aurait poussé des hauts cris. Mais la jeune fille n'est pas du tout farouche, au contraire, elle pousse l'avantage jusqu'à regarder son amoureux dans les yeux, en chantant. Suit un long silence ému. Le ton « fleur bleu » est dépassé. S'il n'y avait pas la présence de Plamondon…

Ce sera un succès au Québec mais les programmateurs en France refuseront ces titres de l'album *Incognito*. Ils seront remplacés par d'autres que Céline enregistrera pour la version distribuée en France. Pour l'instant au Québec, René sait déjà que ces chansons très vertes et très chaudes à la fois, vont conquérir un large public à qui cela parlera, quel que soit son âge. Ce fameux grand public, auquel il veut à tout prix s'adresser. Plus question de bluettes. Il intitule l'album *Incognito* et demande à divers arrangeurs de produire des styles différents, du funk, aux nuances plus folk, des chansons conservées d'Eddy Marnay.

Il faut encore convaincre les gens du métier sans qui un album ne peut fonctionner. Il demande à Mario Lefebvre, chargé de la promotion des disques chez CBS, de séduire les stations de musique rock. Celui-ci a déjà enflammé les *dance floor* et est rédacteur en chef du magazine *Pop Rock*. Les programmateurs de radio en sont restés à *Ce n'était qu'un rêve*. Il leur faut opérer une conversion radicale pour accueillir le nouveau style de Céline. CBS est un très bon passeport, c'est la plus grande maison de disques au Québec, comme en France. Les titres les uns après les autres, passent en *single* sur les ondes, et propulsent l'album au sommet des ventes en un temps record. Mia, qui s'occupe toujours de la communication, a organisé une grande soirée dans la discothèque la plus célèbre de Montréal, au nom inattendu, le club *Esprit*. Tout le milieu du show-biz et des medias branchés est venu entendre les derniers tubes de Céline Dion.

Puis, autre grande soirée à l'hôtel Concorde où les journalistes sont venus en se faisant tirer l'oreille. Ils se sont placés près des portes de sortie pour fuir à l'anglaise au cas où. Mais non, ils lui font une ovation au pied de la scène, lorsqu'elle achève le troisième titre. Et pourtant on ne la leur fait pas, à ceux-là ! Ils ont trop l'habitude des nouveaux chanteurs qu'on veut leur vendre comme le dernier petit génie en date.

Pour créer le lien entre les deux publics de Céline, l'ancien, plus traditionnel, qui l'avait d'abord acclamée, et le nouveau, plus branché sur la pop musique sans frontières, René sort en single une chanson plus douce,

On traverse un miroir. Voilà tout le monde rassuré. Elle peut tout chanter, personne n'est oublié. Surtout ne décevoir personne, mais sortir à tout prix des frontières du Québec, comme il en a le projet.

C'est depuis cette grande soirée du 2 avril 1987, que Céline est entrée dans le domaine étincelant de sa vraie carrière. Toutes les radios où elle ne passait jamais jusque-là, s'arrachent les uns après les autres, les cinq *single* de l'album *Incognito*. On entend Céline Dion chanter sur toutes les ondes de Montréal. Les tabloïds, ou les journaux plus sérieux, parlent d'elle sans cesse. À l'automne, l'album est disque de platine. Une étoile est née.

Pierre Marchand, directeur de *Musique Plus*, chaîne de TV uniquement branchée sur la musique pop, pour un jeune public très exigeant, la reçoit du bout des lèvres. Pour lui, René n'est que l'ex-Baronet, un vieux groupe des années soixante. Mais une fois de plus René va se surpasser. Il fait preuve d'une culture sans faille sur la musique des années cinquante à aujourd'hui. Il peut aussi bien citer Brel que Sting, Elwis Presley que Johnny Hallyday, James Brown que les Rolling Stones, Tina Turner que les Bee Gees. Il est incollable. Marchand regarde soudain avec une nouvelle attention celle que lui présente un homme aussi averti. Ils ont si bien partagé leur passion commune, faisant assaut de dates, de titres, de producteurs, de musiciens, de paroliers, que Marchand est enfin vaincu : Céline est forcément un phénomène pour que René Angélil la défende avec une telle fougue. Et il voit, il entend, plutôt, qu'elle l'est, effectivement. C'est gagné. À chaque nouveau *single*, il invite Céline à venir le présenter sur sa chaîne, *Musique Plus*.

Séduire René

Un jeune réalisateur de clip, François Girard, est requis pour le prochain enregistrement de Céline. Il a vingt ans comme elle. René pense qu'il va insuffler un sang neuf à leur travail. Adieu les robes de grands couturiers trop sages, François entraîne la chanteuse dans des boutiques où elle n'a jamais mis les pieds auparavant. Elle va se créer un look plus branché. Oubliées les ballades trop douces convenant à une Mireille Mathieu ou à une Nana Mouskouri. À vingt ans, on peut « déchirer » si on lâche ses chiens. Céline ne demande que cela.

René a décidé CBS à produire un album en anglais dès que celui en français aurait atteint cent mille exemplaires. Ce sera une bombe, a-t-il dit.

Les tabloïds montent au créneau sans tarder. Ça y est Céline et René sont fiancés, annoncent-ils. On les a vus s'embrasser dans l'avion. Un autre précise ils se sont « mariés à Las Vegas », où l'on s'épouse en une demi-heure. Un troisième s'aventure à leur donner des jumeaux. – Ils finiront avec cet entêtement qui les caractérise, par avoir raison ! – Ou encore, René est stérile. Il n'y aura pas d'enfant. C'est la valse des potins qui fait vendre du papier.

Au Québec Céline vend des centaines de milliers d'albums, mais il n'en va pas de même au Canada, de langue anglaise, ni en France, où l'effet de surprise des premières années est passé. Il faut donc trouver un tremplin qui la propulse vers le public anglophone. C'est la chance qui se présente au gala de CBS Canada, lorsque Ronda Sheppard qui doit accompagner Dan Hill fait faux bond. René, au courant de tout avant tout le monde, propose au chanteur ainsi qu'à son agent, de la remplacer par Céline. C'est accepté. René, plus excité que jamais à l'idée de cette opportunité, prévient Céline « si tu ne fais pas lever la salle, on retourne à la case départ ». C'est-à-dire au Québec, où tout a déjà été ratissé.

L'ambition de Céline est aussi ancrée en elle qu'en son manager bien-aimé. Elle la trouve vitale et nécessaire et ne s'en défend pas. D'aucuns la citent avec un sourire ironique, mais malgré l'amour de son pays, elle rêve de grands espaces, de liberté, elle rêve du monde entier.

Au gala de CBS, à l'Estérel, elle chante avec Dan Hill, devant un par terre de décideurs et de professionnels. Comme elle le dira souvent, elle donne tout, comme si sa vie en dépendait. Leurs deux voix se marient à la perfection. La salle entière se lève pour acclamer la chanson, *Can't we try* que Ronda Sheppard n'a pas pu chanter ce jour-là. CBS est acquis. L'album de Céline sortira en anglais. C'est une grande victoire aux yeux de René. Lorsqu'elle sort de scène, il la prend dans ses bras très ému. À nouveau, ils oublient tout et sont seuls au monde dans ce moment victorieux.

Pendant un moment ceux-là même devant qui ils se battent, n'existent plus. Ils sont comme deux enfants au matin de Noël. L'avenir glorieux d'une carrière jusque-là incertaine vient de se dessiner. *Incognito* est disque de platine.

Fort de ce succès, René requiert les services de l'avocat de CBS, Paul Farberman, fasciné par le talent de Céline, et lui demande d'obtenir les 100 000 dollars nécessaires à l'enregistrement en anglais, avec les meilleurs musiciens. Passer du français à l'anglais n'est pas si simple. D'autres, comme Julio Iglesias, s'y sont cassé les dents. Mais si certains ont échoué dans leur entreprise, cela n'a jamais été un argument valable pour René. Bien au contraire. Fonçons par où personne n'est jamais passé. René suit son instinct en toute occasion. Il mise, il joue, il risque avec passion. Il préfère un bon déjeuner gastronomique pour régler une affaire, qu'une longue discussion sur les termes d'un contrat. Lorsque le producteur français, Gilbert Coulier propose que Céline reprenne le rôle de Marie-Jeanne, dans *Starmania*, René résiste à la tentation. Non. Pas de petits arrangements avec la célébrité naissante. Son mât de cocagne, c'est le Canada et les États-Unis. En anglais.

Céline est conviée en vedette à la plus grande émission de variété de Radio-Canada. Elle la prépare avec le réalisateur. Lorsqu'on lui demande ce qu'elle a envie d'y faire comme numéro, elle répond « tout ! ». Une vamp, une ingénue, une sainte-nitouche, une madame, un garçon manqué, une rockeuse. Tout le monde est un peu affolé. Mais dans son esprit, être toutes les femmes de la terre, c'est ne pas manquer de séduire René Angélil. Car cela reste son but obsessionnel. Elle essaye de nombreuses tenues, toutes plus affriolantes les unes que les autres, devant René, dans les sous-sols de Radio-Canada. Elle en profite. Il verra tout, en petit comité, même s'il refuse les plus dénudées pour une émission à caractère familial. Tu n'as pas besoin de choquer, avec la voix que tu as, dit-il, le souffle un peu court. Peut-être tient-il à garder pour lui les trésors secrets de la cavale sauvage qu'il n'a pas encore chevauchée.

Le principal pour Céline, c'est qu'il l'ait vue, lui, en tenue de cuir, les seins à moitié nus, ou à peine vêtue de plumes, comme elle a eu la pensée un peu folle de se présenter au public.

Son album cartonne si fort au Québec, qu'on lui propose d'être la *French Canadian* des Juno, à Toronto. C'est le plus grand événement médiatique de l'industrie du disque, au Canada. Cependant les Canadiens zappent la chanson française du gala, et les Québécois ne le regardent pas. Quel intérêt de chanter là dans ces conditions ? René a toujours un joker prêt. Céline ne participera qu'à la condition de chanter en anglais. Ou pas du tout. Ensuite il faut choisir la bonne chanson. Pas un classique, c'est trop usé, même si c'est sans risque. Plutôt une chanson originale. Vito Luprano, directeur de CBS, propose *Have a heart.* Une mélodie signée Aldo Nova, spectaculaire, exigeante, qui exploite tous les registres de la voix de Céline.

Cette fois-ci, il ne s'agit plus de convaincre les professionnels comme à l'Estérel, six mois plus tôt. Il faut leur prouver qu'ils ont eu raison, en emportant l'adhésion du grand public canadien. Céline se donne ce jour-là, une fois de plus, avec un tel excès, qu'elle sort de scène dans un état second. Elle continue à chanter dans les coulisses, dans sa loge, dans la limousine qui la ramène avec René, à son hôtel. Quelque chose en elle ne peut pas s'éteindre. Le lendemain matin René se précipite pour acheter les journaux dès l'aube. Il dévore les articles, les apprend par cœur. Céline en se réveillant apprend qu'elle a fait un triomphe. « Tu as volé le show » exulte René.

René le joueur

Les quelques timides critiques négatives ne le démontent pas. On dit que cette chanteuse « n'a rien à dire, elle n'a aucune expérience de la vie. » Et pourtant, partie du fin fond de sa campagne de Charlemagne, elle enchaîne les succès et devient une vraie bête de scène. Le public ne se trompe jamais. René lui fait une confiance aveugle. Ceux qui tentent d'en faire sa « créature » en sont pour leurs frais. René réplique avec hauteur et colère que son artiste elle-même, lui en apprend tous les jours. Par son implication, le don total d'elle-même sur scène et dans la vie. Il vérifie ce que disent tous les journalistes et, surtout, qu'ils ne déforment pas les propos de Céline, après les conférences de presse. Il répète partout quelle est la plus grande chanteuse du monde, bien qu'elle-même ne l'ait jamais dit. Il tient la dragée haute à la presse à scandale et ne laisse rien passer quant aux ragots qui courent sur leur relation. Il en sera ainsi jusqu'à l'annonce officiel de leur mariage. Il protège la réputation de Céline – Thérèse y veille –, et celle de ses propres enfants, qu'il ne veut en aucun cas choquer.

Rien n'est encore acquis chez CBS, mais René prétend, car il y croit, que les auteurs de Whitney Houston et de Madonna vont travailler pour Céline et que la maison de disque va lui allouer un million de dollars pour l'enregistrement du CD en anglais. Un carré d'as en mains, il est en pleine courbe ascendante, et fait des virées de malheur dans les casinos de Las Vegas, Nassau ou Atlantic City. Avec ses proches, son cousin Paul Sara et le producteur Ben Kaye, ou encore Marc Verreault, il attrape un avion en fin d'après-midi, débarque à Las Vegas, joue comme un fou toute la nuit, et rentre à Montréal au petit matin. Les poches vides. 50 ou 100 mille dollars, selon les cas, ont été engloutis. Mais René reste le champion qui se refera toujours ! C'est écrit. En revanche, son cousin Paul est effondré de perdre de si grosses sommes, lui qui n'en a pas du tout les moyens. René le réconforte, tout cela n'est rien, tu verras la suite ! Car, où qu'il soit, il ne perd pas de vue une seconde que le challenge est de trouver le bon compositeur sur les meilleurs textes pour Céline.

Il n'en voit pas de meilleur que David Foster. Mais il faut encore parvenir jusqu'à lui. C'est le *wonder boy* du moment, David Foster, meilleur réalisateur de clip aux States. Il a travaillé avec Barbra Stresand, Frank Sinatra, Neil Diamond, Paul Mc Cartney. Il écrit, compose, arrange, produit, réalise. Il sait tout faire avec un immense talent. Pour se l'accaparer c'est une autre histoire. CBS dit « débrouillez-vous ».

Les shows et la prochaine grande tournée vont être illuminés de la présence d'un directeur musical plein d'humour et de talent surnommé par tous Mégo, et de sa compagne, Suzanne Gingue. Le premier a une entente parfaite avec Céline qui adore, malgré son travail de perfectionniste, faire le clown. La seconde a été pendant des années l'habilleuse, la confidente précieuse, présente partout à la fois. « On se disait qu'elle ne dormait jamais, qu'elle ne mangeait jamais. » Un pur esprit sans cesse en action.

Céline ponctue ses chansons, d'imitations fantasques de Michael Jackson ou de Mireille Mathieu, mais la plupart du temps fait rire la foule à ses dépens sans en être le moins du monde troublée. Comme l'année où elle est allée avec René, rendre visite au pape dans sa résidence d'été, à Castel Gandolfo. Devant la meute de journalistes qui les accompagnent, elle a l'idée baroque qu'on traie les vaches du pape, afin qu'elle puisse boire quelques gorgées de lait cru. Bon pour sa gorge, mais juste un peu décalé pour une star ! Comme les journaux people se tordent de rire devant l'anecdote, elle en rajoute en la racontant sur scène. Elle rappelle dans son show *Incognito*, sa « dégustation de lait papal » ce qui déclenche de gros rire dans la salle. Chacun son style !

Elle prétend aussi qu'elle fait partie des PA, les Pleureuses Anonymes, qui, comme les Alcooliques du même nom, se réunissent fidèlement pour « apprendre à se retenir ». Les sketches sont écrits à la lettre, tout comme les enchaînements. « La semaine prochaine, ça va faire un an que j'ai pas pleuré, dit-elle la voix brisée d'émotion. Je vais beaucoup mieux, je me contrôle, je crois être sur la voie de la guérison. La preuve, je vais vous chanter *Mon ami m'a quittée*, sans pleurer. »

Elle apprend au cours de cette tournée à maîtriser la scène, l'émotion du public, la sienne, à réagir en fonction de la foule. Elle met en place de petits rituels avant d'entrer dans la lumière. On la voit se livrer à une gambade incantatoire avec Mégo et Suzanne, courir autour de la scène en touchant de son pouce droit celui des musiciens. Enfin René la regarde d'un air intense, dans les yeux, lui pose un baiser sur chaque joue, puis la pousse doucement vers la lumière en disant : « Ok. Vas-y. Tu y es. *Go.* » Les rituels évoluent mais ils sont immuables. Dans le tourbillon incessant de la tournée, ce sont de petits repaires qui la rassurent au moment du trac. Adrénaline qu'elle retrouve tapie entre les loges et le plateau, lorsqu'elle se dirige vers ce gouffre fascinant, inondé de lumière, qui l'engloutit chaque soir.

Elle a gardé longtemps au fond de son sac une petite pièce d'argent qu'elle avait aperçu sur scène un soir. Comme elle était du côté pile, René, le joueur, s'est écrié « Pile !! Tu touches pas à ça, c'est du malheur ! » Alors Céline l'a lancée un peu plus loin pour qu'elle retombe sur face. Lorsqu'elle a vu l'effigie de la reine d'Angleterre, elle l'a ramassée et l'a gardée. Mais elle sait que lorsque le malheur frappe, il faut agir, il faut se battre. La petite pièce ne servira de rien.

Un soir en rentrant chez elle, elle trouve sa mère très pâle et surtout, signe effrayant, assise sans bouger, elle qui dès le retour de sa princesse, s'agite toujours à droite à gauche. Elle a le souffle court. Elle affirme que c'est un peu de fatigue mais que ça va passer. Thérèse ne reçoit jamais d'ordre de personne, on ne peut pas la raisonner, elle est hyperactive, autoritaire et prend toutes les décisions à sa charge, ce qui n'a pas toujours fait le bonheur de son mari.

Mais Céline sait, rien qu'à entendre sa voix faible et blanche, qu'il se passe quelque chose de grave. Elle a si souvent fait le rêve angoissé de la mort de sa mère, se voyant effondrée, sans réaction, auprès de son lit d'agonie. Mais là, pas de paralysie, Céline réagit avec un sang-froid et une lucidité sans faille. Elle appelle le cardiologue de l'Institut de Montréal et prend rendez-vous en urgence pour le lendemain. Rien n'est simple cependant, car à part le médecin qui l'a accouchée de ses dix derniers enfants, devenu quasiment un membre de la famille, Thérèse n'a l'habitude de s'incliner devant aucun professeur aussi fameux soit-il. « Ma mère ne se prosterne devant personne » rappelle Céline. Entêtée, Thérèse répète : « J'ai soixante ans passé, je sais ce que j'ai à faire. Si j'ai pas envie d'aller voir le docteur, j'irai pas. »

En fait elle devait aller garder le lendemain le fils de sa fille Linda. Pour rien au monde elle n'aurait voulu manquer sa promesse. Céline trouve une baby-sitter en cinq minutes et convainc sa mère de venir avec elle chez le médecin. Il diagnostique une insuffisance cardiaque et lui fait dès le lendemain matin un quadruple pontage. Thérèse est vexée de s'être trompée ! Pour une des premières fois de sa vie, elle vient d'être prise en charge par sa propre fille cadette. Les rôles se sont inversés.

Le soir même, sa mère hors de danger, Céline reprend sa tournée.

Je veille sur celle qui m'a tout appris
C'est le jeu de la vie,

pourra-t-elle chanter encore longtemps devant sa mère apaisée.

Le triomphe

Comme jamais rien n'est de trop pour René, et puisque cette tournée est un triomphe, il faut le dire, le crier sur les toits. Il a convaincu Céline de s'en vanter, à la télé, à la radio, dans les journaux. Il faut que ça se sache, tabernacle ! Elle ne s'en prive pas ! Les snobs la boudent. Quelle vulgarité d'avoir du succès et qui plus est, de le dire ! Pendant ce temps les salles sont remplies à craquer. D'un public varié. Dans sa loge viennent la voir des personnalités du sport, de la chanson, de la médecine, aussi bien que de la politique ou du monde des affaires. Elle ouvre les bras.

Un soir, la responsable des émissions de variétés de Radio-Canada, Carol Reynolds, vient dans sa loge lui proposer de produire un show télé avec elle, pour le public canadien de langue anglaise. René, Céline et Carol vont dîner ensemble pour en parler plus en détail. Céline parle de son désir de travailler avec David Foster si difficile à joindre. David ? Carol doit le voir quelques jours plus tard à Los Angeles. Elle emportera avec elle l'album *Incognito* et la cassette de *Have a Heart*. « Il va adorer » prophétise Carol. Et puis soudain les astres étincellent dans le ciel de Céline. Des jours de fêtes se profilent.

Pendant une répétition, René déboule comme un fou et susurre à son oreille, très excité, « Je viens de parler avec David Foster, il est sûr que tu as tout pour réussir aux États-Unis. » Il avait même parlé de « *That little something extra* » ce petit truc en plus qui est l'apanage des grandes stars. Il voulait travailler pour elle. Quand ? Dans six mois. Comme c'est long quand on a vingt ans ! Céline se lasse d'avoir à attendre pour tout. Elle attend autant la gloire que son amoureux. René évite la plupart du temps de se trouver dans des situations d'intimité avec elle. La carrière passe toujours en premier. Elle meurt d'impatience qu'il se passe quelque chose entre eux. Cela ne saurait tarder, elle en est sûre à présent.

Dans un avion qui les ramenait de Paris, elle a appuyé la tête contre son épaule. Mais cette attitude n'est pas innocente, c'est le don d'elle-même qu'elle lui fait. Elle le respire, s'abandonne et, dans un faux sommeil aux aguets, rêve en direct à celui qu'elle aime. S'il pouvait poser ses mains sur elle, quel bonheur ce serait ! Elle ne sait rien des gestes de l'amour sauf ce qu'elle en a lu. Mais lui qui en connaît un lot, ne semble pas se résoudre à toucher ce corps qui s'offre à lui. Peur du qu'en dira-t-on. Peur de choquer. Peur de la différence d'âge. Peur de la mère, peut-être. Mais tout cela va voler en éclat. Ce sera pour le 30 avril 1988, elle vient d'avoir 20 ans !

Ils sont à Dublin pour le concours de l'Eurovision. Après les éliminatoires qui ont eu lieu à Morges où elle a été sélectionnée, elle représente la Suisse en tant que Canadienne française avec une chanson écrite par une Italienne et un Turc ! *Ne partez pas sans moi*. À point nommé, si l'on ose dire !

Première chose : à peine arrivé, René est allé miser sur son poulain. 800 dollars qui peuvent lui en rapporter 3 000, si Céline gagne ! Le soir du gala, le concurrent anglais semble devoir l'emporter avec sa chanson intitulée *Go*, le fameux chiffre fétiche de Céline et René depuis le succès de Tokyo. L'équipe du chanteur se prépare déjà à entrer sur scène pour recevoir le trophée. René tremble de rage. Ce n'est pas possible. Céline est la meilleure et de loin. Elle est devenue le trésor de sa vie. Chacun a envahi l'existence de l'autre. Ils ont le même but, la même passion. Elle ne peut pas perdre.

Là-bas, au Québec, Thérèse vient d'être opérée à cœur ouvert. Elle n'a pu les accompagner pour ce bref aller-retour en Europe. Comme le ciel fait bien les choses, parfois ! Maman Thérèse a laissé sa place dans le cœur de Céline. Son cœur à elle en a beaucoup souffert. Cette enfant-là n'était-elle pas devenue l'objet de tous ses vœux ? Un autre en a repris les rênes avec une puissance d'un autre ordre. L'homme, l'amour, l'amoureux, ont enchanté le rêve de la jeune fille. Même si ce rêve a pu prendre naissance dans l'esprit d'une mère.

Ce jour-là, à Dublin, le challenge est énorme. Des centaines de millions de téléspectateurs regardent l'émission. C'est l'événement le plus regardé au monde après les Jeux olympiques ou la soirée des Oscars à Hollywood. Un concurrent a eu la mauvaise idée de chanter une chanson intitulée *Go*, le mot fétiche de Céline. Mauvais présage. René a choisi pour elle une chanson qu'elle n'aime pas. Trop solennelle à ses yeux. Mais elle s'est jetée dans l'arène de toutes ses forces. Ensuite, elle est restée prostrée dans les coulisses avec un très mauvais pressentiment. Le chanteur anglais est entouré, on lui explique de quelle façon arriver sur scène pour recevoir le trophée. Céline frémit. Elle ne pense qu'à aller retrouver René pour se consoler de cet échec. La chanson n'était pas celle qu'elle aurait choisie. Ils ont fait une erreur. Tant pis.

Deux ou trois juges ne se sont pas encore prononcés. Enfin, la sentence tombe : Céline l'emporte à un point près. Abasourdie, assommée, pétrifiée de joie, elle va chercher son prix, en larmes comme de juste. Elle bégaie quelques mots au micro, riant, pleurant à la fois. Peu importe, elle ne pense qu'à se jeter dans les bras de René. Elle s'y précipite et le couvre de baisers fous sans aucune retenue. Elle est au nirvana. Elle explose de bonheur. Enfin, elle le sent fondre, ses barrières tombent, c'est certain.

Le soir, selon le rite habituel, il la raccompagne dans sa chambre et entreprend sans broncher, de lui raconter par le menu la journée qu'ils viennent de vivre. Tout y passe, sa chanson, ses attitudes en scène, la valeur, ou pas, des autres finalistes, les mots qu'elle a prononcés. Céline n'écoute rien, elle plane à quinze mille et se laisse bercée par sa voix, les yeux pétillants de visions excitantes. Elle revoit ces baisers quotidiens qui glissent chaque jour un peu plus près de sa bouche. De quelques millimètres. Il a presque effleuré ses lèvres bien de fois. Même si elle l'y a aidé. Elle a voulu tout lui donner. Elle lui donnera tout. Au fur et à mesure de ce don, elle s'épanouit dans une certaine jubilation. Elle a décidé de le conquérir dans une guerre amoureuse où son orgueil entre pour autant que sa passion.

Elle est assise comme une idole triomphante à la tête du lit, les jambes repliées sous elle. Elle est seule avec l'homme. Elle atteint au but auquel elle aspire de tout son être depuis des années, envers et contre tout. René s'aperçoit qu'elle ne l'écoute pas. Il se tait. Céline sort de son rêve, éveillée par ce soudain silence. Les paroles ne la bercent plus. Elle sourit dangereusement. René détourne les yeux, touché en pleine cible. Il se lève du bras du fauteuil où il était assis et se dirige prudemment vers la porte.

Ah mais non ! Il ne va pas s'en tirer comme ça !! Sans même le moindre baiser ! Il a déjà ouvert la porte, tourné vers elle. Elle se jette contre lui, se presse dans ses bras et lui lance comme une estocade finale « Tu ne m'as pas embrassée, René Angélil ». C'est un reproche, un cri de guerre, un cri d'amour. Il n'a pas le temps de répondre. Elle l'embrasse à pleine bouche. Il la serre très fort… et s'enfuit pour rejoindre sa chambre. Elle reste seule, le cœur grand ouvert, les jambes tremblantes, comblée d'une attente voluptueuse. L'adversaire s'est trahi en fuyant, pense-t-elle. Elle se jette sur le téléphone, fait le numéro de sa chambre et le menace, victorieuse : « Si tu ne reviens pas ici tout de suite, je vais frapper à ta porte. »

L'homme est dubitatif. Il ne s'est pas encore autorisé à entrer dans cette sorte d'amour qu'elle lui propose. Il n'a toujours pas fait ce pas. Une grande tendresse le lie à elle mais il en a exclu l'aspect érotique. Il se méfie de cette exaltation qui pourrait les entraîner très loin. Trop loin ? Ne pourrait-on lui reprocher d'avoir « profité » de l'absence de Thérèse ? René reste un homme secret, mais une certaine délicatesse mêlée de prudence ne retient-elle pas ses gestes ? Ses virées à Las Vegas lui ont procuré d'autres plaisirs où son poulain n'entre pas. Ils sont plus vulgaires, plus sulfureux, plus mercantiles.

Céline insiste, mais sa chambre ne répond pas. Un peu plus tard, c'est lui qui la rappelle du hall où il est descendu reprendre ses esprits. « Si tu veux vraiment cela, c'est moi qui serait donc le premier. » Céline exulte. « Bien sûr que je veux… Tu seras le premier et le seul » affirme-t-elle.

Suivent deux nuits d'amour.

De retour à l'aéroport de Mirabel, une meute de journalistes armés d'appareils photos, de caméras et de micros, les accueille. René a rapporté les gros titres des journaux qui chantent les louanges de Céline. Au Canada, très peu de gens connaissent l'Eurovision. René donne une conférence de presse devant une centaine de journalistes. Céline, la petite Québécoise, issue d'un obscur village nommé Charlemagne, et d'une famille de quatorze enfants, est en train de devenir une star internationale. Il réjouit l'assemblée en ne manquant pas de préciser qu'elle a pleuré comme une madeleine. Il faut savoir que ça fait partie du spectacle ! De retour dans l'avion, le commandant de bord a signalé – poussé par René ? – que Céline Dion, qui vient de remporter l'Eurovision, est parmi eux. Tout le monde a applaudi. Elle a signé des centaines d'autographes, à l'hôtel, à l'aéroport de Dublin où « six ou sept cents journalistes étaient présents » ! René n'a jamais peur d'exagérer un peu. Il en profite aussi pour annoncer la suite des événements majeurs qui attendent Céline. Après la tournée *Incognito*, elle va enregistrer un album en anglais avec les meilleurs artistes du moment. Le directeur artistique de CBS international, Richard Zuckerman, s'est engagé à produire l'album. Céline est déjà, qu'on se le dise, une grande star internationale !

Le Secret

À l'aéroport de Mirabel, Céline aux côtés de René, est radieuse. Elle lève parfois les yeux au ciel et fait un peu le clown pour cacher son émotion.

Les participants croient que cela vient de sa victoire. Mais elle brûle du désir de leur en avouer la vraie raison. Elle a fait l'amour avec l'homme de sa vie. Ce serait autrement excitant si elle pouvait l'annoncer publiquement. Surtout que la plupart piétinent d'impatience pour obtenir la confirmation officielle de ce qui se dit partout. René ne parle que de carrière, prochaine tournée, prochain album en anglais, dans les meilleures conditions au monde, ils seront tous « par terre » ! Bla-bla, bla-bla. N'y tenant plus, l'une d'entre eux se lance et demande carrément s'ils sont heureux ensemble. On croirait qu'elle a déjà tout deviné. René, félin, répond adroitement : « Je ne donnerais pas ma place pour tout l'or du monde. Céline non plus, j'en suis sûr. On partage le même rêve elle et moi. »

Et le même amour, pense Céline. Mais silence, il lui a bien recommandé dans cette chambre du péché, de ne rien révéler à personne. Céline gémit de déception. Combien de temps encore va-t-elle ainsi devoir cacher son bonheur ? Un certain temps. Mais pourquoi ? Il faut d'abord en parler aux plus proches, aux parents. Oui, évidemment, il a raison, mais ce « certain temps » va durer indéfiniment et user la patience de la jeune fille. La journaliste insiste :

– As-tu un amoureux, Céline ?

C'est tout ce qui les intéresse. Ce par quoi ils entretiennent le suspens auprès du public. Céline bégaie, avale sa salive, évite de regarder René qui ne la quitte pas des yeux et répond enfin avec aplomb :

– Non, ma carrière passe en premier. Je m'y consacre entièrement.

Mensonge qui lui arrache la langue. Et qu'elle devra poursuivre encore longtemps pour son plus grand désagrément. Il lui semble s'enferrer dans un carcan qui l'étouffe. Et puis elle est si fière, elle la petite fille tissée de rêves, d'avoir conquis cet homme qui l'avait d'abord tant impressionnée. Pour l'instant sa gloire de chanteuse n'est pas aussi réelle que la conquête de son amour. Chanter n'est rien, l'amour est plus grand. Chanter, elle le fera toujours au mieux si elle peut aimer sans contrainte.

Maintenant sa famille a compris que cet amour la rend heureuse. D'autres couples avant elle, marqués par la différence d'âge, ont vécu très heureux. Elle cite l'exemple prestigieux de Charlie Chaplin et d'Oona O'Neil qui ont même eu plusieurs enfants ensemble. René a essayé d'éviter de tomber amoureux. Il a fui à Las Vegas, à Paris, pour confier son tourment à Eddy Marnay. Celui-ci lui a posé les bonnes questions. L'aimes-tu vraiment ? Es-tu sûr de toi ? Ne risques-tu pas de gâcher sa vie ? Non, René l'aime maintenant « comme un fou ». Elle a envahi sa vie. Le tendre souci obsessionnel de sa carrière a fait place à un sentiment puissant. Alors si tu l'aimes, a dit le vieux monsieur qui a l'âge d'être son père, tu ne pourras pas lui faire de mal.

Céline croit que René pense d'abord au qu'en dira-t-on. Que les mauvaises langues peuvent tout détruire. Il adhère au dicton « pour vivre heureux, vivons cachés ». C'est ce qu'il impose à Céline. Elle en souffre, s'y résout cependant, le cœur en révolte. Elle se tait, bien malgré elle, car elle a décidé d'offrir sa vie en pâture au public. Non par impudeur, mais parce qu'il n'y a pas de distance entre ce qu'elle vit et ce qu'elle chante. C'est même ce qui bouleverse les foules. Ce pour quoi elle a donné sa vie. La plupart des deux cents chansons qu'elle enregistrera, parle d'amour. Des chants désespérés, aux chants de victoire.

Mais Thérèse ? Il reste l'étape redoutable entre toutes d'annoncer la chose à maman Dion. Lorsque Céline reprend sa tournée, elle propose à sa mère de l'accompagner quelques jours. Il va bien falloir qu'elle lui apprenne la vérité. Non pas seulement qu'elle a fait l'amour avec René, mais que c'est l'homme de sa vie, elle en est sûre. Elle ne changera jamais. Thérèse, la femme forte, l'indestructible, est effondrée. Poignardée, trahie. Comme elle va le dire dans une lettre adressée à René. Pleine de rage et de serments de rupture. Plus jamais tu n'auras ma confiance. Comment toi, un homme deux fois divorcé, avec trois grands enfants, oses-tu t'emparer d'une petite fille de vingt-six ans ta cadette ?! Tu as brisé la sympathie et l'admiration que j'avais pu avoir pour toi. Quelle horreur ! Mon Dieu ! Je ne veux plus jamais avoir affaire à toi. Adieu René.

Elle pousse de grands cris pour ne pas étouffer, mais il lui faut surtout le temps d'assimiler la réalité dont elle se doutait.

Et malgré les protestations d'amour et de fidélité que René lui oppose dans ce hall d'hôtel où ils sont descendus, Thérèse reste de glace. Le regard noir, elle reprend sa valise et rentre à Montréal, bouleversée d'émotion. Pourtant elle sait que Céline n'est pas une « petite fille ». Elle sait que, lorsqu'elle chante, l'amour est dans sa voix. Elle sait le long compagnonnage amoureux avec son propre époux, Adhémar, dont elle a eu quatorze enfants. Elle est aussi femme de chair. Il lui est sans doute plus rude de céder la première place dans le cœur de sa fille que de la voir devenir femme. Elle ne tardera pas à s'y faire, sans doute, mais rien ne sera plus pareil. Le trésor a pris son envol, calquant, en fait, sa force, sur celle de sa mère.

Une seule chose adoucit sa peine : elle a compris que jamais René n'accepterait que sa relation amoureuse avec Céline soit divulguée. Cela doit rester un secret absolu. Il en a fait auprès de Céline la condition *sine que non* de leur relation. Il aurait même ajouté que tout s'arrêterait entre eux dans ce domaine si elle en parlait officiellement. Céline en crèvera s'il le faut, mais elle ne dira rien.

Au moins sur ce point, Thérèse est soulagée.

Car René a d'autres soucis concernant cette nouvelle situation. Ses enfants ont toujours lu dans la presse ses dénégations forcenées à ce sujet. Il ne peut se résoudre à ce que les gens croient, – comme certains l'affirment –, qu'il s'offre son artiste de 26 ans sa cadette, comme un « vieux » pervers. Lui donnant un rôle un peu sale, ou tout le moins pas très clair. Or ce n'est pas vrai. Un grand amour est né entre eux. Que personne ne vienne cracher dessus en le défigurant. Ce serait affreux pour tous leurs proches. Pour ses enfants en particulier, qui doivent savoir que leur père est profondément amoureux de Céline. Patrick, son fils aîné, comprend que désormais il devra jusqu'à nouvel ordre contourner les questions qu'on pourrait lui poser, ou les fuir carrément. De même qu'Anne-Marie, sa fille, qui, s'en tenant aux déclarations musclées de son père, avait toujours soutenu qu'il n'y avait rien que de professionnel entre lui et son artiste.

Les adolescents sont conscients de la force étonnante qui unit ces deux-là. Ils ne cherchent pas le malheur de leur père et apprécient suffisamment le sérieux et le talent de Céline pour accepter sans trouble exagéré, l'amour qui les lie. C'est un argument de poids pour Céline. Elle n'hésite pas à s'en servir afin de convaincre René que rien n'empêche plus que leur amour soit découvert à la face du monde puisque ses enfants eux-mêmes l'acceptent. Rien n'y fait. Il est incorruptible.

Une femme amoureuse

David Foster, le réalisateur vedette des plus grandes stars, allait être prêt à travailler avec eux. Après sa tournée éclair – dix jours, dix villes – en Europe, où Céline a chanté avec Elton John à Munich, avec Julia Migenes-Johnson et Michel Legrand, au festival de Cannes, elle reprend la tournée *Incognito*, au Québec. David Foster va venir la voir chanter. Il arrive accompagnée de Linda Thompson, l'ex-femme du King, qu'il vient d'épouser. Ce jour-là, il fait très lourd. « Il pleuvait à boire debout » racontera Céline, dans la langue imagée de son enfance. Ce n'est pas la date idéale pour passer devant David. Sous le chapiteau, on étouffe, l'humidité de l'air est suffocante, la pluie claque si fort sur la toile qu'on a parfois du mal à entendre les chansons. Le son est déplorable. Quand on pense que quelques jours plus tard, elle doit chanter dans le plus grand théâtre de Montréal ! Mais David ne pouvait que ce jour-là. Céline, indémontable, malgré la chaleur écrasante, chante, comme à son habitude, en donnant tout. Elle présente David au public au cours du show. Il reçoit même une ovation de cette foule de gens qui ne le connaît pas. Il en est flatté. Puis les deux couples vont dîner au restaurant des Laurentides. David, qui a accompagné les plus grands, ne se répand pas en compliments, mais il est décidé. Il suffit que Céline et René trouvent les chansons qui formeront l'album en anglais.

René et le directeur artistique de CBS, – devenu alors, Sony music –, Vito Luprano, entreprennent un long travail de sélection des meilleures chansons accumulées depuis plusieurs mois. Il serait temps de joindre maintenant l'utile à l'agréable : Céline et René partent à Los Angeles pour un long séjour, dans une auberge de Malibu Beach, située près de l'endroit où vit David Foster.

Ils exsudent le bonheur. Font de longues ballades sur la plage voisine. David et Linda les rejoignent pour dîner certains soirs. Au bout de quelques semaines, Céline fait venir des membres de sa famille avec leurs enfants. Mégo et Suzanne viennent aussi. René passe des heures à écouter avec Céline les musiques que leur adresse Sony. Vito Luprano vient souvent pour en parler. René fait peu à peu un tri. De la meilleure à la moins sûre. Ce sont toutes des chansons d'amour. L'album prend forme de jour en jour.

Mais leur vie est avant tout une vie d'amoureux. Loin des ragots, des indiscrétions. Inconnus et anonymes, libres de se promener sans ameuter les badauds. Céline trouve ce séjour délicieux. Elle s'amuse à faire la cuisine même si elle n'y connaît rien. René a plus de dons qu'elle pour cela. Elle ne s'aventure pas plus loin que les spaghettis bolognaises, et laisse son homme innover en ce domaine. Il sait comme personne, en bon oriental, rajouter l'épice qui va transfigurer un plat. Céline dort tard le matin jusqu'à midi. Elle est du soir, depuis le *Vieux Baril* où, dès l'âge de six ou sept ans, elle traînait avec bonheur dans le cabaret de ses parents. Quand elle n'était pas sur scène en train de chanter les tubes de l'époque ou les chants folkloriques de la province, comme une petite naine déchaînée.

René, lui, est du matin. Il se lève à l'aube, à pas de loup, et s'en va acheter une grande partie de la presse, magazines et quotidiens, qu'il dévore sur la terrasse. Tous les jeux et résultats sportifs le passionnent. Dans chaque discipline, il connaît et suit les plus grands champions. Que ce soit en hockey, en base-ball, football, boxe ou autre, il veut savoir qui a perdu, qui a gagné, comme si sa vie en dépendait. Puis lorsque Céline se lève, il lui fait un digest de l'ensemble, pendant qu'elle sirote son jus d'orange. Ils passent des jours tranquilles, privilégiés, se dorent au soleil, avant que le rythme effréné ne reprenne.

Tout ceci n'est pas anodin. Céline se sent enfin libre comme jamais. Une grande transformation s'opère en elle. Cet amour qui l'oppresse par sa force peut enfin s'épanouir. Elle découvre un nouveau monde. Intérieur et extérieur. La voix, qui s'enracine au cœur d'elle-même, prend une autre ampleur. Elle pratique l'anglais au quotidien et se forge à cet autre langage, une tessiture inconnue. Le corps de son chant évolue. Elle a trouvé l'expression de sa féminité ; renforcé son équilibre, chancelant parfois ; trouvé la vérité de son amour. Elle ne se trompait pas, elle en a la preuve. Elle peut se promener, sortir, passer la nuit au studio Chartmaker, avec l'homme qu'elle aime. Elle peut lui prendre la main, lui dire des mots tendres, se lover dans ses bras, sans craindre d'attirer les foudres sur sa carrière. Sa voix devient « plus souple, plus proche d'elle-même, plus libre, elle aussi, plus éclatante. »

À aucun moment René ne perd de vue le but ultime. Une carrière internationale. Sans cesse, il répète « Si tu passes à côté… » Céline le coupe « …nous retournons à la case départ, mon amour. Et nous y resterons jusqu'à la fin de nos jours. » Mais son rire éclabousse les vieux nuages d'angoisse qui planaient autrefois. Elle sait qu'avec son amour à lui et son exigence sans faille, elle ira au bout du monde.

Les grands moyens

David Foster est sans cesse aux quatre coins de la planète. Un jour à New York, l'autre jour à Londres, à Miami ou à Los Angeles. René ne perd pas son temps. Il choisit avec Richard Zuckerman les paroles et musiques les meilleurs pour l'album *Unison*. Sony lui attribue deux nouveaux réalisateurs l'Américain Andy Goldmark et l'Anglais Christopher Neil. Ils sont tous deux à la tête des plus gros succès du moment. Ils ont travaillé avec Paul McCartney, Eric Clapton ou Elton John. Sony se fait cependant tirer l'oreille pour aligner les cent mille dollars prévus. Qu'à cela ne tienne, Céline et René ont déjà gagné beaucoup d'argent. S'il le faut ils investiront sur ce nouvel album. Neil adresse à René la maquette d'une chanson très rock *Where Does My Heart Beat Now*. Céline trépigne de joie. René quant à lui, cache la sienne. Il fait écouter la chanson à tous ses amis, à Kay, à Vito Luprano, Marc Verreault ou Pierre Lacroix. Puis ils partent enregistrer au West Side Studio de Londres.

Le matin de l'enregistrement, Céline arrive en avance, la voix chauffée, déliée, les paroles ciselées en tête, ayant, avec René, repéré chaque détail de prononciation, chaque intonation, chaque respiration. Impatiente de commencer, concentrée sur son interprétation. Elle tourne en rond et lance quelques vocalises pour réchauffer le timbre.

Elle est prête. Plus que prête. René n'a plus rien à faire. Il va faire une partie de billard dans la salle de jeu attenante au studio. Il faut qu'il joue, il faut qu'il parie, c'est son carburant. Sinon la vie ne vaut pas la peine d'être vécue.

Et puis, c'est nouveau, Céline veut parler avec Neil seule à seul. Et du coup, en une demi-heure l'affaire est dans le sac. Céline a déjà tant répété, qu'à la première prise, Christopher Neil, a su qu'il avait tout. À la deuxième et à la troisième prise, il a vu que rien ne serait plus parfait que ce qu'il avait eu à la première. Angélil et Vito ont écouté l'enregistrement le cœur battant, puis ils ont sauté de joie en entendant ce qu'ils appelaient « la meilleure chanson en anglais jamais enregistrée ». Céline, touchée, a les larmes aux yeux. Dans les bras de René, elle exulte de bonheur.

Pour fêter ça, René et Vito vont au casino du Sports Club, et passent la nuit à la table du black-jack, la tête dans les étoiles. Ils ne peuvent pas perdre. Ils sont dans une dynamique de réussite. Ils gagnent gros ce soir-là et rejoignent le Sheraton dans la limousine des vainqueurs. Le lendemain, rebelote, Céline enregistre au West Studio, *The Last to Know*. Neil conserve à nouveau la première prise où il n'y a rien à retoucher. *She did it !* s'exclame-t-il, le visage illuminé.

L'enregistrement se termine à Los Angeles, avec David Foster enfin libre, et à New York, avec Goldmark. Ce sera encore de longs mois de perfectionnement sans limite.

Pendant l'année entière de travail qu'a demandé l'album *Unison*, René n'a pas cessé un instant de se torturer pour parachever chaque détail. Mille fois, il remet l'ouvrage sur le métier. Jamais satisfait, voulant toujours aller plus loin. Découragé un jour par le manque de résultat musical, prêt à tout recommencer du début. Reprenant l'audition des pistes d'accompagnement jusqu'à plus soif. Voulant changer un tempo. Mettre des cuivres au lieu des cordes. Rajouter des choristes. Et puis non. Changer le piano pour la guitare. Supprimer l'intro, ou la laisser, trop longue, trop courte. David Foster et lui sont sur la même longueur d'onde. Ils sont affublés de la même exigence maniaque, méticuleuse. Leur devise commune est « on peut faire mieux ». Tout recommencer même. Pourquoi pas ? Et c'est ce qu'ils font.

Arrivés au bout de leurs performances maximales, ils intègrent la proposition de Sony : travailler avec d'autres réalisateurs, dans d'autres studios et d'autres villes. René adore l'idée du sang neuf venu d'ailleurs. David pense aussi que c'est une bonne orientation de travail. C'est ainsi qu'ils ont travaillé à New York, avec Andy Goldmark, comme à Londres, avec Christopher Neil. Ils disposent pour cet album, de moyens techniques et financiers énormes grâce à David Foster. Comme ils n'en ont encore jamais eus. Les grands patrons de Sony leur font une totale confiance. Ils ont tissé des liens très forts avec les musiciens et les techniciens des grands studios d'enregistrement.

Au printemps 1989, ils quittent Malibu pour New York, conscients que désormais ils vont mener une vie de nomades. Passant comme des météores de Montréal à Paris, ou de Los Angeles à Las Vegas, sans y séjourner plus de deux ou trois semaines de suite. Ils sont emportés dans un tourbillon qui va durer près de vingt ans et les conduire dans le monde entier. Céline a pris le train dont elle rêve. Il roule à une vitesse folle. Elle n'a pas le temps de voir le paysage en détail, mais dans cette ivresse, elle écume le meilleur des choses. Elle se sent partout chez elle, puisque pour l'instant elle n'a pas de domicile fixe en titre, sauf la maison qu'elle a offerte à ses parents à Sainte-Anne-des-Lacs. Le monde est sa maison.

À Los Angeles, elle se produit sur la scène des Oscars devant le parterre le plus exigeant et le plus sexy qu'on puisse imaginer. Prince, en l'entendant chanter, lui écrit une chanson, *With this tear*. À New York, la vibration, l'énergie particulière, qui se dégagent de cette ville fantastique, l'électrisent. Andy Goldmark l'accueille comme faisant partie du sérail. Elle enregistre avec lui la chanson *Unison*. Un morceau fait pour la scène, très *dance music*, physique, exigeant, où elle enrichit son spectacle d'une chorégraphie exaltée. Elle aime la scène avec passion.

En studio, elle emmagasine des réserves d'émotions dont elle se servira en tournée. Dans la cabine, elle a peaufiné son inspiration et habité les paroles écrites pour elle. Elle y retrouve les fièvres et les frissons vécus dans la vraie vie. Andy a une idée très précise de ce qu'il recherche. Son travail s'achève lorsqu'il a trouvé le son et les rythmes qui se calent sur son projet.

À Londres, Chris Neil avait agi très différemment. Il ne voulait pas travailler *après* sur le matériel offert par Céline. Il a beaucoup parlé avec elle *avant* – pendant que René jouait diplomatiquement au billard – pour être sûr de mettre tout en œuvre lorsqu'il saurait exactement ce qu'elle voulait. C'est tout nouveau pour elle. Quels sont les rythmes, les couleurs qui l'inspirent ? Elle a toujours laissé les autres choisir pour elle. Voilà qu'on lui propose d'être aux manettes. Ils ont longuement discuté de l'orchestration, des arrangements, en particulier pour le titre *Where Does my Heart Beat Now*. Quelle tonalité lui convient, à quels moments de la journée préfère-t-elle travailler ? Le matin ? Le soir ? La nuit ? Éclairée aux chandelles ? Derrière un paravent ? Entourée de gens ? Une chose est certaine, Céline n'existe pas avant trois ou quatre heures de l'après-midi ! À cette époque, elle n'aime ni parler ni chanter avant midi. En revanche, une fois qu'elle est en studio, elle se sent hors du monde, hors du temps. À Paris ou à Los Angeles, aucune différence. Elle est suspendue dans un espace musical où elle évolue en toute liberté. Son instrument d'interprète est si bien rodé que lorsqu'elle entend un air et des paroles qui lui plaisent, ils s'inscrivent en elle tout de suite. Les ayant intégré au plus profond d'elle-même, elle est capable de les restituer à volonté. En studio ou sur scène.

Le soir de l'enregistrement, à New York, avec Andy Goldmark, elle entre en studio, et fait une première prise pour le fun. René et Vito font une partie de billard dans la pièce voisine. Elle s'apprête à reprendre la chanson, lorsqu'Andy lui lance dans les écouteurs « C'est parfait ! » Un peu surprise, elle lui demande par sécurité, de faire d'autres essais. Ce sera pourtant le premier enregistrement qui sera sur l'album. Les hommes sont super contents, ils ont la nuit devant eux. La baraka est là, il ne faut pas la laisser passer. Ils vont au casino. René gagne gros ce soir-là. Il rentre euphorique et réveille Céline pour lui annoncer que la chance est là. « Tu vas faire les plus grands show américains, c'est moi qui te le dis ! »

En effet ce titre va beaucoup compter dans sa carrière. D'abord dans les plus grands talk-shows de la TV américaine où elle fait une audience d'enfer, le *Tonight show* de

Jay Leno, et le *Late Show* de David Letterman. C'est en l'ayant entendu là que James Horner et Will Jennings lui proposeront d'interpréter le succès planétaire du film *Titanic*, *My Heart Will Go On.*

Et, de la même façon, pour ce titre immortel, ce qu'on entend sur le CD ou à la radio, ce qui a été gravé pour la vie, comme elle le dit, c'est la première prise qu'elle a enregistrée en tant que maquette de travail. Cette chanson dont elle ne voulait pas ! René l'avait convaincue d'en faire au moins un essai en studio. On lui a fait entendre la bande musicale de base. On lui a raconté l'histoire déchirante de cet amour. Elle l'a trouvée très belle. Alors elle a posé sa voix sur la première maquette. Ayant bien pris garde de ne pas boire de café avant d'enregistrer, pour ne pas que son vibrato s'accélère. Cela lui arrive lorsqu'elle en boit un ou deux avant de chanter. Puis, en tournée, elle a trouvé une telle ferveur dans le public, auprès des ceux qui portaient cette histoire d'amour en eux, que, du coup, elle s'est mise à l'aimer. Elle recevra, en 1998, l'Oscar de la meilleure chanson de film. Ce n'est peut-être pas le titre qui lui convient le mieux, elle avait raison, mais devant ce succès mondial on comprend que René ait insisté !

Celeenn Dayoon !

Dans la grande maison de Sainte-Anne-des-Lacs, qu'elle a achetée au Québec, pour que sa mère y trouve le calme après son opération du cœur, elle se réfugie aussi. René est toujours persuadé qu'ils doivent garder secret leur lien amoureux même si tous ceux qui les approchent le voient comme le nez au milieu du visage. Sur scène, elle doit chanter l'amour, mais il lui faut se montrer en femme seule dans la vie. Pourtant René s'est séparé de sa femme. « Céline a grandi, dit-il, elle a mûri. On a tous les deux la même passion. Demandez-moi pas comment c'est arrivé, je n'en sais pas plus : l'amitié s'est changée en amour. »

Les paroliers, malins, ont toujours utilisé sa propre vie pour écrire le texte de ses chansons. Du coup ce qu'elle chante en scène, elle doit le nier dans la vie. Ce qui la laisse dans un état de confusion parfois assez douloureux. Elle fait l'amour avec cet homme, veut faire sa vie entière avec cet homme, avoir des enfants avec lui, mais elle n'a pas le droit de le dire.

Le nouveau président de Sony, Paul Burger, qui vient la visiter à Sainte-Anne-des-Lacs où elle se repose, lui-même ne comprend pas. La maison est remplie de la famille Dion. Céline prend un grand bain de frères et sœurs. Elle accueille sa nièce Karine qui a besoin aussi de grand air. La jeune fille est de plus en plus affaiblie par la maladie, mais continue de lutter pour survivre. En la rencontrant sur la route qui mène à la maison, Céline la croise, lui fait un grand geste de la main, perd le contrôle de sa voiture, fait un violent tête-à-queue. Elle n'est pas blessée mais le véhicule est gravement cabossé. Ce choc la ramène brutalement à la réalité. René revient en catastrophe de Las Vegas, affolé.

Leur couple ne sera jamais un couple ordinaire. Elle le sait. René a ses passions. Le jeu, ses amis, le réseau qu'il cultive assidûment dans le show-biz américain. Il aime maintenant le golf et y joue régulièrement. Il est libre, imprévisible, il soupèse, réfléchit sans cesse aux meilleures opérations pour la carrière de son poulain. C'est sa façon d'aimer. Il apprécie que Céline se montre indépendante, forte ; elle lui laisse donner libre cours à cette vie parallèle dont il ne peut se passer.

Suite à cet accident, il veut qu'elle ait un chauffeur. Non, Céline ne veut pas qu'on la conduise. Elle aime être seule ou avec lui. Pourtant bientôt elle devra se résoudre à avoir sans cesse auprès d'elle, des gardes du corps, un secrétaire, une styliste, une habilleuse, etc. René met en place de grands projets avec Sony International. Il travaille à amplifier sa carrière, il y met tout son talent, tout son amour. Elle en est sûre.

Paul Burger est venu la voir dans cette optique. Il n'a pas que de bonnes nouvelles à lui apporter. L'album *Unison* est loin de cartonner. Il lui semble qu'elle ne se montre pas sous son meilleur jour. Elle n'a pas su se créer un personnage. Le sien est démodé pour ne pas dire ringard. Il emploie des mots plus doux, mais le fait est là. Sa garde-robe est pourtant bien fournie, mais elle n'a rien à voir avec ses chansons. De New York à Paris, elle court les boutiques de mode sans ligne directrice. Ça part dans tous les sens. Il lui faut aller au bout de sa folie, être elle-même jusqu'au bout des ongles. Se distinguer autant par son apparence que par sa voix exceptionnelle. Si le président d'une multinationale aussi puissante s'inquiète de son avenir, elle doit en prendre note. Ce qu'elle fait.

Deux mois plus tard, elle va faire le *Tonight Show* devant des dizaines de millions de téléspectateurs. Pour l'enregistrement, elle part trois, quatre jours à Los Angeles avec René. À bord de la limousine qui les emmène dans leur hôtel de Beverly Hills, elle entend sa chanson sur les ondes américaines. L'animateur prononce son nom en traînant sur les finales et annonce la sortie prochaine de son album *Unison*. René jubile. Il demande au chauffeur s'il connaît la chanteuse qu'on vient d'entendre. Du tout. Alors, sans pouvoir résister, René, lui ayant demandé son prénom, quitte la voiture avec un sourire rayonnant, en disant : « Don't forget, Brian, you met Celeeenn Dayonn. »

Sur Sunset Boulevard, ils vont au plus célèbre des magasins de disques, le Tower Record, et là, à côté des montagnes de disques de George Michael, des Bee Gees et autres stars, s'étalent ceux de Céline. Surmontés d'une immense affiche à son effigie. Au bas de l'affiche la fameuse phrase de Michel Drucker, devenue en anglais, *Remember the name, because you will never forget the voice.* C'était déjà six ans auparavant. Une éternité.

La voix d'or cassée

Le troisième soir de la tournée au Québec de l'album *Unison*, la voix de Céline se casse. En plein concert, un soir d'automne, à Sherbrooke, elle se brise tout à coup. Elle quitte la scène sur le champ, complètement choquée, persuadée que sa carrière s'arrête là. Elle retrouvera peut-être sa voix un jour, changée, méconnaissable. Mais pour l'instant c'est un abominable trou noir. René monte sur scène pour faire une annonce très triste. Tout le monde sera remboursé bien sûr et le spectacle reprendra plus tard, peut-être dans quelques semaines, lorsque Céline aura retrouvé sa voix. Si elle la retrouve. Le public s'est levé puis il a applaudi. Dans les coulisses, Céline est en larmes. René la prend dans ses bras, la console, l'embrasse, tente de la rassurer. « Ça va s'arranger » répète-t-il comme un leitmotiv.

Ils rentrent tous les deux à Montréal, silencieux, sous le choc, anxieux, mais liés par le même drame. René avait mis sur pied un grand concert qui devait avoir lieu deux semaines plus tard, à Montréal, devant les producteurs et organisateurs de tournées américains. C'était le début d'une série de concerts qui devait les mener en Amérique du Nord, en Europe, puis dans le monde entier. Soudain tout semble s'effondrer. A-t-elle trouvé le moyen d'inquiéter suffisamment René pour qu'il ne la quitte plus ? Certains disciples de Freud diront que oui, certainement. Il ne pourra en tout cas pas être, en même temps dans les salles de jeux de Las Vegas, et dans celles des oto-rhinos qu'il va leur falloir consulter.

René a pris rendez-vous avec le plus réputé d'entre eux, le docteur Marcel Belzile. Sa clinique se trouve à Longueuil, dans la banlieue sud et Céline a dormi chez elle dans la banlieue nord, à Duvernay. Il leur faut donc traverser toute la ville, prise dans les embouteillages. Après avoir patienté une bonne demi-heure dans la circulation bloquée du pont, ils décident de prendre le métro incognito. Céline, pour se protéger, porte une grosse capuche rabattue sur le nez. Elle affronte les courants d'air, la poussière, les écarts de température entre les couloirs et les wagons, alors qu'elle a si peur pour sa gorge. Il ne s'agit pas de rater son rendez-vous. Les gens reconnaissent René et devinent qu'il est sans doute accompagné de Céline, mais personne ne les accoste.

Les voilà donc ceux qui dans les salles de concert l'acclament, versent des larmes, lui envoient tant d'amour. Elle est émue de se trouver pressée au milieu d'eux. S'ils savaient combien la Céline triomphante de la scène, paye très cher par moment le rêve qui semble si beau. Enfin ils arrivent sans encombre au cabinet du médecin. Céline reconnaissante de ne pas avoir été bousculée, agressée ou harcelée.

À la clinique, elle imagine que Belzile va l'examiner, lui prescrire un médicament ou lui faire une piqûre ; lui recommander de se reposer le plus possible et de boire beaucoup. Mais non. L'oto-rhino est un monsieur sérieux et responsable. Il entame un long discours très détaillé sur le danger qui la guette. « Tes cordes vocales sont fatiguées, dit-il, parce que tu les as maltraitées. Tu peux continuer à chanter mais tu devras tôt ou tard te reposer. Sinon tu devras être opérée. Et cette opération changera ta voix. » Catastrophe ! Elle ne peut pas se retrouver avec la voix de Janis Joplin, cassée, rugueuse, ce n'est pas du tout son registre ! Belzile poursuit : « Les cordes vocales sont des petites bêtes fragiles qui ont des ennemis aussi bien dehors que dedans. »

Cigarettes, poussières, pollution sont de vrais ennemis, mais pas aussi puissants toutefois que le stress, la fatigue ou le mauvais usage de la voix. Les problèmes de cordes vocales ne viennent que très rarement d'une infection, mais plus souvent d'un défaut de technique. Il faut apprendre à bien placer sa voix.

Et puis il est allé plus loin dans le bilan de la situation. Oui, il pouvait lui appliquer un mélange de cortisone et de xylocaïne qui lui permettrait de chanter à nouveau dans quelques heures. Mais il y avait de gros risques. Cela pouvait provoquer à terme des ruptures et des déchirures dans les tissus vocaux. Ou bien briser la voix pour toujours. Et là, il n'y aurait plus de recours.

Céline, fascinée par ce qu'elle entend, boit ses paroles et entrevoit toutes les erreurs qu'elle a pu commettre par incompétence technique. Elle décide immédiatement de tout changer. Plus de bain de foule, d'embrassades inconsidérées comme elle le faisait jusque-là. Plus de visites de groupe dans sa loge. Elle allait dormir, se détendre, manger convenablement, fuir l'alcool, le café. Elle allait réapprendre sa voix. Retourner à la case départ. Elle sentait ses résolutions inébranlables. Elle partirait en guerre contre ses mauvaises habitudes. Tout dépendait d'elle. Au moment de se dire au revoir, le docteur lui conseilla aussi de consulter le professeur William Gould, à New York, qui était son maître en la matière. « Il te dira s'il pense que tu dois être opérée ou s'il y a d'autres solutions. »

Céline doit arrêter un mois sa tournée au moment des fêtes. Elle a encore à assurer quelques dates jusque-là en s'imposant de longs moments de silence. Les rumeurs se répandent déjà à toute blinde. Fin de carrière. Chant du cygne. Adieux définitifs au monde du spectacle. Les journaux people sont pleins de ces commérages, qu'on retrouve à la radio presque chaque jour. Un vrai feuilleton tenant en haleine ses millions de fans.

D'autre part, au gala de l'Adisq, elle a refusé le trophée attribué à l'interprète anglophone de l'année. « Je ne suis pas une anglophone » a-t-elle déclaré. Et elle s'est fait huer par le public canadien. Mais elle ne renoncera jamais non plus à chanter en anglais, seule façon pour une chanteuse de faire le tour du monde. Ses shows en anglais sont donc boudés par les Québécois. Sous les problèmes de langue se cachent des rivalités politiques. « C'est très compliqué chez nous cette histoire-là. » dit-elle, sans épiloguer sur le sujet.

Son dernier gala au théâtre Saint Denis est un triomphe. Elle est une fois de plus acclamée et par la même occasion, René également. Leur histoire d'amour, avouée ou non, enchante le public.

Dès que la tournée s'achève, elle part à New York avec René, consulter le docteur Gould. C'est un homme raffiné et plein d'humour. Il a soigné John Kennedy, Frank Sinatra, et beaucoup d'autres célébrités au cours de près d'un demi-siècle d'exercice. Il tient le même discours que son confrère. « Il faudra probablement t'opérer ».

Céline entrevoit l'horreur et déjà ferme la perspective impensable. « Il y a bien une autre solution… » poursuit-il. Je prends ! coupe-t-elle sans attendre. Trois semaines de silence. Pas de risque, pas d'effet secondaire. Silence absolu. Céline sourit, ferme la bouche sous son index, entame le silence dès maintenant. Ne pas parler, même en rêve. Ne pas rire. Sans tricher. Si elle parle, il le verra à la prochaine consultation.

Ah ! Ces vieux professeurs, quels despotes ! Elle va se retrouver terriblement seule dans ce silence imposé. Elle passe les fêtes sans ouvrir la bouche. Ses frères et sœurs chantent comme des dingues. Elle, n'a droit qu'aux maracas ou au tambourin. Ces cures de silence vont faire partie de sa vie désormais. Quand elle revoit le docteur Gould, il semble très satisfait du résultat. Il est même stupéfait de constater à quel point elle s'est tenue scrupuleusement à ses directives. Elle est prête pour commencer l'entraînement avec le docteur William Riley. Ses façons à lui ne sont pas moins extrêmes. Il la plaque au mur, la tord dans tous les sens, lui met la tête en bas, les bras en croix. Elle doit faire des vocalises quelle que soit la position. Elle apprend à faire jouer toutes sortes de petits recoins oubliés dans sa gorge, au lieu de pousser un son univoque. Non pas que sa voix ne fût pas belle jusque-là, mais ses cordes vocales étaient employées sans le soutien des tissus environnants.

Le docteur Gould, frappé du perfectionnisme de sa patiente, entre un jour pendant une séance d'entraînement, avec un gros monsieur barbu, tenant délicatement à la main un mouchoir de baptiste blanc. C'est Luciano Pavarotti. Il veut les faire rencontrer. Il lui propose de faire entendre sa voix à cette star internationale de l'opéra. Un peu interloquée, Céline ne peut pas refuser. Que chanter ? Ce qu'elle veut. Elle entonne quelques phrases de *You Bring Me Joy*. Pavarotti la regarde intensément. Il s'attendrit et la complimente, en insistant sur l'émotion qui se dégage de son chant. Elle est très touchée. Gould est très fier.

Quant à William Rilley, lui-même musicien, il poursuit un enseignement fructueux auprès de Céline. Elle redécouvre avec lui tous les aspects de son instrument de chanteuse. Le masque, pour la voix de tête et les résonateurs, la poitrine, pour le souffle, le ventre, pour la colonne d'air. Sa voix lui semble nouvelle et ronde comme elle ne l'a jamais été. Son univers musical s'élargit. Le côté fermé, nasillard, de certaines de ses notes doit disparaître. C'est un défaut venu de son enfance qui défigure sa voix par moment. Elle a tenté de lutter contre, de la mauvaise façon. Il faut à la place, des exercices d'échauffement, d'assouplissement, des vocalises patientes qui épanouissent le son.

Un jour où René assiste, perplexe, à une séance de travail, il finit par poser la question qui lui brûle les lèvres. « Dans combien de temps on verra le résultat de tout ça ? » Riley, très prudent, parle de cinq années avant que Céline trouve sa meilleure voix. René a du mal à encaisser. Il comprendrait très bien, lui dira-t-il en sortant du cabinet, qu'elle refuse de sacrifier sa vie pour un résultat hypothétique. Si lui-même, on lui proposait un régime qui le ferait maigrir dans cinq ans, il refuserait ! Mais alors quelque chose lui échappe. Céline est entrée en chanson comme en religion. Ce qui ne la fait pas aimer de tout le monde d'ailleurs. Elle ne dérogera pas une seconde à son engagement. Toutes les grandes cantatrices ont dressé une muraille infranchissable autour de leur règle de vie. Elles sont difficiles à vivre, anxieuses, méticuleuses, phobiques des dangers encourus par leur voix. Soit elles en meurent comme La Callas, soit un jour elles renoncent et leur carrière s'épuise.

Heureusement Riley n'est pas psycho rigide. Il lui dit « n'en fais pas trop, ça n'ira pas plus vite. Oublie tout avant de monter en scène. » Il faut garder le feeling. Pour cela elle sait faire. Mais maintenant qu'elle est lancée sur ce chemin, rien ne lui paraît de trop. Elle consulte une autre oto-rhino avec qui elle passe des heures à étudier sur écran tous les organes de la voix. Les cordes, la trachée, le pharynx. Elle voit tout cela grâce à la petite caméra qu'on lui glisse dans la gorge. Une horreur.

Avec celle-ci, elle découvre toute la complexité du processus. L'intégralité de la position du corps entre en jeu. Il faut se tenir droite, repousser les positions avachies. Plus de longues stations dans les fauteuils mous, plus de coudes sur la table. Son corps entier devient le réceptacle dédié à son chant. Elle retrouve la nature de l'entraînement athlétique qui l'avait tant fascinée chez les grandes championnes. Elle suit son nouveau régime comme une maniaque, y prend plaisir. C'est la dimension qui manquait à sa vie. Elle tient de longues notes jusqu'au bout du souffle, fait voyager le son de la tête au ventre, pour évaluer des textures et des couleurs variées. Et puis elle recommence. Patiemment, infatigable, obstinée. Cherchant à contrôler sa voix, à la maîtriser. Elle la découvre certains jours, indépendante, rétive, boudeuse, fuyante. Se mesure à elle comme avec une personne. Parvient à un rapport quasi schizophrénique où les victoires la comblent. « On a passé, dit-elle, toutes seules, ma voix et moi, dans ma loge ou dans ma chambre, de bien bons moments. » !

L'aspect le plus pesant de l'entraînement qu'elle s'impose, est le silence. De grandes plongées en solitaire. Des traversées du désert. Elle qui aime tant communiquer. Elle se fait des films d'horreur. Elle devient définitivement muette. Aucun son ne sortira plus jamais de sa bouche ! Elle se fait pleurer toute seule. Sa mère entre, interdite, dans sa chambre et la trouve en larmes. Don't mind ! Ce n'est qu'un jeu. Puis elle reprend le fil du tournage jusqu'à la fin heureuse. René lui a tellement demandé la perfection. Elle s'y livre pieds et poings liés. Mais c'est ce qu'elle veut. Lorsqu'elle ne chante pas, si elle a une interview, Manon ou Suzanne répondent pour elle : elle est en retraite pour composer des musiques ; écrit des chansons, des romans, des scénarii, prépare un clip. Elle n'est pas que chanteuse. Elle est une artiste complète. Elle a découvert le monde de l'introspection et s'y trouve confortable. Il lui est même devenu indispensable. Elle sait désormais qu'elle y retournera toujours.

Au cours de ces périodes de silence, elle a développé un langage de signes qui fonctionne surtout avec ses sœurs. Elles savent lire sur ses lèvres. Ça se passe bien avec les filles. Quant à René, il faut lui faire des petits croquis, ou que Manon lui traduise le texte. S'il fait semblant d'avoir compris, alors que pas du tout, Céline s'en aperçoit tout de suite. Ce n'est pas mieux avec son frère Michel. Les hommes ont le reflexe de parler plus fort et plus lentement que d'habitude en prenant un air abruti. Ils articulent outrancièrement comme si elle était sourde ou attardée. Lorsqu'elle appelle sa mère au téléphone, elle donne un coup sur le micro pour oui et deux, pour non.

Elle a tant extraverti son âme depuis toujours, que le silence est devenu son refuge. Elle s'absente dans ce séjour de paix, au point qu'il lui semble être, dans ces moments-là, invisible. La musique continue en elle. Une petite voix chantonne intérieurement. Des mélodies la traversent. Elle les note ou les oublie. Ces séjours au désert, comme les pratiquent régulièrement les religieuses cloîtrées, lui restituent sa force. Celles-ci avertissent d'ailleurs leurs compagnes « la semaine prochaine, je suis au désert », pour qu'on ne leur parle pas. C'est un monde très vaste d'où provient la musique. Le gisement est immense si l'on y prend garde.

René se bat avec Sony

Alors qu'il est en Floride avec sa mère, ses enfants, Céline et la famille de celle-ci, Vito lui téléphone pour lui apprendre que Sony n'est pas prêt à sortir l'album *Unison*. Il y a quelques bons titres mais pas suffisamment. René est effondré, puis furieux. Si Sony ne veut pas de lui, il ira chez Atlantic. Pas de panique, Sony exige seulement de nouveaux titres plus forts que ceux enregistrés avec Foster, qui manquent de punch musical, d'éclat rythmique. Le directeur de la maison de disque vient de changer ce qui explique aussi ces nouvelles dispositions. C'est maintenant Paul Burger qui est à sa tête. Il connaît Céline Dion mais déplore qu'elle n'ait jamais jusque-là enregistré en anglais. Il n'a pas encore entendu la maquette du nouvel album. C'est pourquoi la rencontre à la maison de Sainte-Anne-des-Lacs est si déterminante.

Ce jour-là, Vito est allé chercher Paul Burger à l'aéroport de Dorval pour l'emmener chez Céline. Il faut s'engager sur l'autoroute des Laurentides pour y accéder et le boss est un peu étonnée qu'une vedette de la chanson ait choisi un endroit si éloigné de l'animation citadine. Mais il est reçu ce jour-là dans une atmosphère familiale et chaleureuse, avec un excellent repas de cuisine traditionnelle faite par Thérèse Dion. René lui parle de Céline avec passion et compétence. Burger l'écoute avec un intérêt grandissant. René lui fait entendre les maquettes des plus belles chansons dont *Where Does My Heart Beat Now*. Oui, la voix est magnifique, l'interprétation irréprochable. Paul Burger débloque un nouveau budget pour deux autres titres. Ce sera *Any Other Way* et *If Love is out of Question*. Bien qu'entre Céline et René l'amour ne soit plus « hors de question » !

Et puis René garde toujours dans sa Chrysler un enregistrement des chansons de Céline afin de les faire écouter à des professionnels à tout moment, ou de les réentendre lui-même pour les passer au laser de l'analyse. Il ne veut rater aucune occasion de déclencher des événements majeurs. Ainsi ce soir-là, il passe chercher à son bureau le directeur de Musique Plus, Pierre Marchand, qu'il connaît bien, pour lui faire entendre dans sa Chrysler les derniers enregistrements d'*Unison*. Marchand a suivi toutes les étapes de ce grand projet que porte René à bout de bras depuis des années maintenant. Il a été ému par la force des prestations de Céline en scène. Il l'a vue à Montréal, à Toronto. Mais René veut un succès anglophone pour accéder à la planète entière. Et ce jour là, il est impressionné par l'historique complet que lui fait René Angélil de chaque chanson. Il voit toute la construction titanesque que cela représente. Les combats, l'exigence, l'obstination devant les refus. Il est emballé, d'autant que la voix résonne dans l'habitacle avec une intimité bouleversante. Quel magicien ce manager ! Il a obtenu que Pierre Marchand enregistre le spectacle qui se donne dans la plus grande discothèque de Montréal, le *Metropolis*, au cours duquel devant un public déchaîné, Céline chante six titres de l'album. Cela donne une émission de TV regardée par un million de

Céline Dion, janvier 1988
(ullstein bild)

Page précédente :
Céline Dion en concert
au Palais omnisport
de Paris Bercy,
5 décembre 2013 (French Select)

Première de son retour au Caesars Palace,
août 2015 (WireImage)

Ouverture du spectacle
"A New Day", 25 mars 2003
(WireImage)

Aux côtés des plus grands

39e cérémonie des Grammy Awards, avec Stevie Wonder, février 1997
(WireImage)

19e Gala Andrea & Veronica Bocelli "Power Of Love" – Andrea Bocelli (à gauche), Sharon Stone (à droite), juin 2015
(Getty Images North America)

Une pluie de trophées

Céline Dion, sur Hollywood Walk boulevard,
une étoile parmi les stars, janvier 2004
(WireImage)

Cérémonies des Grammy Awards, 1993, 1997, 1999 (WireImage)

Céline en concert au Québec, janvier 1990
(The LIFE Picture Collection)

Céline Dion en concert à New York, mai 1997
(Michael Ochs Archives)

René Angelil avec le vainqueur George Rogers, au tournoi de la Jeff Gordon Foundation Poker Classic au Caesars Palace, Las Vegas, mars 2006

(Photo by Ethan Miller/Getty Images)

René Angelil – avec ses fameuses lunettes noires fétiches Von Zipper – au World Series of Poker no-limit Texas Hold 'em au Rio Hotel & Casino, à Las Vegas où il gagna 1 475 000 dollars, juillet 2006

(Photo by Ethan Miller/Getty Images)

Le mariage de Céline Dion, à Montréal, Canada, 15 décembre 1994
(Gamma-Rapho)

Elisabeth Reynaud, Céline Dion et Michel Drucker, à l'émission "Vivement Dimanche" sur France 2, à Paris, en novembre 2013 (Sandrine Cellard)

René-Charles âgé de 8 ans. Match de basket, les Trailblazers de Portland contre les Knicks de New York, décembre 2009 (WireImage)

Retour de Céline à Las Vegas pour présenter ses jumeaux Eddy et Nelson au Caesars Palace, février 2011 (FilmMagic)

Céline Dion, concert au Stade de France, Paris, juin 1999
(French Select)

Les parents de Céline Dion à Montréal, Canada, novembre 1993
(Gamma-Rapho)

Ses admirateurs les plus fervents

Page de gauche :
ncert de Céline Dion
à The Arco Arena,
14 octobre 2008
ty Images North America)

10ᵉ soirée de bienfaisance pour la fondation d'André Agassi "Grand Slam for Children", avec Barbara Straisand, 1ᵉʳ octobre 2005 (WireImage)

Thérèse Dion (maman de Céline) et Michel Drucker, au concert de Bercy, 25 mai 2008 (French Select)

Concert de Céline Dion au Colosseum du Caesars Palace, 27 aoû

(Ethan M

gas. Retour de Céline Dion après l'année qu'elle consacra à René.
AFP em)

Hommage à Paris

American Music Awards, hommage aux victimes des attentats du 13 novembre 2015, à Paris. 22 novembre 2015
(WireImage/ Getty Images North America)

Céline Dion à Paris, avec ses admirateurs, décembre 2013
(Getty Images Europe)

Céline Dion avec son garde du corps, décembre 2013
(Getty Images Europe)

Homm
à Par

Les obsèques de René Angélil.
Sur le tapis rouge qu'il avait lui-même voulu pour Céline et sa famille.
Thérèse Dion au bras de son petit-fils, René-Charles. Les deux jumeaux,
Eddy et Nelson, hyper chics, tenant la main de leur maman.

téléspectateurs. Eux qui voient en général sur cette chaîne, tous les Billy Joel, Madonna, Rolling Stones et autres Pink Floyd, au sommet des hits.

Sony n'est pas convaincu car les ventes au Canada ne décollent pas. Très bien. Il faut que les Canadiens la voient chanter. Ils vont changer d'avis. René décide d'organiser une tournée. Mais le producteur de la tournée *Incognito*, Jean-Claude L'Espérance, voyant la frilosité de Sony, recule à l'idée de produire une tournée *Unison*, au Canada, avec de gros moyens. Surtout que les Accords du lac Meech entre le Québec et le Canada viennent d'essuyer un échec. Chacun est resté sur ses positions. Ils se sont quittés en froid. Jean-Claude L'Espérance en conclue que jamais les Canadiens ne seraient sensibles aux chansons de Céline en anglais. Il renonce au projet. Quoi ?! René est scandalisé.

Il se jette dans le bureau du plus gros producteur de spectacles en tournée, Donald Tarlton. Les deux hommes s'entendent comme larrons en foire. Ils sont tous deux joueurs et bons vivants. René lui propose un pourcentage correct et lui fait écouter les derniers enregistrements de Céline. Tarlton est conquis. Il va produire la tournée au Canada. Dans la grande salle du Spectrum et au Diamond Club de Toronto, c'est un succès. Paul Burger a invité tous les décideurs du métier et un wagon de journalistes. L'Espérance alerté, envoie ses collaborateurs constater la réussite de l'événement. Il avale sa honte et propose en urgence à René d'oublier tout ce qu'il lui a dit auparavant. Il prend en charge la tournée. Trop tard. René, très calme et buvant du petit lait, lui rétorque, « oublie ça, c'est fini pour toi, c'est Donald qui s'en charge, tu es éliminé ». Le producteur évincé cherche à reprendre les dates qui étaient prévues et qu'il avait refusées, mais il n'aura rien. René est intraitable.

Il annonce à Sony que l'album *Unison* est déjà disque de platine. Sans préciser que le gros des ventes s'est fait une fois de plus au Québec. À Las Vegas, en juillet 1990, au bord de la piscine du Caesars Palace, il rencontre le manager de Julio Iglesias et apprend par lui que le Congrès professionnel de Sony International va se tenir au Château Frontenac, à Québec. Toutes les huiles de Sony seront présentes. Céline doit absolument y participer. Paul Burger lui obtient une participation de Céline à l'arrachée. Elle aura une demi-heure pour chanter.

Paul Burger a mobilisé tous les membres de son état-major. René a bataillé pour que Céline chante devant eux. Elle est programmée à neuf heures et demie du matin ! Pendant que les participants au congrès et les journalistes seront en train de prendre leur petit déjeuner à peine réveillés ! La vie nocturne à Québec est très agitée et ils se seront couchés tard dans la nuit. Jamais elle n'a chanté si tôt dans la journée. Même toute petite à Charlemagne la maison ne s'emplissait de musique que le soir. Certains auront encore la gueule de bois et nulle envie d'entendre une chanteuse qu'ils ne connaissent pas bien. Du coup, elle se lève à l'aube pour avoir le temps de réintégrer son rôle d'interprète. Déjeuner, puis vocalises pour réveiller sa voix, assouplissement de son corps endormi, remise en selle obligée à l'heure où elle n'aime que le silence et le calme.

Dans la grande salle de bal du château Frontenac, René a fait installer un système de son, propre à réveiller les morts. Céline, prête à conquérir la planète, leur chante *Where Does My Heart Beat Now* à l'heure où d'habitude elle dort !

Ils prenaient leur second café, l'air morne, et ouvrent maintenant de grands yeux effarés devant la puissance de la voix qui les renverse, à peine sortis de leur chambre. Lorsqu'elle termine sa chanson, ils sont comme paralysés, les oreilles bourdonnantes. Céline se retient pour ne pas éclater de rire devant leur stupéfaction. Les amplis à fond continuent de grésiller dans la salle. Pendant quelques secondes, elle est comme un gosse qui vient de jouer une bonne farce. Puis soudain ils explosent et se lèvent d'un bond pour lui faire une ovation. Tous, les grands patrons de Sony, les journalistes de Broadway et d'Hollywood, ceux du Québec et du Canada.

Ce matin-là, Céline, plus rodée que jamais, a obtenu un triomphe. La salle emplie de professionnels venus des quatre coins du monde, se met debout pour l'acclamer. Et voilà que le sort s'en mêle. En sortant du château Frontenac, la cour intérieure est noire de monde. Une foule d'admirateurs se presse autour des limousines. Les applaudissements et les acclamations fusent au moment où George Michael arrive accompagné de Walter Yetnikoff, le grand patron de Sony. Mais ils doivent se rendre à l'évidence c'est bien Céline qu'on ovationne, comme la star qu'elle est en train de devenir. D'abord au Québec, puis bientôt au Canada et en route pour les États-Unis.

René sachant à quel point il est fondamental de communiquer, surtout en un temps où twitter et facebook n'ont pas encore envahi les esprits, donne une fois de plus une conférence de presse. Il annonce que le single

Where Does My Heart Beat Now sortira en septembre prochain, aux États-Unis, et que Sony lance l'album *Unison* dans dix-huit pays. Les relations presse sont confiées s'il vous plaît, à Glen Brunman, déclare-t-il, sans oublier de préciser que ce monsieur est également chargé de la promotion aux USA de Michael Jackson ! Il a décroché pour Céline un passage au *Tonight show* un des talks-shows les plus regardés aux États-Unis.

Le 19 septembre, René et Céline prennent l'avion pour Los Angeles. René a veillé à ce qu'un staff de journalistes les accompagne afin que l'événement soit relayé dans la presse. Il leur a même obtenu les laisser-passer qui leur permettront d'assister aux répétitions et à l'enregistrement de l'émission à laquelle participe également Phil Collins.

Devant les plus grandes stars

Après plusieurs mois de ce régime, chansons, silence, chansons, silence, elle ne constate pas vraiment de changement dans sa voix. Mais elle persiste. Elle a entrevu un horizon lointain au plaisir de chanter. Pendant ce temps, René se creuse la tête pour créer l'événement. Il a décidé de célébrer en fanfare le dixième anniversaire de la carrière de Céline. Au Forum de Montréal.

De 1981, chez Michel Jasmin, premier interviewer, jusqu'à ce jour de 1991, où elle termine sa tournée au Canada, cela fait dix ans pile.

Comme toujours, Céline redoute de fanfaronner, René pense, lui, qu'il faut crier sa joie. Elle a fait un triomphe au Canada, pas question de rester modeste. Il faut revoir les grands moments de sa carrière, en faire un montage, reprendre ses grands succès. Céline passe donc de longues soirées à visionner des émissions, des shows, qui ont jalonné les dix dernières années. Dure épreuve ! Par moment, elle croit rêver. Quoi, elle a porté cette robe ridicule ! Elle s'est montrée à la TV avec ces dents-là, cette coiffure, cette voix nasillarde !! René, lui, s'émerveille devant le chemin accompli. Elle a prétendu qu'elle n'avait pas besoin de cours de chant ! Mon Dieu quelle naïveté ! Mais c'est aussi ce qui la touche. Elle retrouve les prémices de son rêve. Elle rit d'elle-même devant les côtés mal dégrossis de son personnage. Ces larmes intarissables. Ces tenues folkloriques sans élégance. Que d'erreurs ! Elle entend aussi cette voix qui l'a rendue célèbre et trouve le public bien indulgent. Le pape, l'Olympia, le Vieux-Port de Québec, Los Angeles, Paris, Tokyo. Elle navigue entre rire et larmes. Ce n'est qu'un début. René va lui prouver son amour en se battant pour elle dans des dimensions où il ne l'a peut-être encore jamais fait.

Il s'est rendu à New York pour rencontrer le grand patron de Sony international, Bob Summers. Il l'a convaincu de venir entendre chanter Céline à Montréal, avec tout le staff new-yorkais. Ils se sont rencontrés comme deux chevaliers entourés de leurs troupes au restaurant les Halles. René leur a fait servir de grands vins de France. Il a beaucoup écouté et laisser entendre, par touches, la grande ambition qu'il poursuivait. Réussir aux États-Unis. La plus puissante machine de musiques, Sony, était juste à sa mesure. Pas moins. Il a parlé qualité d'artistes, techniques, moyens, promotion, plan de carrière internationale. Ce n'était plus eux qui tenaient la dragée haute, mais lui qui les recevait comme un prince sûr de lui, luxueux, grand seigneur, intelligent, expérimenté.

En entendant Céline chanter, ils ont vu une artiste complète, unique, qui emportait l'adhésion du public – la leur –, avec une émotion, une tchatche incomparable. Un cocktail d'humanité, d'humour, de larmes, de puissance vocale, de maîtrise. À la suite de cette rencontre le pdg de Sony, Tommy Mottola, sera là pour René Angélil, à n'importe quelle heure, au téléphone, ou dans ses bureaux de New York. Ayant gravi tous les échelons de la mythique maison, il arrivait au sommet, après un long travail d'approche. Mottola n'était pas d'accès facile. Beaucoup s'étaient cassé les dents devant son intransigeance en affaire. Il en avait balayé, foudroyé, évacuer cruellement, plus d'un. Sa réputation de loup aux dents longues n'avait ni impressionné, ni dissuadé l'amoureux de Céline. Il est son premier fan ébloui et, de plus, elle est devenue la femme de sa vie. La machine est lancée.

Where Does My Heart Beat Now monte aux premières places du hit parade aux côtés de Whitney Houston et de Mariah Carey. À Toronto, au Queen Elisabeth Theater, Céline remporte les deux trophées de la meilleure chanteuse de l'année et du meilleur album. Toutes les chaînes de TV sont à ses trousses. David Foster prévient René, de nouveau à Las Vegas où il poursuit son rêve, que le film produit par Steven Spielberg, *Fievel Goes West,* cherche une interprète pour la chanson du film, *Dreams to Dream.* Linda Ronstadt, pressentie, a décliné l'invitation. Céline l'enregistre au plus vite. Spielberg lui envoie des fleurs. Il est enchanté par son interprétation. Le grand Spielberg est séduit ! René fou de bonheur. Universal qui produit le film et MCA leur maison de disque, se trouvent à ce moment confrontés au revirement de Linda Ronstadt. Ayant sans doute eu vent de l'enregistrement superbe de Céline, elle prétend maintenant en être l'interprète. Étant en contrat avec MCA, elle est prioritaire. Lorsque Faberman, vice-président de MCA, apprend la nouvelle à René avec il a travaillé sur l'album *Incognito*, sa voix est désolée.

Comment annoncer la nouvelle à Céline qui fredonne sans arrêt la chanson ? Elle se rend en camping-car au festival du Cochon, au cœur du Québec ! Hé oui, un vieil engagement qu'elle n'a pas voulu rompre malgré son succès foudroyant. Elle est accompagnée de René, dans ses sombres pensées, et de Dave Platel, responsable de la promotion Sony-Canada. René ne cesse de retourner avec Dave le problème dans tous les sens, essayant de trouver le moyen d'y arriver. Mais Dave, Londonien, né de parents indiens, a l'esprit fin. Il convainc René que Céline, en contrat chez Sony, n'a en fait aucune raison de travailler pour une compagnie adverse, MCA, dont elle ne fait pas partie. René malgré tout, continue à se battre auprès de Farberman, car le compositeur de *Dreams to Dream*, James Horner, n'aime pas l'interprétation de Linda Ronstadt. René téléphone de plus belle à Londres, à Los Angeles. Il ne lâche pas l'affaire une seconde. Puis, le couperet tombe. L'enregistrement est achevé, accepté. L'affaire est morte. Sorry Mr Angélil.

Mais Dave a vu à quel point Angélil ne renonce jamais. Qu'est-ce que perdre lorsqu'on est sûr de gagner ?! Il allait « se refaire » au centuple. Comme au black-jack ou au poker. L'argent lui brûle les doigts. Il joue des milliers de dollars. Des centaines de milliers parfois. Distribue des pourboires pharaoniques. Perd, gagne, tente des martingales improbables où il laisse sa chemise. Et celle de Céline. Mais c'est lui qui remet chaque fois la machine en route. Il a la foi. S'appuie sur des superstitions puériles, sans doute, mais qui l'emportent au royaume des miracles. Lorsqu'il trouve une pièce de monnaie par terre, il ne la ramasse que si elle est du côté face, sinon, pauvre diable ! il n'y toucherait pas pour un empire ! Ok, mais il faut aider la chance un peu paresseuse. Aussi, si elle est du côté pile, la bougresse, il la ramasse et la lance jusqu'à ce qu'elle tombe du côté face. Elle devient alors un *lucky penny* digne d'entrer dans sa poche. Et de lui porter chance.

Comme lot de consolation, à la place de *Dreams to Dream* qui ne ferait d'ailleurs pas un très gros succès, Chris Montan, le directeur musical des Studios Disney, propose à Céline de chanter la chanson d'un dessin animé, *Beauty and the Beast.* Céline boude et refuse même de l'écouter. Voyant qu'elle est bloquée, René décide d'aller à Los Angeles avec Vito Luprano pour voir le film encore au montage. Et voilà ces deux amateurs de golf et de poker, accompagnés d'une Céline chafouine, qui se font projeter le dessin animé. Pas du tout leur cup of tea ! Quand les lumières se rallument dans la salle de projection privée, Céline, revenue en enfance, se dresse enthousiaste, prise par l'émotion. Elle applaudit à tour de bras et reprend déjà la chanson du film.

Elle enregistre le duo avec Peabo Bryson, et pour ses 24 ans, le 30 mars 1992, elle apprend par Sony que le disque s'est déjà vendu à cinq cent mille exemplaires et caracole en tête du hit parade. Elle interprète le duo de *Beauty and the Beast* à la cérémonie des Oscars devant un parterre de stars qui lui font un triomphe.

L'échec temporaire de *Fievel Goes on* s'est transformé en un succès foudroyant. Elle grimpe chaque jour un degré dans la reconnaissance des plus grands. Ce sera le cas pour le super tube qui va la rendre célèbre dans le monde entier.

Le Tourbillon

Au Forum, le 19 juin, c'est un grand délire qui n'en finit plus. Le public connaît toutes ses chansons par cœur. Devant les spectateurs debout, elle rend hommage à sa mère. À ses paroliers, ses compositeurs. Elle revient portant le maillot de l'équipe de hockey et a droit à une hola enthousiaste.

Elle a chanté les titres phares de *Starmania*. Vito Luprano lui propose alors de faire un album avec les succès de Luc Plamandon, plus quatre nouvelles chansons écrites pour elle. D'habitude elle enregistre sur des pistes d'accompagnements toutes prêtes. Mais cette fois-là, elle s'investit dans le choix des chansons, la réalisation de l'album. Le travail de studio se fait à Paris, boulevard des Batignolles, avec Michel Berger. C'est un moment de pur bonheur.

Un soir, dans le studio déserté, tandis qu'elle avale un yoghourt et que René sirote son Coca light, il lui dit comme une confidence « Tu sais que ta voix n'a jamais été aussi belle. » Mais cela fait à peine un an qu'elle s'entraîne ! Il faut encore trois ou quatre ans pour voir les résultats ! Pourtant, sans oser en parler, il lui semble aussi que sa voix a commencé à changer. Elle la trouve plus lumineuse, plus large, plus souple. Le timbre est clair et fiable. Elle peut changer la tessiture et les couleurs, à son gré, plus facilement. Elle continue à voir le docteur Riley à New York, tous les deux mois. Elle sort de chez lui gonflée à bloc. Et surtout déterminée à poursuivre son étrange régime : pas de produits laitiers, d'alcool ou de boissons gazeuses, pas de thé, de café ni de fruits acides. Des tisanes, et des jus de fruits pas trop souvent. Pas de dessert, de chips ni de cacahuètes. Tout cela non pas par période, mais tout le temps. Il y faut une attention constante, maniaque. Installer des automatismes contre la crème anglaise ou le sirop d'érable.

Cette discipline-là, elle se l'est imposée pendant dix ans. Se créant une sorte d'apesanteur, de bien-être léger, d'aisance dans les mouvements, proche de l'ivresse des hauteurs. On l'a crue anorexique, dépressive, en fait elle se sent très bien. Avant chaque spectacle, elle se plonge dans le silence pendant trois, quatre, cinq jours. Elle descend en elle-même. Pas d'air climatisé, de fumée de cigarette ni de personnes grippées auprès d'elle. Elle refait ses forces et organise toute sa vie en fonction de sa voix.

Une première fois, elle avait pris un an pour travailler son apparence, dents, coiffure, tenues vestimentaires, cette fois-ci, elle prend dix ans de sa vie pour nettoyer son âme et en faire une athlète. Elle se sent confortée, rassurée, encadrée par cette nouvelle hygiène de vie.

Le 30 mars 1992, le jour de ses 24 ans, elle a chanté aux Oscars, au Dorothy Chandler Pavilion. Elle est dans *the very biggest of big time*, comme on dit à Hollywood. Le parterre est impressionnant. Les plus grandes stars américaines vont l'entendre chanter. Liz Taylor, Paul Newman, Tom Cruise, Michael Douglas, Barbra Streisand – son idole –, Liza Minnelli. Tous ceux qu'elle a longtemps rêvé de rencontrer. Ils sont à ses pieds, ils la regardent, l'écoutent, comme elle les a écoutés ou regardés avec passion. Elle se sent à la fois si petite et si proche devant eux. Ils lui font un succès. Elle est pleine de reconnaissance envers ceux qui l'accueillent au cœur de la forteresse mondiale du cinéma.

Pas du tout ! s'écrie René. S'ils t'applaudissent c'est qu'ils te considèrent comme une vraie star toi aussi ! Et puis, comme cette jeune femme n'a pas fini de l'étonner, il a voulu lui faire un plaisir sensible. Il a réussi à trouver deux fauteuils pour les parents de Céline. Ce qui ne fut pas une mince affaire pour une telle cérémonie. Au cours de la party qui suit, Céline éblouie, scintillante de son succès, entend comme dans un songe René lui nommer toutes sortes d'étoiles qu'elle ne connaît pas. À un moment, elle manque défaillir d'émotion. Barbra Streisand vient de lui faire un signe d'amitié et un sourire délicieux.

Quelques mois plus tôt, tous ces gens n'avaient qu'une vague idée de son existence même s'ils l'avaient entendue chanter sur les ondes, mais voici maintenant qu'ils la reconnaissent. Les Oscars sont retransmis dans le monde entier, c'est une véritable consécration d'y chanter une chanson. Celle-ci, la chanson-thème du film de Disney *La Belle et la Bête*, remporte l'Oscar de la chanson de l'année.

Céline est en promotion de ses deux prochains albums, un en anglais, *Céline Dion*, et celui de Luc Plamandon, *Des mots qui sonnent*. Lorsqu'une journaliste de Montréal lui pose à nouveau la question sur sa vie privée, elle répond en riant qu'il y a dans sa vie un homme dont elle est follement amoureuse. « Est-ce que nous pensons au même ? » insiste l'intervieweuse. Mais elle n'en saura pas plus, René ne veut toujours pas qu'on le dise. Enfin pas comme cela. Il voit toujours les choses en grand. De toute façon c'est un secret de polichinelle depuis longtemps, mais rien n'a été déclaré officiellement.

Elle fait plusieurs fois le *Tonight show*, puis le *Good Morning America.* Quelques jours plus tard, elle va partir pour une grande tournée avec René. Aux États-Unis, au Japon, puis en Europe. Une vingtaine de grandes villes, des dizaines d'interviews, de shows télévisés, de galas, d'hôtels de luxe. Un tourbillon de folie. L'excitation est à son comble. Ils se reposent quelques jours à Los Angeles, à l'hôtel Four Seasons, avant de s'envoler pour New York pour d'autres shows, d'autres émissions.

Épreuve

Avant de partir pour New York, ils passent quelques jours en amoureux au *Four Seasons*, à se dorer au soleil. René a un peu plus de la cinquantaine, le stress multiforme, l'amour d'une jeune femme exigeante, les déplacements incessants, ont-ils excédé sa résistance ? Il a mis sur pied des campagnes de promotion pour les trois derniers albums, *Céline Dion*, *Dion chante Plamondon* et *Des mots qui sonnent*. En deux mois, ils ont parcouru l'Europe, l'Amérique et l'Asie. Ont donné des dizaines d'interviews. Mené une vie de nomades de luxe, changeant sans arrêt d'hôtels. Une vie palpitante mais dangereuse pour le cœur.

À un moment il monte dans leur chambre en se plaignant d'un point de douleur dans le dos, et de la chaleur, lui qui la supporte toujours très bien. Céline est inquiète car René n'a jamais assez de soleil ni de chaleur d'habitude. Elle l'appelle dix minutes plus tard. Il met du temps à répondre. Il a la voix faible. Céline se précipite en maillot de bain, sans attendre l'ascenseur, monte quatre à quatre dans la chambre.

René est étendu sur le dos, assez confus, comme s'il souffrait. Il a l'air très mal en point. En trente secondes, Céline ameute tout l'hôtel, demande de l'aide, trouve un fauteuil roulant. L'ambulance appelée en urgence se range devant l'hôtel, ils sont déjà dans le hall, René dans son fauteuil, Céline en maillot de bain, l'infirmière de l'établissement à ses côtés. Elle a aussi appelé le service d'urgence du Cedars Sinaï Hospital qui les attend prêt à intervenir.

René croit qu'il va mourir. Il pleure et gémit en pensant à ses enfants et supplie Céline de ne pas arrêter « même si je ne suis plus là, tu dois continuer. » Elle lui demande de se taire pour l'amour de Dieu, il ne va pas mourir, de toute façon sa carrière ne l'intéresse plus. À l'hôpital, elle remue ciel et terre pour qu'on le prenne en charge au plus vite. Elle ne le quitte pas tant qu'il n'est pas installé dans la salle de soins.

Un peu plus tard, elle discute avec autorité en compagnie des médecins qui l'ont examiné et qui tentent de la rassurer. Ils se montrent indulgents envers cette femme lucide mais affolée, qui leur parle très sérieusement, toujours vêtue de son seul maillot de bain ! Qui plus est dans un salon climatisé où elle risque d'attraper froid. L'inquiétude l'immunise contre cette menace. L'état de sa voix en ces circonstances, est le dernier de ses soucis. Lorsqu'elle est sûre que René est hors de danger, d'abord elle enfile un peignoir, puis elle s'effondre et se retrouve soudain seule et affaiblie. Il semble que malgré sa réactivité, ce soit trop lourd pour elle. Vite, elle appelle la famille de René.

Le lendemain, ils sont tous là, enfants, ex-femmes, amis, pour le soutenir. Dans le *Wall Street Journal* apporté par l'un d'entre eux, un grand article chante ses louanges. René est ragaillardi. Si même des gens qui n'ont rien à voir avec le show-biz se réjouissent de leur réussite, cela prouve la valeur de leur travail.

Céline est prête à tout annuler. Promotion, télés, galas, pourquoi tout cela, si René l'abandonne ? Mais René se révolte « Si j'étais mort et que tu t'arrêtes comme ça, en pleine course, je mourrai deux fois. » Ainsi sa carrière est son chef-d'œuvre à lui. L'idée qu'elle s'interrompe lui est insupportable. À sa façon, il lui a donné sa vie, toutes ses forces.

Céline frémit. Comment poursuivre sans lui ? Où trouver l'impulsion fabuleuse qu'il insuffle à tout moment ? Elle a besoin de son regard, de sa voix, de sa joie, de son amour, de son exigence. Au moment où les portes de la gloire s'ouvrent en grand devant elle, elle a plus que jamais besoin de lui à ses côtés.

René s'est rétabli. Mais quelque chose a à jamais changé. Un état de grâce, une insouciance, une confiance, ont disparu tels qu'ils étaient attachés à leur vie. Il faut que René dont le cœur a flanché perde du poids, suive un régime alimentaire, fasse un peu plus d'exercice et évite au maximum le stress. Mais René *aime* le stress ! C'est un joueur. Plus le challenge est fort plus il est tentant de s'y mesurer. Depuis l'accident de voiture de Céline, il est sans cesse auprès d'elle comme il s'y est engagé. Mais cette fois, elle a eu trop peur, elle lui demande de ne pas suivre l'épuisante tournée qu'elle s'apprête à entamer. Elle insiste, il doit se reposer, suivre un régime. Et pour la première fois, René se range à son avis pour une décision importante qui ne vient pas de lui.

Quand une journaliste lui demande si elle a eu peur de perdre son deuxième père, elle se récrie. « Je n'ai qu'un père, Adhémar Dion, que j'aime et qui m'aime.

René n'est pas un père pour moi. Il ne le sera jamais. C'est celui qui fait battre mon cœur, c'est l'homme de ma vie. » Ainsi, elle vient de rétablir une vérité qu'elle ne peut plus cacher. Elle avoue qu'ils sont amoureux mais qu'ils tentent de garder leur jardin secret. Céline s'émancipe peu à peu. Quelque chose vient de basculer avec l'incident cardiaque de René. Une partie du carcan qui enveloppait la petite fille vient de céder. C'est la seconde fois, depuis qu'elle a bravé l'interdiction de sa mère d'aimer René.

En tournée sans René

Pendant que ses deux derniers albums se vendent par millions, elle part en tournée en Europe avec sa fidèle Suzanne Gingue. Les trophées pleuvent de partout cette année-là. Plus les disques se vendent plus les artistes remportent de prix. Plus ils sont fêtés plus ils travaillent. Tout le monde veut les avoir pour attirer l'audience et les annonceurs. Chaque matin, elle doit faire un effort pour se souvenir dans quelle ville elle se trouve. Oslo, Rome, Munich, Stockholm, Londres, Paris, Amsterdam… Toutes les chambres d'hôtel se ressemblent. Dès qu'elle a une accalmie de quelques jours, elle revient au Québec, dans sa famille, et passe des jours un peu plus tranquilles avec René. Mais elle sent bien maintenant qu'elle est dans un autre monde. Ses frères et sœurs sont contents pour elle, mais elle n'est plus la benjamine qu'ils faisaient rêver. Il y a parfois une gêne entre eux, des silences s'installent. Elle repart comme elle était venue, à nouveau aspirée par le tourbillon.

De toutes les villes où elle se trouve, elle appelle René dix fois par jour. Lui fait suivre en direct tout ce qu'il se passe. S'inquiète de lui. Est-ce qu'il se repose, marche chaque jour, fait de l'exercice ? Oui, assure-t-il. Il fait du golf avec ses amis, Marc, Jacques, mange peu, dort beaucoup.

En fait, à son retour à Montréal, elle s'aperçoit qu'il ne s'est pas du tout reposé. Il a préparé l'année suivante, tout planifié jour après jour, tout réglé au détail près. Ils partent ensemble à l'Exposition Universelle de Séville où elle doit faire l'ouverture du pavillon Canadien. Dans l'avion, il lui expose son programme à venir « dans le merveilleux monde du show-business ». Une tournée aux États-Unis, une autre au Québec et pour finir une au Canada. Le tournage de deux ou trois clips. Quelques grands galas en plein air, et la préparation d'un troisième album en anglais. Un rythme effréné. Comme un grand parc d'attractions uniquement composé de grandes roues vertigineuses sur lesquelles elle embarquerait sans reprendre son souffle.

David Foster, enchanté de son travail avec Céline, a écrit une chanson pour laquelle Whitney Houston et Barbra Streisand se sont battues, *The Colour of My Love*, mais David la garde pour Céline et René parce que c'est une chanson d'amour qui leur va bien. Il l'a écrite en pensant à eux. Ah oui ? réagit-elle, et pourquoi lui, David, a-t-il le droit de savoir, et pas le public qui la suit depuis des années ? Parce que cette différence d'âge entre eux effraye René. Il craint que dans dix, quinze, vingt ans, une fois vieux et fatigué, Céline ne soit très malheureuse. Il redoute que les gens ne se moquent, qu'ils ne disent qu'il a abusé de son pouvoir et de son expérience pour exploiter une femme beaucoup plus jeune que lui. Cela pourrait briser sa carrière.

Effectivement, tout cela court au long des articles de presse de mauvaise qualité, depuis longtemps. C'est fait, usé, épuisé. Céline n'en a que faire. À un point… ! René lui a tout donné, tout appris, sur le métier, la scène, sa carrière. Ils sont partenaires à part égale depuis plus de dix ans et amants depuis quatre ans. Maintenant, à vingt-cinq ans, elle se sent une femme libre. Et nullement asservie comme certains se permettent de le dire. René déteste les gens mous qui n'ont d'opinion sur rien. Il sait que sa pouline a un sacré caractère, une volonté farouche, son franc-parler. Sa famille l'a longtemps surprotégée, mais elle a pris son envol. Travaille comme une folle et s'inquiète de lui comme une mère poule.

Quand on l'avait interrogée sur le mouvement indépendantiste québécois, elle avait eu le malheur de répondre que si cela ne tenait qu'à elle, il n'y aurait de frontières nulle part. Badaboum ! Qu'avait-elle dit là !! Un déluge de protestations de la part des nationalistes, s'était abattu sur elle. Elle a mesuré alors le poids des paroles prononcées par les célébrités. Leur avis est écouté, repris, déformé, par toutes sortes de gens plus ou moins bien intentionnés. À cela, René lui répond « N'écoute pas. Dis ce que tu penses. Les gens t'aiment parce que tu es vraie. »

Elle a compris que désormais tout ce qu'elle exprimerait serait scruté, analysé, commenté. Elle en dirait à l'avenir, le moins possible, voilà tout. Jamais elle ne s'est piquée d'être une femme politique ayant des avis sur tout.

Au retour d'une tournée épuisante en première partie d'un certain Michael Bolton à qui elle vole la vedette haut la main, la première question qu'on lui pose en arrivant à l'aéroport, concerne ses amours. La situation devient complètement surréaliste. Elle menace René « quand je chanterai *The Colour of My Love*, je dirai ton nom, je te préviens. » Mais René soutient qu'il a une meilleure idée. Elle se laisse convaincre dans l'attente de cette « meilleure idée ». Une fois de plus, c'est lui qui gagne ! pense-t-elle, dépitée.

Maintenant il faut se rendre à l'évidence, chaque fois que René interdit à Céline, pour toutes sortes de raisons farfelues – car tout le monde le sait – d'avouer qu'ils sont ensemble, sa voix se casse au bout d'un moment. L'attaque cardiaque de René, le stress, la tournée américaine, la promotion, les galas, les enregistrements d'émissions, tout cela, elle l'aurait supporté. Mais cet empêchement absurde de montrer que l'amour qu'elle chante, elle le vit dans sa propre vie, cela la brise, défait sa personnalité.

Elle est fière de cet homme, mais non pas en tant que son manager ; en tant que l'homme dont elle partage la vie, l'amour, le lit aussi. Elle n'est pas sa pute, il n'est pas son souteneur, elle est sa femme, il est son homme. Il n'abuse pas plus d'elle qu'elle n'abuse de lui. Cette situation lui a donné des cauchemars la nuit, au cours de la tournée où René n'était pas avec elle. Elle se voyait tomber du haut d'un immeuble, dans une ville grise, puis au dernier moment, elle se réveillait en sueur, juste avant de s'écraser sur le sol.

Le bout du rouleau

Au gala des Grammys Awards de Los Angeles, elle récolte le trophée pour la chanson du film *La Belle et la Bête*. Au banquet qui suit elle est à la table de Michael Jackson et Brooke Shields. Les deux filles rient beaucoup ensemble. La chanteuse rêve de faire du cinéma. L'actrice rêve de chanter. Michael Jackson, quant à lui, parle si doucement qu'on ne comprend pas ce qu'il dit.

Elle fait encore de nombreux galas, chante pour Bill Clinton, à la cérémonie des Juno à Toronto. Et puis, le 30 mars 1993, jour de ses 25 ans, elle se réveille avec des petites pointes de feu dans la gorge. Alors qu'elle a un concert monstre trois jours plus tard au Forum de Montréal. Soudain la petite fille qui dort en elle n'a plus envie de donner les plus gros concerts du monde, d'être applaudie, ovationnée. Elle veut juste se retrouver elle-même, rester dans la paix et le silence. Elle en a trop fait. Elle part avec Suzanne consulter les docteurs Riley et Korovin, à New York. Ils la grondent et la rassurent. Il lui faut reprendre des jours de silence. Se rasséréner. Seule ou avec celui qu'elle aime ?

À son retour, en fin de journée, René est à l'aéroport. Dans la limousine qui file vers chez elle, elle lui annonce qu'elle ne doit pas parler pendant trois jours au moins. Il a toujours respecté ses silences, mais cette fois-là il lui demande de le reporter de quelques heures. Ha bon ? Et pourquoi ? (Elle n'est pas de très bonne humeur). Attends, tu verras.

Le grand jeu. Il a réservé une suite somptueuse dans un palace du centre ville. Commandé un dîner avec chandelles et musique baroque. Comme au cinéma, au milieu du dîner, il a sorti un petit écrin de sa poche et l'a posé au milieu de la table. Il avait l'air d'un enfant pris en faute. Puis il a dit avec sa voix chaude « Je t'aime, Céline. Je t'aime comme je n'ai jamais aimé personne. Je veux vivre avec toi. »

Il était temps. Elle avait failli en crever. Elle a ouvert la boîte, a vu la bague de fiançailles. Elle allait pouvoir le dire au monde entier. Sur la pochette de son troisième album en anglais, *The Colour of my Love*, elle a écrit de sa main « *Rene, you're the colour of my love. L.V.* » Ces deux lettres mystérieuses dont ils ne diront jamais le sens caché. Mais que Céline adresse à René au moment du salut, dessinant un L avec son index et son pouce, et faisant ensuite le V de la victoire.

À la foule enfiévrée du Metropolis, en présence de la chaîne Musique Plus, qui enregistre le show, elle a annoncé sur scène que René et elle allaient se marier. Ce fut un tonnerre d'applaudissements qui ébranla la salle. Céline et René deviennent un couple vedette, leur amour proclamé enthousiasme les fans, leur donne une dimension mythique et tendre à la fois.

Le seul qui avait eu officiellement accès à leur secret avant le grand public, était Aldo Giampaolo, qui les avait vus s'embrasser dans un avion où ils voyageaient ensemble, sans se connaître personnellement. Il produit les spectacles du théâtre du Forum, à Montréal. Les deux hommes découvrent très vite qu'ils ont les mêmes quatre passions dans la vie : le show-biz, le black-jack, le hockey et la bonne bouffe. Puis ils ont joué au golf et aux cartes. Et sont devenus amis. René invite Aldo aux spectacles de Céline et Aldo invite René et ses amis aux matchs de hockey. Il fait bientôt partie de « la bande à René ». Comme les gardes du corps qui se mettent à table avec le couple, au restaurant. Les frères et sœurs de Céline qui l'entourent sans cesse. Son assistante personnelle, Sylvie Beauregard, qui s'occupe de toute l'intendance, hôtels, restaurants, places d'avion, limousines, hélicoptère, médecins, couturiers, etc. Un ange et un soldat.

Le plus dur restait à venir.

Ce vers quoi Céline est tendue depuis si longtemps, elle vient de l'obtenir. C'est la deuxième grande victoire de sa vie. Il y en aura d'autres. Mais paradoxalement, obtenir ce dont on rêve est parfois une épreuve. Quelque chose vient de se relâcher en elle. Cela fait des années qu'elle chante de toute son âme pour conquérir un amour incertain. Ce qu'elle voulait entendre, elle vient de l'entendre « je t'aime comme je n'ai jamais aimé personne. Je veux vivre avec toi. » Pour cette phrase, elle a tout donné. Quelque chose en elle s'écroule, épuisé. Il va lui falloir un autre challenge pour la relancer.

Ses chansons lui semblent maintenant fades et usées. Elle redoute même ce qu'elle appelle « la chanteuse automate », celle qui chante sans elle. Les titres que le public et elle-même apprécient le plus comme *The Power of Love*, lui apparaissent parfois comme des « corvées terrifiantes ». Comment continuer à y croire encore et toujours après les avoir interprétées des centaines de fois. Certes, le répertoire recèle des monceaux de chefs-d'œuvre dans lequel elle peut piocher, mais ils ont déjà été entendus dans le monde entier. Elle doit les ré-habiter. Le coup de foudre des débuts ne dure pas éternellement. Le texte perd de sa fraîcheur, il peut soudain se mettre à sonner creux. C'est une coquille vide qui a perdu son poids, sa magie. Il faut se battre pour retrouver sa force. La vie du texte, sa propre vie.

Ce soir-là, au Forum, face aux 20 000 spectateurs, elle ne ressent aucun plaisir. Tout est désenchanté. Pire, René aussi semble abattu. Pour une des premières fois, il ne débriefe pas le spectacle. Que se passe-t-il ? Il le sait. « C'est ma faute. Je t'ai trop fait courir » confesse-t-il. Il va lui falloir reprendre ses marques. Retrouver l'énergie. Actionner un nouveau levier d'envoûtement. Elle sort de scène, accablée.

Vole, vole, petite sœur

Mais le soir suivant, alors qu'elle craint le pire, lassée, vidée de son ardeur habituelle, c'est tout le contraire qui arrive. La jeune femme gâtée par le sort, qu'elle est, voit se présenter devant elle une authentique figure de douleur. Qui la déchire de haut en bas, la cingle comme un sévère rappel à l'ordre. Une heure avant le lever du rideau, sa nièce Karine est conduite dans sa loge. L'adolescente toute pâle est entre deux infirmières. Un médecin de l'hôpital Sainte-Justine l'accompagne. Elle est recroquevillée dans son fauteuil roulant et respire à l'aide de bonbonnes d'oxygène. Sur son visage, un pauvre sourire. Céline reçoit une décharge électrique. La petite malade a tenu à venir lui faire ses adieux. Céline est pétrifiée, les mots ne sortent plus de sa bouche. C'est Karine qui s'efforce de lui parler des chansons qu'elle adore, de ses tenues de scène qui la ravissent, d'Hollywood, de Paris, de Tokyo, où elle n'ira jamais. C'était comment ? Et la princesse Diana avec qui elle a dîné quelques semaines plus tôt à Ottawa. Dis-moi Céline comment ça s'est passé ? As-tu parlé avec elle ?

Céline s'assied au calme, avec elle, dans un petit salon à l'écart. Elle est soudain labourée de honte devant tout ce qu'elle a déjà reçu, que cette petite n'aura jamais. Du coup elle s'oublie et lui raconte tout ce qu'elle peut, les voyages, les galas, les musiciens, son amour qui s'est déclaré. Karine écoute, en ouvrant de grands yeux. « Je suis contente pour toi, Céline, tu le mérites. » dit-elle. Céline retient ses larmes. Ce soir, elle doit vaincre la chanteuse automate qui rôde. Celle-là ne passera pas.

Karine est transportée dans une loge réservée à la famille et aux amis. Céline va chanter pour elle, gagnée par sa force, sa paix, son courage. Karine, tu ne mourras pas, je te garderai toujours avec moi, voudrait-elle crier à la foule. Elle s'implique de toute son âme, retrouve la vérité du texte de ses chansons.

Après le spectacle, Karine est tout de suite emmenée pour éviter la bousculade. Son médecin la juge trop faible pour subir une nouvelle fatigue. Céline ne l'a pas revue ce soir-là.

Elle part donner quelques concerts en Europe. Chaque après-midi, elle appelle Karine au téléphone et la sent de plus en plus faible. La jeune fille ne pose plus de questions et parle d'une petite voix lointaine.

À peine rentrée, Céline se précipite à son chevet, à l'hôpital Sainte-Justine. Sa maman, Liette, est à ses côtés, les yeux gonflés de larmes. La chambre est si calme. Céline doucement s'assied sur le lit. Elles restent toutes les trois sans parler.

René arrive. Il se tient debout au pied du lit. Muet, impuissant, démuni. Karine respire avec beaucoup de difficulté. Pour lui éviter de souffrir, on lui a donné de la morphine. Céline lui demande ce qu'elle voudrait. Karine répond qu'elle aimerait avoir un pyjama neuf. C'est dimanche. Les magasins sont fermés. René s'arrange pour faire ouvrir une boutique de vêtements. Il s'en va seul, les larmes aux yeux, acheter le fameux pyjama. Incapable de choisir, il en prend deux, un rouge et blanc et un rose.

Céline et Liette savent bien qu'elles habillent Karine pour son dernier voyage. Elle a choisi le pyjama rouge et blanc. Elles lui enfilent avec précaution. Comme une cérémonie. Céline la tient dans ses bras et chante tout bas, pendant que Liette coiffe les cheveux de son enfant victime. Karine, dans un souffle, énumère sans ordre les choses qu'elle a le plus aimées. Le pâté au saumon de Thérèse, ses chansons favorites, le fleuve de Repentigny, ses robes préférées. Comme si elle emportait avec elle tout ce qui l'avait rendue heureuse, délaissant le reste.

Passé minuit, elle rend son dernier soupir. Elle est âgée de seize ans. Céline, bouleversée, intègre ce jeune esprit dans son cœur. Il s'inscrit profondément en elle. Elle en garde la force et la lumière. La vie lui semble terriblement injuste, cruelle même. Quel est le rôle de cette jeune vie foudroyée ? Quel sens peut-on lui donner ? La mort est implacable. Mais un être lumineux a pris place dans sa vie. Le sacrifice permanent de cette vie défigurée sert-il à quelque chose ? L'amour lui-même n'a rien pu faire pour la sauver. Avant de chanter la très belle chanson que lui écrira Jean-Jacques Goldman, elle constate « ce serait trop beau, s'il suffisait d'aimer pour que tous les problèmes du monde se règlent, s'il suffisait d'aimer pour que ceux qu'on aime soient heureux ».

On ne peut rester les bras ballants, il faut se battre. Karine s'est battue avec ses faibles moyens. Elle a rejoint les régions éthérées de l'invisible, débarrassée de la fatigue, de la souffrance, des traitements pénibles et inutiles. Les artistes sont là pour capter l'essence même de ces régions, leurs parfums, leur beauté, le langage inhumain qui est le leur. Celui qui nous déconcerte par son étrangeté. Que l'on doit faire silence pour entendre.

C'est ainsi que Jean-Jacques Goldman, ayant capté le chagrin de Céline, va lui écrire bientôt la chanson *Vole* :

Vole, vole, petite sœur,
Vole mon ange, ma douleur,
Quitte ton corps et nous laisse
Qu'enfin ta souffrance cesse…
Vole, vole, petite flamme
Vole mon ange, mon âme,
Quitte ta peau de misère,
Va retrouver la lumière.

Goldman était venu la voir chanter à Paris, à l'Olympia. Après une première rencontre dans un petit restaurant du quartier Opéra. Quelques mois plus tard il avait composé paroles et musiques de l'album *D'Eux*. Il ne leur a pas donné tout de suite les feuilles où étaient les paroles. Il leur a proposé de leur chanter les chansons, à la guitare le lendemain, dans son studio d'enregistrement. En entendant *Pour que tu m'aimes encore*, Céline et René ont frémi d'émotion. Ils savaient qu'avec ce chef-d'œuvre, Céline allait grandir dans le monde entier. Ça parlait de leur amour à tous les deux. Le magicien avait fait mouche.

Dans sa maison de Jupiter, Céline allume le soir des dizaines de petites bougies. En éteignant la dernière, elle pense à Karine. Petite flamme disparue si vite aux yeux des vivants, mais qui l'aide, l'inspire, la conduit dans l'obscurité lorsqu'elle lutte pour la beauté. La « chanteuse automate », celle qu'elle redoute de voir arriver lorsqu'une lassitude la prend, sera vaincue par ce supplément d'âme. Maintenant elle en est sûre.

Le conte de fées

En novembre 1993, on lance son troisième album en anglais, The *Colour of My Love*. Et le 8, devant le public déchaîné du Métropolis, à Montréal, et les caméras canadiennes, françaises et anglaises, elle annonce son prochain mariage avec René Angélil. Sur la pochette de l'album, elle a écrit « *René, you're the colour of my love* ». Suivi du sigle *L V* qui est un signe secret entre eux. Ce n'est pas love and victory, ce n'est pas Louis Vuitton, ou cinquante-cinq en chiffres romains, c'est un symbole qui leur appartient exclusivement.

Les gens aiment son histoire d'amour autant que ses rencontres avec le prince Charles ou Barbra Streisand. Ce qui les touche c'est ce qui leur ressemble. Les jets, les palaces, les piscines, les dollars, ne les comblent pas si bien que lorsqu'on leur parle de l'amour, la mort, la souffrance ou le bonheur. Elle a embrassé René sur les lèvres à la fin du spectacle, et le public a lancé une hola enthousiaste. Lorsque les interviewers vedettes comme Johnny Carson ou Oprah Winfrey la reçoivent, elle ne parle plus de ses chansons, mais se montre intarissable sur cet amour enfin dévoilé. René et Céline ont acheté une grande maison et vivent désormais comme mari et femme.

Après la tournée de promotion en Amérique du Nord et avant d'arrêter la date du mariage, elle embarque avec

René sur le train de folie d'une immense farandole. Elle donne un concert à Osaka avec l'Orchestre symphonique de Tokyo. Un autre sur la scène du MGM de Las Vegas, avec Michael Jackson. Elle chante dans le grand amphithéâtre du Midwest devant vingt mille spectateurs. Part en promotion à Londres. Tourne un clip à Prague. Enregistre de nouvelles chansons à New York. Fait un saut à Montréal. Passe trois jours à Paris. Puis rentre en faisant un bref détour par Tokyo…

C'est une ivresse, une excitation permanente. Elle fait de courtes pauses en Floride où ils ont acheté une maison sur Palm Beach avec un terrain de golf, la sage passion de René, pendant que Céline court les magasins avec ses amies et ses sœurs.

René pense qu'il suffit de trouver un prêtre qui les marierait dans une petite chapelle romantique. Mais alors, pas du tout !! Céline veut un mariage fabuleux. Inoubliable. Un mariage de princesse.

Il est timide, prudent, en ce qui concerne sa vie privée. Elle est extravertie, limite exhibitionniste, dans ce domaine. Elle veut un événement spectaculaire. Une proclamation d'amour et de fidélité. Elle a tant attendu.

Pourquoi pas une croisière dans les Caraïbes ? On embarque tout le monde sur un paquebot et on se marie au clair de lune. René hésite. On ne peut pas imposer plusieurs jours de noces à deux ou trois cents personnes. Comment ça, deux ou trois cents ? Cinq ou six cents minimum. Céline imagine les folies les plus coûteuses. Pourquoi ne pas louer une île et une escorte ininterrompue de hors-bords pour transporter les invités ? René rit de bon cœur, tout cela lui paraît hors de prix et irréalisable. Ce qui l'amuse le plus dans tout ça, c'est la démesure, le risque, la folie. Il ne peut s'en défendre.

Ont-ils les moyens de payer des noces aussi somptueuses ? Ils vendent des millions de disques, mais Céline s'embarque dans un projet qui semble devoir coûter très, très cher ! Avec son amie Coco, elles délirent en permanence, refaisant mille fois le film. René renonce à freiner leurs extravagances. Il arrivera toujours à trouver une solution pour payer la noce la plus folle. Il demande simplement que ce soit au Québec. Là où se trouvent leur famille, leurs racines, leur public le plus proche. Et comment ! ! Pas question de le faire ailleurs. Ce sera du jamais vu. Justement René adore le « jamais vu ». Le truc qui « jette tout le monde par terre ». Tant qu'à flamber pour une noce de légende, allons-y à fond.

Céline et Coco appellent Mia tous les jours à Paris, s'envoient des faxes délirants, tout le printemps et tout l'été. À cause des concerts, la date du grand jour est reportée de mois en mois. Toutes les parcelles de temps, en studio, en avion, en silence, sont utilisées à l'étude de l'événement. Céline dessine des robes, écrit un véritable scénario, repense mille fois la cérémonie. Feuillette fébrilement les magazines de mode du monde entier. Elle a déjà en tête une garde-robe magnifique : robe du soir, robe de scène, robe de mariée, robe de cocktail, tenue de nuit. Et puis, dans la foulée, robe de cercueil, en dentelle blanche immaculée, pour le jour de sa mort et son entrée au paradis !

Perles, paillettes, broderies, voiles, traîne, diadème, vison blanc, tout y passe. Elle ne veut pas de ces robes trop modernes qui ne la font pas rêver. Des parures, de la soie, des fourrures comme les princesses d'antan. Elle trace des esquisses, envoie des coupures de journaux. Fait des séances d'essayage à New York, à Los Angeles, à Paris. Prend une idée par ci, une idée par là. Fait la tournée des grands bottiers, des corsetiers, des joailliers les plus fameux. Elle visionne des films. *Les Liaisons dangereuses* de Milos Forman, *The Age of Innocence* de Martin Scorsese. Les robes de Michele Pfeiffer et de Glenn Glose s'approchent un peu de ce qu'elle veut mais ce n'est pas encore assez. Il lui faut plus de taffetas, de perles et de paillettes. Plus de folie et de jamais vu.

Lorsqu'elle annonce la date officielle de son mariage, le 17 décembre 1994, elle a une idée assez précise de ce que sera sa robe. Maintenant il reste à trouver la troupe de petites mains capable de réaliser le monument en question en quelques semaines. C'est Pierre Lacroix, directeur du club de hockey des Avalanches dans le Colorado, qui lui indique une couturière de Montréal faisant des merveilles, Mirella Gentile. Elle se rend chez la dame avec Mia et lui explique pendant des heures le modèle exact de *The Age of Innocence*, nom dont elle a baptisé sa robe. Céline lui montre tous les documents qu'elle a accumulés, les dessins qu'elle a faits, lui fait visionner les films.

Tandis qu'elle s'envole pour Paris où elle doit donner une série de concerts à l'Olympia, un mannequin aux mêmes mensurations qu'elle, se tient au beau milieu de l'atelier, entourée d'un essaim d'ouvrières. Les boutons de nacre, les perles, les pierreries, les soieries, les dentelles, ont été choisis. Il n'y a plus qu'à exécuter le chef-d'œuvre.

Elle a rendez-vous avec le public parisien mais aussi avec Jean-Jacques Goldman. Celui qui a des millions de fans à travers le monde. Qui a écrit parmi les plus belles chansons du XXe siècle. Composé les plus sublimes mélodies. Deux êtres exceptionnels se sont reconnus. L'une, extravertie, l'autre, au contraire, jaloux des secrets de sa vie, qu'il n'exposera jamais. Il a scrupuleusement épluché, étudié, les documents relatant la biographie de Céline. Il sait tout d'elle. Il peut même retracer les principaux événements qu'elle a vécus, avec un humour qui la fait hurler de rire… ou pleurer d'émotion.

La seule chose qu'il lui demande fermement c'est de gommer les fioritures, les tics de chanteuse « américaine » qui plaisent aux États-Unis, mais qui ne conviennent plus quand elle chante en français. Sa musique nécessite une voix plus sobre, plus posée. Il faudrait qu'elle ait le temps de corriger certaines mauvaises habitudes qui pourraient défigurer son interprétation. Avec la voix merveilleuse qui est la sienne, elle peut rester plus simple. No problem ! Comme dit René « don't mind, Céline a compris, tu verras qu'elle le fera. »

Et elle l'a fait. Ses interprétations de *S'il suffisait d'aimer*, de *Pour que tu m'aimes encore* ou *Je sais pas*, sont des chefs-d'œuvre de pureté vocale. Cet entraînement de championne qu'elle s'est imposé porte ses fruits. Sa voix est ronde, souple, puissante. Lorsqu'elle parle de cette voix nouvelle qu'elle a polie, travaillée, fortifiée, Céline dit de façon pittoresque « J'étais sûre d'elle, ma compagne, ma sœur, ma meilleure amie, ma complice. Elle ne pouvait plus me trahir, comme elle l'avait déjà fait. Il m'arrivait de lui parler, de la remercier, de lui faire des compliments. »

Quand Céline, serrée contre René, au studio d'enregistrement, a entendu pour la première fois les paroles de *Pour que tu m'aimes encore*, que Goldman leur chantait au piano, elle s'est écroulée en larmes d'émotion. Il a été touché et troublé par cette réaction. Il avait écrit dans ce texte :

J'irai chercher ton âme dans le froid dans les flammes
Je te jetterai des sorts pour que tu m'aimes encore…
Fallait pas commencer m'attirer, me toucher
Fallait pas tant donner moi je sais pas jouer

Voilà que les amants entendaient en direct, leur histoire d'amour, transposée dans les mots et les notes, avec un talent fou, par le magicien de la chanson française. C'était un moment privilégié qu'ils n'oublieraient jamais.

Un mariage royal

Elle n'a que deux semaines pour graver tout l'album. Entre-temps, elle doit enregistrer à Washington une émission spéciale en l'honneur de Bill et Hillary Clinton, *A Gala for a President*. Elle a aussi un dernier spectacle prévu au Forum de Montréal, dix jours de promo au Japon, une soirée au *Tonight Show*. Sans compter les essayages de *The Age of Innocence* qui commence à prendre l'allure d'une robe de couronnement!

C'est seulement après son tour de chant à l'Olympia que Goldman lui a fait parvenir la chanson *Vole*. C'est sur la mort de Karine et il n'a pas voulu lui donner avant, pour ne pas la bouleverser. Cet album intitulé *D'eux* reste peut-être le plus beaux de tous. En tout cas celui qui lui a permis de chanter les joies et les souffrances de sa vie, de cette voix purifiée. Son « Hymne à l'amour » à elle. Il fera le tour du monde, en français, et soulèvera l'émotion des foules de tous pays. Il devient un des disques les plus vendus au monde : toutes éditions confondues, huit millions d'exemplaires. C'est leur album fétiche « celui que nous gardions pour nous, a-t-elle dit. Nous l'écoutions à la maison ou dans la voiture de René, seuls, en égoïstes, comme un trésor unique. Il était en nous, dans nos cœurs, on sentait ses vibrations, il nous rendait heureux. »

Car il ne doit pas sortir tout de suite, l'exploitation des précédents n'étant pas terminée.

Puis la date du mariage arrive enfin. La veille, Céline se fait dorloter avec sa mère et ses huit sœurs, – ses demoiselles d'honneur –, dans un institut de beauté. Avec un petit passage auparavant chez les dames carmélites, histoire de se rassembler un peu en prévision du grand jour. Le jour des noces, le 17 décembre 1994, il neige sur Montréal. Elle se lève à l'aube, incapable de dormir beaucoup. Elle se maquille elle-même, mais pour l'habiller et la coiffer, une nuée de petites ouvrières s'affairent autour d'elle. Le coiffeur en titre se bat pour édifier un chignon capable de supporter le poids de la tiare. Car tiare il y a. Truffée de perles. Tout le monde s'affole. C'est trop lourd. Elle va succomber sous le poids. Mais ce n'est pas le moment de la contredire. « Je m'en fous ! s'écrie-t-elle, même si tu devais me rentrer des épingles dans le crâne, je veux porter cette tiare. J'assume. » Voilà Céline. Capable de s'imposer ce qui semble les pires folies apparemment, pour vivre au-dessus du commun. Elle se juche sur les talons vertigineux dont elle a pris l'habitude, depuis qu'elle volait ceux de ses sœurs à Charlemagne. Sa mère n'a qu'un mot « ne viens pas te plaindre ». Non, elle ne se plaindra pas. Affublée d'une tiare de tsarine, d'une robe de rêve incrustée de perles, de strass et de paillettes en camaïeu de blanc, beige, ivoire, une longue traîne de tulle et volants de soie à sa suite, un petit boléro de vison blanc sur les épaules, elle entre de plain-pied dans son rêve.

La fête répond à toutes ses espérances. Du « jamais vu » au Québec. Élégance, romantisme, décors somptueux. Les gens sont accourus par milliers le long du convoi de limousines parti de l'hôtel Westin, jusqu'à l'église Notre-Dame. Escorté de motards. René, tout de blanc vêtu, accompagné de ses garçons d'honneur, l'attend au bout de ce long tapis bleu marqué de leurs initiales dorées, entrelacées. Ses huit sœurs portent sa traîne. Elle arrive au bras de son père, pénétrée par la dignité de l'instant. Elle s'engage pour la vie et a tout fait pour que cela se sache.

De retour à l'hôtel, les invités sont accueillis par une pluie de fleurs blanches. Un vol de colombes s'échappe de grandes cages dorées. On traverse un salon à l'oriental, un bistrot parisien, un bar à sushis, un saloon de western, un comptoir à tapas, il y en pour les goûts du monde entier. Le champagne coule à flots. On marche sur des milliers de roses, de lys, de pivoines. Partout des magiciens, des musiciens animent les lieux. Un orchestre de rock par ici, un quatuor à corde, par là. Et puis une salle de casino bien sûr avec tables de black-jack et roulette. Un service du tonnerre aux petits soins pour tout le monde. Cinq ou six cents personnes en tenue de fête. Des caméras, des photographes, des journalistes. Dans la grande salle du banquet tendue d'un ciel étoilé, les plus proches, une centaine de personnes, se sont attablés pour un festin inoubliable.

Au Québec, on parle beaucoup de cet événement. En bien ou en mal. Certains esprits chagrins lui reprochent d'avoir fait de ce mariage une opération de communication. D'avoir voulu étaler sa richesse. Mais elle est considérée comme l'enfant privilégiée du pays. Elle appartient à ce pays qui voit sa réussite comme une vitrine de ce qu'il peut produire de meilleur. Elle répond aux détracteurs « J'étais une petite fille de Charlemagne que deux grandes canines empêchaient de sourire. Je suis allée loin et haut, portée par ma voix, par l'amour de ma famille, de René, du public québécois. Le montrer, le faire partager, ce n'est pas du marketing, c'est le signe de ma reconnaissance. »

Si elle avait voulu se marier en catimini, les photographes se seraient donné un mal fou pour voler des clichés secrets. Si elle avait fait un mariage modeste, rien ni personne ne s'en serait senti plus riche ou plus favorisé. Elle a voulu une grande fête dont elle serait la reine, mais déjà le public du monde entier l'avait acclamée comme une star sortant de l'ordinaire.

Et c'est reparti

Il est question d'un voyage de noces de deux ou trois mois. Mais lui est-il possible de ne rien faire ? D'oublier le stress et l'excitation qui lui sont devenus indispensables. La tentation d'aller reprendre un peu de cette drogue dure qu'est la ferveur du public va sans doute se présenter. Comment la repousser ? À peine un mois plus tard, elle est à Londres pour la promotion de l'album *The Colour of My Love*. C'est Paul Burger, maintenant responsable de Sony UK, qui lui a décroché un passage dans la plus grande émission de variété londonienne, *Top of the Pops*. L'album qui fait un malheur jusqu'en Corée et au Japon, ne décolle pas en Angleterre.

René a suggéré qu'il n'était peut-être pas nécessaire d'interrompre si vite leurs vacances à Palm Beach. Comment cela « pas nécessaire » ? Céline a bondi en avion avant que René ait pu l'en empêcher. Il semble qu'elle a pris le relais. Une ambition nouvelle l'aiguillonne. Elle a contracté le virus du « plus haut, plus loin » que lui a inculqué René, pendant toutes ces années où il ne se montrait jamais totalement satisfait de ses performances. Même si elles étaient de plus en plus extraordinaires. D'ailleurs, dès que Céline s'arrête, elle somatise son angoisse à travers un rhum, une bronchite, un tour de reins.

Ils ont « tenté » six mois plus tard, de partir en voyage de noces aux îles Fidji, après une tournée épuisante en Australie, mais le résultat est catastrophique. Dans ce décor de paradis, Céline n'a pour seule activité que d'éternuer, se moucher, tousser, chercher son souffle, se racler la gorge nerveusement. Elle n'a pas l'âge des vieux couples en vacances et n'est d'ailleurs pas près de l'avoir ! Sa famille lui manque, les studios lui manquent, la musique, le public lui manquent.

Il lui suffit de se retrouver dans une immense foire populaire, à Calgary, où tout est poussiéreux, grinçant, excitant, vivant en un mot, et comme par magie, envolées les rhums et les douleurs imaginaires. Là elle fait la rencontre d'un nouvel orchestre avec lequel le courant passe immédiatement. Dès les premières répétitions le bonheur de la musique l'envahit à nouveau. David Foster, qui est présent, leur suggère de faire un remake de *All by Myself*, à Los Angeles, la semaine suivante.

Il propose surtout à Céline de trouver le moyen de lancer un *fa* de légende qui se situe à la limite de sa tessiture ! Il a, pour cela, relevé l'orchestration de la chanson sur une gamme plus haute. Céline a le trac. Elle a peur de se casser la voix. Elle se dispute avec René, puis avec David, excédée qu'on lui demande de faire quelque chose qui mette sa voix en danger. René s'enferme dans un long silence et laisse tomber la chicane. Céline boude et s'en va seule au studio de très mauvaise humeur. En arrivant, elle entend, stupéfaite, David lui dire, malignement « Ne t'en fais pas avec cette histoire de *fa*. Si tu n'y arrives pas, je pourrai toujours demander à Whitney de le faire. » (Whitney Houston enregistrait dans le studio d'à côté). Vous dites ?? Comment ? Whitney ? Vous voulez rire ? « Je sais, ajoute David, qu'elle est capable de monter jusqu'au *fa* et de le tenir le temps qu'il faudra. »

René a bien travaillé. Il semble évident que c'est lui qui a monté ce petit stratagème pour décider Céline à attraper la note désirée. Elle n'a pas dit un mot, elle est rentrée dans le studio, a chanté *All By Myself* (titre prédestiné) de toutes ses forces, et lorsqu'elle a dû grimper jusqu'au fameux *fa*, elle a poussé sa voix au maximum, jusqu'à la douleur, a tenu la note, longtemps, sans défaillir. Les musiciens de l'autre côté de la baie vitrée, se sont levés pour l'applaudir, soufflés d'admiration. Ils ne seront pas les seuls…

Lorsqu'elle la lance, cette fameuse note, sur les scènes du monde entier, un frisson parcourt le public, les larmes perlent aux yeux, les gorges se serrent, les cheveux se dressent, elle vient de donner son âme, de jeter le cri qui tue, celui venu de sa peine, de son amour, de son délire ; elle vient d'aller plus loin que le possible attendu, d'atteindre l'étoile accrochée « plus haut ».

…Ce jour-là, elle a quitté le studio sans saluer personne. Elle n'a pas demandé s'il fallait faire une autre prise. Elle savait qu'elle avait réussi un coup parfait, ce qu'au golf on nomme un *eagle*.

En arrivant à l'hôtel, elle a trouvé René déjà au courant de son exploit. Elle s'est jetée dans ses bras. Elle lui a dit qu'il avait eu raison. Qu'elle avait été transportée elle-même par l'envolée de sa voix, et qu'elle la retrouverait encore et encore cette note inaccessible qui l'avait enivrée.

René venait de hisser d'un cran supplémentaire son exigence. Au point que c'est elle, maintenant, qui n'est jamais satisfaite des enregistrements. Elle commence à proposer d'autres arrangements musicaux. Dans sa surprise, René est enchanté. Il la serre dans ses bras et l'encourage chaleureusement à oser dire ce qu'elle souhaite. Elle le repousse ce jour-là, sans ménagement, car elle vient de se faire les ongles ! Mais ce n'est pas tombé dans l'oreille d'un sourd. On refait sur ses indications, l'orchestration de *Falling Into You*, et tout le monde trouve que c'est bien meilleur. Elle se sent très fière de cette nouvelle reconnaissance.

À partir de cette chanson, David, René, les gens de Sony, vont être très attentifs à ses suggestions ou à ses remarques. Elle va peu à peu prendre une part de plus en plus importante dans les décisions artistiques. Elle acquiert une maturité et une autonomie qui lui faisaient défaut jusqu'alors, mais qui exige encore davantage de son énergie.

Partout en Europe, ses disques se disputent les premières places des hits parades. Les tournées sont triomphales. Les albums se vendent par millions. Elle entre au pays de la vie facile où tout devient possible. Lorsqu'une journaliste un jour, lui demande quel genre de robes elle préfère, elle répond du tac au tac « Les chères ! » C'est une boutade, mais elle n'a pas honte d'aimer ce qu'il y a de plus beau, ce qui a demandé le travail et le talent de dizaines de personnes, parfois plus. Ce qui a été fait avec précision, amour, ayant demandé des matériaux nobles, riches, chers. Pourquoi se cacher de les aimer follement ?

Elle n'oublie pas ceux qui sont dans la peine, comme l'Association qui ramasse des fonds pour la lutte contre la mucoviscidose dont Karine est morte, ou les fondations d'Afrique pour les enfants orphelins, qu'elle a visitées. Mais réaliser ses rêves, n'empêchera jamais la misère d'exister. Si des millions de gens ont été heureux d'acheter ses albums, fatalement le travail, les forces, qu'elle leur a consacrés, vont lui revenir sous forme de dollars. Aucun scandale là-dedans.

D'ailleurs il lui faut sans cesse un nouveau projet pour activer sa machine. Elle a trouvé ! La maison de Palm Beach ne lui suffit plus, elle en veut une autre. La maison du bonheur, a-t-elle dit. René fronce le nez. Quel besoin d'un souci en plus ? Elle a déjà si peu de temps libre. C'est trop tard, l'idée a pris possession de son esprit, elle ne peut plus s'en défaire. Le projet prend chaque jour un peu plus de place. Elle y pense sans cesse. Pendant sa tournée européenne, elle recommence à découper des photos dans les magazines. Tout lui est bon pour embellir son projet. Elle note les éléments de décoration dans les grands hôtels où elle passe. Les meubles, les portes, les serrures, les moulures, les parures, les fenêtres, la cristallerie. Elle veut que ce soit un lieu de rêve pour René. Genre le Caesars Palace de Las Vegas où il a passé tant de temps. Elle entasse les documents dans des dossiers et des cartons qu'elle emporte partout avec elle. Ça fourmille de robinetteries, de tuiles, de faïences, de tentures, de couvre-lits, de lustres et lampes diverses. C'est un nouveau but qu'elle donne à sa vie, le palais où elle placera son dernier rêve : un enfant, des enfants. Une passion dévorante. Elle y pense jour et nuit.

La rançon du succès

À Paris, elle prépare l'enregistrement d'un spectacle retransmis à la TV, du Zénith, salle qu'elle affectionne particulièrement. Et soudain, pendant la répétition, sans aucune alerte préalable, aucune douleur, sa voix se plante. Le vide total. À Paris, l'air sec et pollué, lui a été fatal tandis qu'elle courait les magasins de décoration ou de mode des après-midi entières. Elle a pris ce risque et le paye. C'est sa faute, elle le sait. Elle n'aurait pas dû s'offrir ce luxe-là. Elle le vit comme un sévère rappel à l'ordre. Néanmoins personne ne panique. Elle se cloître et retrouve « miraculeusement » sa voix pour le show prévu. Elle respire, mais comprend qu'il va lui falloir vivre plus sagement, souvent seule, moins avec les musiciens et encore moins dans les boutiques où elle passerait volontiers la moitié de sa vie.

Ça ne la gêne pas, elle a « son amour, son projet de maison et la musique. »

Elle chante dans des stades de plus en plus vastes. Vingt mille, quarante mille, soixante mille spectateurs, aux États-Unis, en Australie. Aux Oscars, aux Grammys Awards, aux Victoires, aux World Music Awards. Elle enchaîne les clips, les émissions spéciales, la promo, les interviews. Chante pour le sultan de Brunei ou pour son association contre la mucoviscidose. Elle supporte ce rythme effréné jusqu'aux jeux d'Atlanta où elle doit se produire dans un stade gigantesque, contenant quatre-vingt-cinq mille personnes ; face aux centaines de caméras des télévisions du monde entier. On parle de trois ou quatre milliards de téléspectateurs sur la planète. La moitié de l'humanité. Sa mère, terrifiée pour elle, n'est pas venue. Elle préfère la regarder sur son poste. René prétend que Céline est en pleine forme.

Lorsqu'elle a commencé à chanter, elle a oublié le trac, s'est sentie légère, en apesanteur. Puis elle a vécu dans ce nuage pendant plusieurs jours. Mais la dimension folle de l'expérience a comme dévoré quelque chose en elle. Peu à peu, un malaise obscur ne la quitte plus. Elle n'ose pas en parler, pensant que cela va passer. Elle chante au Caesars Palace au profit des sinistrés du fleuve Saguenay. Les rivières et les lacs ont débordé, les barrages ont cédé, les ponts, les routes, les maisons, sont inondés et détruits. Elle a préparé un texte de compassion pour tous ceux qui souffrent de ce cataclysme.

Mais une main de fer lui serre le cœur, elle ne peut plus parler. Le malaise qui l'assaille en général la nuit, vient de la saisir sur scène. Elle a constamment des vertiges horribles. Elle n'a plus faim. Ne réussit plus à avaler que quelques biscuits et de l'eau sucrée. Presque chaque nuit elle rêve qu'une pomme froide et dure lui obstrue la gorge et l'empêche de respirer. Elle se réveille épouvantée, comme si elle échappait de peu à la mort. Elle n'a plus la force d'assurer un spectacle qu'elle doit donner à San Francisco.

Suzanne et Manon appellent René en train de suivre un régime alimentaire dans une clinique de l'Arizona. Il annule les spectacles prévus sur la côte ouest. Céline est hospitalisée. Le diagnostic est clair. Elle souffre de stress et de surmenage. Elle n'est plus devenue qu'une voix. Mais le vase contenant cette voix venait de se briser. Il fallait le réparer. Pour cela, une seule personne au monde : maman.

Thérèse la retrouve en Floride, pas impressionnée pour un sous, mais d'une volonté d'acier. Pendant un mois, elle va veiller sur son petit comme un animal farouche. Que personne ne dérange son sommeil douze à quinze heures par jour. Que personne ne lui parle de travail, pas même René. Pas question de tournée interrompue, de promo, ni d'albums en préparation. Rien. Maman la borde tous les soirs comme le bébé qu'elle aurait voulu ne jamais voir s'éloigner. Elle se promène avec elle l'après-midi après la sieste, lui prépare des fruits et légumes frais. Lui réapprend la nourriture saine. Cette fois-ci Céline prend un bain d'enfance. Thérèse lui raconte la sienne à elle et celle de sa fille. Du temps de son âge le plus tendre dont elle ne peut pas se souvenir. Elle lui redit la colère qu'elle a faite à son père lorsqu'elle a su qu'elle était enceinte de ce quatorzième enfant. Puis comment elle a fondu quand on lui a mis le bébé dans les bras.

Mais ce qui la requinque vraiment, ce qui restaure toute sa mâture interne délabrée par le stress, c'est lorsque sa mère lui raconte son enfance à elle. Le père, grand-père de Céline, avait reçu en partage du gouvernement, une terre dite de colonisation, « à une grosse journée de marche de la mer ». Avec ses fils il avait ouvert un chemin, bâti une maison en rondins de bois, une étable, un hangar. Aux premières neiges, il était venu chercher le reste de la famille. Sur une voiture à cheval, il avait installé tout un barda, des meubles, des tonneaux de poissons séchés, du lard salé, de la mélasse, de la farine et du thé. Et puis six poules en cage. La vache suivait. Thérèse avait cinq ans, elle était assise sur les fourrures d'hiver avec ses trois sœurs Jeanne, Annette et Jacqueline. Le plus beau voyage de sa vie. Là-bas, ils faisaient tous de la musique le soir. Elle avait eu son premier violon à sept ans. Avait joué et chanté toute sa vie.

Céline est loin des stades bondés de spectateurs qui sont venus en toute innocence dévorer son âme. Loin des sunlights des studios qui éclairent sans gêne tous les recoins de son cœur. Loin des questions incessantes qui labourent toujours au même endroit, le plus sensible, celui que l'artiste voudrait soustraire à leur pilonnage obstiné. Elle est retournée en Gaspésie, au petit village de pêcheur où sa mère vit le jour le 20 mars 1927. Un pan oublié de son être se déplie lentement, respire à nouveau, s'épanouit même dans le langage heurté de là-bas qui la berce. Une petite fille de Charlemagne avait été propulsée dans le vaste monde, encore peu armée, croyant pouvoir affronter les ogres du show-biz. Elle avait failli se briser mais la terre nourricière réapparue dans la voix de sa mère, l'a ressuscitée.

Elle part pour l'Europe. Plus solide. Le mal s'éloigne peu à peu. Il ne reste plus qu'un petit pincement au cœur qui subsiste en dehors de la scène. Elle mange correctement et ne ressent plus ce poids noir qui dévorait ses forces. Et puis, ce petit point qui subsistait, s'en va lui aussi. Il ne reste rien. Elle est guérie. Elle mange, dort et chante comme avant.

Tenant les rênes de sa vie

Pour éprouver à fond sa guérison, ou pour la fêter dignement, elle s'offre une soirée d'enfer à Stockholm, avec les musiciens, mange des plats épicés, boit téquila sur téquila, danse à en perdre la raison. Le lendemain, rien. Pas le moindre mal de tête, ni de cœur. Elle est gué-rie. La tournée se poursuit sur un train d'enfer, Europe, Amérique, Asie, Australie, Japon, Corée. Pour revenir en Europe, à nouveau, faire la tournée des grands stades.

S'il n'a pas suivi les précédentes expéditions, celle-là, René va y prendre part. C'est l'épopée d'une centaine de nomades, électriciens, musiciens, maquilleurs, techniciens, costumières, couturières, gardes du corps, et tous les métiers concernés par une tournée musicale. Le bonheur est à son comble. Tout se passe bien. Les stades sont remplis d'une foule chaleureuse, belle, heureuse. Le rêve est enfin devenu plus rapide, plus fou, que tout ce que Céline avait imaginé. C'est lui qui maintenant les emporte. Il semble qu'il ne reste plus que le plaisir qu'il y a à donner de la joie. Céline aime faire le clown, elle ne s'en prive pas et organise de véritables crises de fou-rire avec ses sœurs Linda, Ghislaine, Claudette ou Manon.

Quant à René, pour les festins dont il a le secret, il loue un chalet à Zurich, une péniche sur la Seine, dans le port d'Amsterdam ou sur la baie de Hong Kong. Son fils aîné Patrick qui travaille comme assistant de production, sa fille chérie, Anne-Marie, et leur frère Jean-Pierre, font souvent partie des tournées. C'est l'occasion de retrouver leur père et de se rassembler pour un moment. Dans la journée, René fait ramasser les menus des meilleurs restaurants, de la ville où ils se trouvent, chinois, japonais, italien, français, libanais, marocain, thaï. Il les lit attentivement comme d'autres lisent un roman, puis une fois son choix fait, il s'occupe lui-même des réservations et du menu.

La gastronomie est sa passion. Il demande à ce que tous les plats soient servis sur la table en même temps. Tradition de son pays, la Syrie. « Il aime manger. De tout. Beaucoup trop. » dit Céline. Elle a beau le surveiller depuis son attaque cardiaque de Los Angeles, il recherche la compagnie des joueurs et des gros mangeurs. Avec tous les risques que cela comporte.

Il s'est tout de suite très bien entendu avec l'énorme – dans tous les sens du terme – Luciano Pavarotti. Céline a enregistré un duo avec lui, frôlant ce qu'elle ne dira jamais autrement que dans une chanson *I Love You, Then I Hate You*. L'amour et la haine sont immanquablement les deux faces d'une même passion. C'est le mouvement attirance-rejet qui existe envers l'autre sexe. Mais Luciano et René sont là pour célébrer la bonne bouffe.

Le chanteur d'opéra, célèbre dans le monde entier, les a invités à dîner dans son appartement new-yorkais. Antipasti, pâtes fraîches, osso buco, il a tout préparé lui-même. Une véritable joute de nourriture s'installe entre René et lui. Attentifs à chaque délice, chaque saveur célébrée. Pavarotti ne se déplace jamais sans sa propre huile d'olive, ses fromages, ses vins, lorsqu'il chante dans les pays lointains. Que ce soit à New York, à Rome ou à Shangaï, il fait son marché lui-même, choisit les produits avec soin. René est en admiration. Il n'oubliera jamais le festin de ce soir-là. Pavarotti a marqué un profond étonnement lorsque René lui a dit qu'il ne buvait que du Coca light. Comme on lui a recommandé de boire un verre de vin de temps en temps, il se force à en avaler un, sans respirer, comme une potion désagréable. Sa boisson préférée reste la Coca light gorgé de glaçons quel que soit le pays où ils se trouvent. Quand il dépasse la limite de poids, il part faire un régime dans une clinique diététique avec des copains. Ils se soutiennent les uns les autres. Ils mangent du poisson poché, assistent à des conférences d'auto-persuasion, font des marches dans le désert, apprennent à écouter leur corps. René plaisante. « J'ai décidé de laisser mon corps traiter tout seul le dossier ». Et il se remet très vite à engloutir les calories. Céline n'a aucune intention de priver son homme de quoi que ce soit. Elle le trouve beau comme il est, mais s'inquiète parfois. Qu'il mange ou qu'il joue au black-jack, à sa guise, il connaît les soucis qui l'occupent, le concernant.

Quant à elle, on l'a souvent taxée d'anorexie. Les medias l'ont décrite comme une femme maniaco-dépressive, psychotique, se nourrissant de feuilles sèches ! Non, vraiment pas. Elle parle de son corps comme d'une bonne bête, souple, musclé, solide, en bonne santé. Elle n'aurait jamais pu donner jusqu'à cent cinquante shows par an si elle n'avait pas une hygiène alimentaire et de vie très saine.

Son projet de maison l'envahit chaque jour davantage. Elle découpe les magazines d'architectures et les envoie annotés à Johannes Dastous, sa conseillère en décoration. Ce fauteuil, mais pas ces accoudoirs en tête de lion. Ces statues de jardin, mais sans l'air abruti qu'elles portent sur le visage. Johannes fait une razzia chez les antiquaires, et Céline se passionne pour les meubles, de style ou d'époque, pour les signatures des grands ébénistes. Elle apprend à distinguer le vrai du faux, la valeur des bois précieux, des matériaux nobles, de la marquèterie. Elle aime les décors romantiques, lourds, chargés, moelleux, le rococo. Ambiances douillettes et couleurs chaudes. Puis elle changera par la suite. Aimera un décor très dépouillé, moderne, sans doute très beau, mais qui ne lui semble pas assez confortable à vivre à ce moment de sa vie où elle a besoin de la chaleur d'un nid.

Elle se renseigne sur tout ce qu'elle voit, bibelots, tableaux, meubles, pose des questions. Les gens ne savent pas dans quel décor ils vivent et sont souvent incapables de lui répondre. On leur a concocté des maisons qui leur ont coûté des fortunes et imposé un lieu de vie qu'ils n'ont fait que payer. Elle achète avec René qui n'est toujours pas convaincu, – mais ce que femme veut, Dieu le veut –, un terrain, à Jupiter, au nord de Palm Beach, le long d'un canal donnant sur la mer. Johannes a formé une équipe d'architectes et d'artisans. Le travail de Céline est terminé. Pour se rapprocher de René, elle se met au golf. Mais, « à la Céline ». C'est-à-dire qu'il pleuve, qu'il vente ou qu'il fasse beau. Plusieurs heures par jour. René n'en revient pas. Cela fait des années qu'il essaye de la convertir à ce sport. Il a plaidé comme un fou. C'est un sport propre. Tu as tout ce qu'il faut pour le pratiquer. Un grand pouvoir de concentration, de la discipline. Tu y trouveras tout ce que tu aimes, du soleil, de l'eau, des jardins, la nature.

Avant même de tenir un club en mains, elle est marquée par l'esprit du golf. Elle réalise à quel point ce sport va marquer sa vie. C'est une recherche de perfection, d'équilibre, un retour sur soi. Elle y trouve un ordre, des rituels très forts, qui se rapprochent de l'exercice du zen. Il faut canaliser ses émotions, ses gestes, sa force. Composer avec les éléments, le vent, la lumière, le terrain. « Frapper une petite balle blanche, dit-elle, c'est comme lancer une note unique dans le grand espace d'un stade. » Elle détestait les matins, elle se met à aimer la rosée, le chant des oiseaux, l'odeur vierge de l'herbe mouillée.

Mais elle aime toujours aussi passionnément l'atmosphère des studios. Elle y fait des rencontres exceptionnelles. Carole King lui donne une chanson. Sir George Martin, l'arrangeur des Beatles, réalise *The Reason*. Les Bee Gees enregistrent avec elle *Imortality*. Elle chante en duo avec Luciano Pavarotti. Et puis, et puis, elle va réaliser un grand rêve datant de son enfance, rencontrer la seule vraie idole de la chanson qui l'a marquée à jamais : Barbra Streisand.

Au milieu des étoiles

L'année précédente, lors du gala des Oscars, elle a chanté *I Finally Found Someone*, la chanson du film produit et réalisé par Barbra Streisand elle-même, *Le Miroir à deux faces*. C'était du fait de la défection de Nathalie Cole. Car elle devait déjà interpréter *Because you love me* tirée du film, *Up Close and Personal.* Jamais dans l'histoire des Oscars une même artiste avait chanté deux fois dans la soirée. René jubilait, c'était du « jamais vu ». Rien de plus excitant à ses yeux, que de faire dans le show-business, quelque chose que personne d'autre n'avait encore fait !

Ils vivaient depuis des mois sur un rythme infernal. Tournées, galas, shows télévisés, concerts monstres en Europe, en Amérique, en Asie. Que demander de plus ? Alors chanter deux fois aux Oscars, devant Barbra Streisand en personne, c'était un nouveau challenge très stimulant.

Céline va chercher le meilleur d'elle-même. Ce qui n'est pas peu dire. Mais au moment de sa chanson, Barbra Streisand vient de quitter la salle, pendant la pause publicitaire. Quand elle a voulu regagner sa place, les portes étaient verrouillées. Interdit de circuler pendant la cérémonie. René est aux quatre cents coups. Céline est déçue mais pas au pont de lui gâcher le plaisir du défi relevé.

Deux jours plus tard, au Carlton de San Francisco où elle réside, elle reçoit un énorme bouquet de fleurs, avec un mot de la main de Barbra Streisand. Elle a visionné l'enregistrement. Céline a chanté magnifiquement, dit-elle. Elle est une chanteuse incroyable. Barbra regrette infiniment de ne pas avoir été dans la salle. Elle espère un jour chanter en duo avec elle. René est déjà reparti en plein désert dans sa clinique de l'Arizona. Céline le rejoint et lui remet la lettre qu'elle vient de recevoir. Il la range précieusement dans son portefeuille, comme un talisman, et chaque fois qu'il en a l'occasion, il la montre aux journalistes ou à ses amis. Pas seulement. Il joint l'agent de la star et demande à David Foster d'écrire une chanson que Céline et Barbra pourraient enregistrer en duo. Il est tout excité car il a conservé, à travers toutes les péripéties de sa vie, la faculté d'admirer le talent. David compose la mélodie de *Tell Him*.

Barbra chante sa partie à Los Angeles, au Record Plant, et Céline, la sienne, au Hit Factory de New York. Puis les techniciens et les arrangeurs mixent les deux voix sur la musique. Un soir ils écoutent le résultat. Et le font écouter à Barbra, là-bas. La chanson terminée, tout le monde se regarde en silence, attendant sa réaction. Au bout d'une éternité, le téléphone sonne. David décroche. C'est pour Céline. À l'autre bout du continent, Barbra parle. « Tu fais des choses merveilleuses avec ta voix. Comment fais-tu pour te mêler si bien à la musique et à ma voix ? » Céline ne lui dit pas, – elle est d'ailleurs trop émue –, qu'elle a chanté des centaines de fois avec elle, devant le grand miroir de sa chambre, rue Notre-Dame, à Charlemagne. Elle a seulement répondu qu'elle travaillait beaucoup et qu'elle s'entraînait comme une athlète.

– Faudra que tu m'apprennes, répond-elle

– Que je vous apprenne quoi ?

– À avoir cette discipline.

– Mais vous n'avez rien à apprendre de moi. Vous êtes la plus grande chanteuse au monde.

– On a tous à apprendre les uns des autres. Mais toi, tu apprends plus vite que nous tous, parce que tu as une voix fantastique et une très grande âme.

Céline a senti les larmes d'émotion lui serrer la gorge. Elle ne pouvait plus parler. Derrière tout son travail, il y avait aussi de grands chagrins qu'elle avait dû avaler. Conquérir René, s'éloigner de ses racines, perdre sa jeune nièce, Karine, perdre aussi sa voix, encaisser les quolibets des jaloux, garder de longues plages de silence pénibles. Et puis il y a eu aussi de grands bonheurs, son mariage, sa réussite extravagante, la maison fabuleuse qui se construisait. Elle se sent incapable de lui dire, – pourtant elle le voudrait –, à quel point Barbra a été importante dans sa vie. Quelle émotion inexprimable ce fut pour elle d'unir sa voix à la sienne. Qu'elle est depuis toujours son modèle. René a pris le téléphone.

– Vous avez toujours été pour Céline une idole. Elle est très heureuse et très impressionnée, vous savez.

– Je comprends, a répondu Barbra, j'ai ressenti la même chose la première fois que j'ai chanté avec Judy Garland.

Puis elle redemande à parler à Céline.

– Je voudrais te connaître mieux. Je suis sûre qu'on a plein de choses à se dire. Viendrais-tu me voir à Malibu, dès que tu pourras ? Demain, si tu veux.

Mais le lendemain Céline répète *I Love You, Then*

I Hate You avec Luciano Pavarotti. Elle propose le surlendemain.

– Mardi si vous pouvez.

– Mardi, ça ira, acquiesce Barbra Streisand, Je te montrerai mon jardin de roses. On ira marcher sur la plage.

Céline a vécu un grand moment d'émotion en allant souper avec son idole. Elles ont fait des photos superbes ensemble. Leurs visages sont marqués d'une joie paisible et de la satisfaction intime de s'être retrouvées après tant d'années, comme des amies de toujours. Mais faut-il approcher ses idoles ? Elles ne peuvent être à la hauteur des rêves qu'elles suscitent. Leur aura est si fragile vu de près. Céline sait cela. Au moment où tout lui sourit de façon presque inquiétante. De quelque côté qu'elle se tourne ce n'est que triomphe, beauté, lumière, réussite. On serait tenté de dire jusqu'à plus soif. Peut-on rester en équilibre au sommet du bonheur ? La question l'effraye. Mais le succès l'appelle.

Elle doit enregistrer avec Pavarotti. C'est une personnalité imposante. À la recherche de la perfection. Il apprécie en connaisseur la voix de Céline. Comme tout le monde, elle l'émeut. Il perçoit le profond travail qu'elle a fait sur elle-même. Ils font de longs essais pour trouver la tessiture qui conviendra aux deux. Ils chantent d'abord chacun leur tour. Mais que ce soit lui qui chante sur la voix de Céline ou Céline sur la sienne, le résultat ne les satisfait ni l'un ni l'autre. De son côté, elle souhaite sans le dire, qu'ils chantent *I Love You, Then I hate You*, ensemble. Le chanter séparément n'a aucun sens. Alors il lui a pris la main, ils sont entrés dans le studio d'enregistrement, et ils ont chanté les yeux dans les yeux, sans se troubler. C'était très intime mais c'était vrai. Céline enthousiaste, a déclaré « Chanter en duo c'est très intime, c'est un jeu très grave. J'adore ça ! » René ne pouvait pas être jaloux, il est l'homme de sa vie. Elle a même appris le golf pour être sur le green avec lui un jour sur deux. Enfin quand ils ne sont pas au bout du monde.

Titanic

James Cameron, le redoutable réalisateur de *Titanic*, l'a dit, il ne veut pas de chanson « parasite » de son film. Mais le compositeur James Horner, en train d'écrire la musique du film, rêve, quant à lui, que Céline chante la chanson qu'il a composée, *My Heart Will Go On*. Pour René c'est un carré d'as. Une super production, un grand réalisateur, une magnifique chanson, une grande interprète ! Vous avez dit « magnifique » ? À voir. Car il faut encore que Céline accepte de la chanter. Chez Sony on ne croit ni au film, ni à la chanson. René, seul contre tous, entêté comme un âne, n'écoutant que son instinct, poursuit son idée.

Horner débarque au Caesars Palace où Céline et René occupent une suite royale, avec un piano à queue dans le salon. Horner chevrote sa chanson. Céline n'en veut pas. C'est non. Elle fait le signe de lui couper le cou. Et se lâche en grimaces monstrueuses dans le dos d'Horner. René lui rappelle que Marlon Brando a décroché le rôle du parrain en envoyant à Francis Ford Coppola une video du rôle. Qu'est-ce que cela lui coûte d'aller rapidement faire une maquette de la chanson, *My Heart Will Go On*, au Hit Factory de New York ?

Céline déteste. James Horner est un piètre interprète. Elle continue à faire de grands signes à René que non,

non, non, elle n'en veut pas, rajoute des mimiques horribles pour qu'il comprenne que c'est hors de question. Mais il fait semblant de ne pas saisir ce qu'elle veut. Ou plutôt ce qu'elle ne veut pas. Tout à coup il déclare : « Dans un mois nous serons à New York, au Hit Factory, où Céline enregistre son prochain album. Elle pourra faire une maquette pour que Cameron l'écoute et soit en mesure de se décider. » Horner est aux anges. Céline est noire de colère. Elle va passer un sérieux savon à René dès qu'ils seront seuls. Mais c'est lui qui la devance. « Horner chante mal, c'est entendu, mais tu n'as pas écouté la chanson. Tu peux en faire un de tes plus gros succès. »

Un mois plus tard, Horner est à la Hit Factory avec une piste d'orchestre. Il lui raconte en détail l'histoire du film. Céline la trouve passionnante. Elle a un peu mal à la gorge, mais elle enregistre la chanson avec cette voix fragilisée qui lui donne une émotion particulière. Une fois entrée dans l'histoire qu'elle venait d'entendre, elle a restitué dans la foulée le grand amour que cela raconte. Les patrons de Sony, présents dans le studio, Tommy Mottola et Vito Luprano ont adoré. Ils ont déclaré qu'on tenait une chanson en or. Cameron écoute l'enregistrement et est emballé. Il leur propose de visionner le film en projection privée. La séance dure trois heures. Céline, avertie des somnolences impromptues de René, l'empêche avant la projection, de déjeuner avec autre chose que des fruits et du Coca, pour qu'il ne s'endorme pas avant la fin. Il le fait régulièrement lorsqu'il a trop mangé.

La maquette de la Hit Factory n'a pas été retravaillée, elle fera telle quelle, le tour de la planète. Deviendra la chanson la plus vendue de l'histoire du disque. Un succès mondial porté également par le film, ou l'ayant porté… qui atteint le chiffre astronomique de 24 millions de ventes ! Tout ce que Céline touche de sa voix se transforme en or, en platine, en diamant.

René est superstitieux, il répète sans cesse que ce n'est pas le tout de recevoir, il faut aussi savoir donner pour ne pas irriter le sort. Ne pas prouver sa reconnaissance pourrait porter malheur. Il n'y a pas lieu d'en convaincre Céline. Entre l'association contre la mucoviscidose et son désir de se battre pour les enfants défavorisés, elle est au cœur du problème. Elle a vu un jour un reportage sur une petite vietnamienne en train de mourir toute seule derrière une porte dans un orphelinat débordé. Les intervenants se trouvaient démunis, inopérants. « Jamais de ma vie, dit Céline, je n'oublierai son visage, ses yeux, sa douleur. Je ne veux pas oublier. Si je dirige une œuvre un jour, je veux qu'elle agisse auprès des enfants. »

Elle inaugure sa maison de Jupiter, le 28 juillet 1998, à minuit cinq. René, toujours superstitieux, a dit « Vingt-huit, c'est 2 plus 8 qui font 10. 10 divisé par deux, puisque nous sommes deux, ça fait 5. C'est notre chiffre. On peut y aller. » Céline n'est pas venue sur les lieux depuis trois mois. En trois ans, elle a remis des milliers d'images aux architectes, annotées de sa main.

Ce soir-là, la maison est illuminée de centaines de bougies. Une lumière dorée règne dans les vingt-quatre pièces à vivre, plus une grande salle de cinéma. Céline a pensé à un atelier de couture pour sa mère, une salle de jeu pour René, dans laquelle il retrouve l'atmosphère du

Ceasars Palace de Las Vegas. Toutes les pièces sont tournées vers le patio intérieur, comme un immense salon à ciel ouvert. Avec des recoins anglais, chinois, des petits jardins exotiques, une grande piscine au fond de laquelle on peut lire leurs initiales enlacées. On a planté des palmiers royaux plus hauts que la maison, des plantes grimpantes, des arbres en fleurs, beaucoup de gardénias qui adoucissent les rêves. Mais c'en est un déjà que ce lieu qu'elle a voulu, créé de toute pièce, atypique, singulier, somptueux. Un lieu totalement à elle, qu'elle allait animer, aimer, où elle avait rassemblé tout ce qui lui semblait le plus beau. Et bien sûr elle pense à l'enfant, aux enfants, qu'elle y élèvera peut-être un jour. Le rythme des tournées, la pression, le stress, les décalages horaires, ce tourbillon incessant, les fréquentes séparations d'avec René, ne lui laissent pas présager que cela se fasse aisément. C'est pourquoi elle sait qu'un jour ou l'autre, elle devra prendre un an, deux ans, pour réaliser cet autre rêve, le plus grand à ses yeux, le plus beau, enfanter à son tour, comme on le faisait dans sa famille sans restriction…

Linda, sa sœur, vit avec eux, ainsi que son mari, Alain. Ils l'aideront à en prendre soin. Il y a trois employées pour entretenir la maison. Il va lui falloir apprendre à tenir une demeure de cette envergure, elle qui vit d'hôtel en hôtel depuis tant d'années.

Mais ce bonheur-là a mangé le reste. Plusieurs shows à suivre ne se passent pas très bien, pour différents problèmes techniques s'étant accumulés. Céline est excédée. Elle est dans une autre perspective qui s'est inscrite en elle à la faveur de sa nouvelle maison. L'ambition qui la portait jusque-là vient de prendre une autre direction.

Elle a un immense désir de calme et de repos. D'intimité et de vie simple. Elle se fait de petits films de vie. Elle prépare des pâtes à l'italienne (la seule chose qu'elle sache faire), pendant que René regarde un tournoi de golf à la télévision, elle installe un dîner aux chandelles pour eux deux, avec des fleurs, des verres en cristal.

Mais non ! Ce sera pour plus tard. Le spectacle *Let's Talk About Love*, qu'elle donne encore, est plus exigeant que jamais. Elle doit occuper une scène immense pendant près de deux heures, parfois plus. Elle sort de là, survoltée, en eau, pleine de cette euphorie épuisante qui suit le violent don d'elle-même. Et puis le lendemain, ça recommence. Et le jour d'après, et ainsi de suite, comme une nouvelle montagne à franchir chaque jour, dissimulant éternellement de nouveaux sommets. Jusqu'à quand cette machine aveugle lancée à toute vitesse l'emportera-t-elle ainsi ? De façon presque absurde. Elle a tant visité les sommets du succès qu'elle en est presque écœurée.

Pour accrocher son rêve à autre chose, elle pense déjà à une autre maison. Non plus en Floride mais près de Montréal. La neige des hivers canadiens est inscrite en elle. Elle apprécie la chaleur du sud, mais quelque chose de plus enraciné, venu de son enfance, l'appelle.

Sans délai, avec René, elle a acheté une île de plusieurs hectares sur la rivière des Mille-Îles, à une vingtaine de minutes du centre ville de Montréal et de l'aéroport de Dorval. À dix minutes du terrain de golf de Terrebonne. En pleine nature, les chevreuils et les lièvres gambadent dans les environs.

Puis ils décident de s'arrêter au seuil de l'an 2000. Dès que cette décision est prise et qu'elle sait que la folie va s'interrompre, elle retrouve le plaisir de chanter. L'été suivant ils feront une longue halte au Québec pour pratiquer le golf et mettre leur prochaine maison en chantier. Mais au moment où ils s'y attendent le moins, une flèche empoisonnée descend du ciel pour briser tous les projets en cours.

René touché

Dans l'avion entre Minneapolis et Dallas où ils se rendent pour une dizaine de jours, Céline voit que René ne cesse de tâter son cou. Déjà en alerte, elle lui demande pourquoi il ne cesse de répéter ce geste. Qu'a-t-il ? – Rien. Alors, qu'il la laisse voir. Elle effleure de sa main l'endroit qu'il inspecte depuis le matin. Elle sent une masse dure, grosse comme un œuf. Depuis quand t'as ça ? demande-t-elle, le visage décomposé. Et lui : « C'est rien. Ça va passer. » La peur se transforme en colère pour ne pas laisser l'angoisse s'installer. Elle l'agresse : Qu'attends-tu pour consulter un médecin ? – Il n'a pas eu le temps. Ça vient d'apparaître en quelques heures. Est-ce que ça fait mal ? – Non. L'horreur !

Une boule apparue en quelques heures et qui ne fait pas mal, ça ne pouvait être que la chose qu'on évite même de nommer. Elle essaye de chasser la vision du pire, mais n'y arrive pas. La sensation de la masse dure reste accrochée à ses doigts.

Le lendemain matin, tôt, il part subir des examens dans une clinique de Dallas. Il veut y aller seul. Céline doit rester dormir. Elle a un spectacle le soir même. Elle doit être en forme.

Il s'en va avec Martin Lacroix, son producteur exécutif. Céline ne peut fermer l'œil, tenue éveillée par une sourde anxiété. Enfin n'y tenant plus, elle se rend à l'hôpital en fin de matinée. Il est question d'opérer. Un peu plus tard, un médecin entre dans la chambre de René. Il ne peut faire aucun diagnostic sans effectuer une biopsie. Céline frémit. « Je croyais déjà entendre, dit-elle, comme dans le pire des cauchemars, le mot épouvantable que personne ne veut prononcer, mais auquel nous pensions tous les deux sans le dire. » Le jeune médecin ne dit rien de précis malgré les questions de Céline. Il dit que la tumeur peut être maligne ou pas. Il faut faire une analyse. Mais Céline veut déjà savoir. Tenant la main de René dans la sienne, elle poursuit « C'est ça, docteur, oui ou non ? ». Il ne peut pas répondre pour l'instant. Il n'est ni désagréable, ni alarmant. Il admet seulement que si c'est *ça*, il faudra opérer rapidement. Les résultats seront prêts en fin de journée.

Pour réagir, ne pas rester passif, pour rassurer Céline, René appelle un ami médecin à New York, Sid Neimak. Celui-ci s'engage à lui trouver si nécessaire, le meilleur cancérologue des États-Unis, en tout cas de Dallas, puisque c'est là qu'ils se trouvent. Céline chante le soir même à Kansas City. Elle doit y aller. Elle prend l'avion avec ses musiciens mais ne parle à personne de ce qui arrive. Ce n'est pas un secret, mais elle n'est sûre de rien. Avant d'entrer en scène elle téléphone à l'hôpital. René ne saura les résultats que le lendemain matin. C'est une sorte de répit qu'il lui donne. Peut-être qu'il sait déjà. Céline n'insiste pas. Supplie le ciel qu'il n'y ait rien. Seule dans sa loge, elle se sent soudain écrasée de fatigue. Tout lui semble hostile, désenchanté. Elle entre en scène comme une automate, celle qui chante à sa place quand elle déserte son âme. « J'ai laissé la place à la détestable chanteuse automate. Je suis restée en dehors de mes chansons et je l'ai écoutée, je l'ai regardée, faire son numéro, mon numéro. »

Simplement, lorsqu'elle a chanté « la première fois que j'ai vu ton visage », ses yeux se sont noyés de larmes.

Pendant ce temps, à l'hôpital, le docteur Steckler, cancérologue énergique et plutôt réactif, avait annoncé à René que son cas était grave et urgent. Il fallait faire une biopsie dont il n'aurait les résultats que le lendemain matin. Pierre et sa femme Coco, qui organisent les tournées de Céline et sont leurs amis, arrivent en direct de Danver et se rendent à l'hôpital, sachant que Céline ne peut être auprès de lui ce soir-là.

Pourtant après le concert, elle reprend l'avion pour Dallas. De l'aéroport, elle se rend directement auprès de René qui est dans le coltard. Dans la pénombre de la chambre, elle aperçoit René dans un lit et son ami Pierre Lacroix, le père de Martin, dans l'autre. Sa gorge se serre d'émotion en le voyant là, venu en urgence de Denver. René semble dormir, un pansement blanc à son cou. Pierre entraîne Céline dans le couloir. Il faut qu'elle aille dormir. Son amie Coco l'attend à l'hôtel. Avant de s'en aller, elle retourne auprès de René. Il a l'air d'une telle innocence. Son cœur se brise.

Elle s'endort à peine qu'on tambourine à sa porte et la réveille en sursaut. Sa chambre est inondée. Ses affaires flottent autour d'elle. La plomberie est défectueuse. Des employés épongent sa chambre. Des ouvriers raccordent les tuyaux mal joints. Tout le monde chuchote. Céline, sous l'effet du somnifère qu'elle a dû prendre, regarde tout cela, l'air vague. Après quelques heures de mauvais sommeil, elle ouvre les yeux vers neuf heures. Coco est assise sur son lit. Elle s'approche et prend avec douceur son visage dans ses mains. Puis elle prononce tendrement les mots redoutés : – Ma belle Céline, ton mari a besoin de toi.

En effet, tôt le matin, le docteur Steckler est venu pour les résultats. En voyant l'ami Pierre, de René, il a dit qu'il n'avait pas le temps pour les sentiments que c'était très mauvais ce qu'avait René et qu'il fallait opérer tout de suite pour enlever cette « saleté ». René, foudroyé, s'est mis à pleurer et à trembler comme si on lui annonçait sa mort imminente. Son ami a pleuré avec lui et l'a pris dans ses bras, en lui disant on sera champion. Tu es un champion. Mais Steckler, sans faiblir, lui a dit maintenant il faut te décider. Il ne faut pas perdre une minute. Je dois t'opérer dans la journée. Pierre a appelé le docteur Sid Neimark, à New York. René lui a parlé, puis il a dit au docteur que oui, il fallait l'opérer mais ne rien dire à Céline, car elle avait un show le lendemain. Puis il a demandé combien de chance avait-il de survivre. Steckler a dit soixante-dix pour cent. Au poker, René, dans cette perspective, jouait toujours gagnant. Il a dit allons-y. Steckler a dit à Pierre en confidence, il faudra qu'il s'arrête pendant des mois s'il veut guérir.

Céline a compris. Elle se jette à l'hôpital. René est assis sur son lit le visage ravagé. Ses larmes coulent. Son corps tremble. Son ami Pierre est près de lui. « J'ai le cancer, Céline. Le docteur l'a dit. »

Alors Pierre, Coco et Céline l'ont pris dans leurs bras pour le calmer, le consoler. C'est le 30 mars 1999, jour des trente et un ans de Céline. « Notre bonheur est brisé » déclare-t-il à Céline. Sous le choc, elle perd le souffle. Elle veut tout laisser. Plus rien ne compte. Mais

René lui dit ne fais pas ça, ma chérie, je t'en supplie, j'aurais l'impression de mourir deux fois si tu ne continues pas. Sa fille, Anne-Marie, qui est accourue, tente de rassurer Céline, elle balbutie dans ses larmes. Je serai là, je m'occuperai de papa quand tu ne pourras pas être là.

Mais prenez garde ! Une immense vague de révolte se lève en Céline presque tout de suite. Elle va se battre. Elle va vaincre. Elle va lui donner sa force. Elle est forte. Elle va tuer le mal. Tordre le serpent venimeux qui lui enserre le cœur. Elle va avaler l'horreur et l'évacuer de leur vie. Elle. La puissance de l'amour va se montrer à l'œuvre. Elle y croit. Même s'il n'y a qu'une chance infime de guérison, elle la brandira comme une arme. Elle va combattre comme pour elle-même. À sa place. Pour lui. Elle fera passer son mal en elle mais en en bloquant les effets à chaque fois, par la magie de son énergie de femme jeune, vigoureuse, passionnée.

Le docteur Bob Steckler a étudié la biopsie de la veille, il a reconnu que le cancer de René est grave. Il va l'opérer le jour même. Il rassure tout le monde, arrive à les faire rire. Patrick, Jean-Pierre et Anne-Marie, les trois enfants de René sont là. La famille de Céline est venue aussi. Ils sont une dizaine de personnes à fêter l'anniversaire de Céline dans le bureau du médecin avec des boissons et des gâteaux. Même si personne ne peut rien avaler. Puis toute la troupe accompagne le malade dans le couloir qui conduit au bloc opératoire.

René a supplié Céline de ne pas annuler ses concerts. Il avait dit au moment de sa crise cardiaque à Los Angeles, « Si tu arrêtais, je mourrais encore plus. » Ils sont retournés dans le bureau du docteur Steckler totalement désorientés, pour retrouver la femme du médecin,

Debbie, qui tente d'adoucir ce moment difficile. Céline suit le déroulement de l'opération. Le docteur l'appelle à plusieurs reprises pour lui dire que tout se passe bien. Il lui communique son optimisme. Il faut rester positif. L'opération terminée, il affirme : « La guérison de René vient de débuter. » Tout le monde est rentré à l'hôtel. René a fait livrer un festin, un énorme gâteau et des fleurs, pour qu'ils fêtent l'anniversaire de Céline. Sur le gâteau, cinq bougies. Le chiffre porte-bonheur. Personne n'a très faim mais tout le monde se force. On fait des photos pour les montrer à René ensuite. Céline réalise que pour la première fois, c'est une fête où il ne sera pas présent sur les photos. Cette absence la foudroie. Et s'il mourrait, s'il n'était plus jamais là. Elle manque de s'effondrer. De tomber par terre, sur le sol, comme si tout son corps la lâchait. On la transporte sur un sofa. Je veux bien essayer d'assumer tous les concerts puisqu'il le veut, mais chaque soir je le rejoindrai à l'hôpital pour dormir avec lui. Je veux le quitter le moins possible.

Johannes les a rejoints. Elle apporte des tonnes d'esquisses, de plans, d'échantillons, pour la future maison des Mille-Îles. Des valises entières de pierres, de tuiles, de carreaux. Céline fait des efforts, mais elle ne peut rien choisir.

La vie sans toi, je sais pas

Le lendemain, elle doit chanter à Houston. René a refusé qu'on annule le concert. Cela le terrifie de penser que la « machine » s'arrête à cause de lui. The show must go on. La chanteuse automate est aux aguets. Aucun communiqué n'a été transmis à la presse, mais il semble à Céline que le public est en lien avec elle plus que jamais. Quand elle entame une de leur chanson fétiche, *All The Way*, sa voix se met à trembler mais elle la termine malgré tout, envahie d'émotion. Avant d'entrer en scène, elle a rassemblé les musiciens, les choristes, les ingénieurs du son et aussi Lapin, l'éclairagiste, et elle leur a tout dit. Devant leurs yeux qui s'embuaient, elle n'a pas pu retenir ses larmes. Ils l'ont embrassée chacun leur tour. « Ils m'ont entourée, enveloppée dans leur musique, plus douce, plus caressante que d'habitude. Comme une prière que nous aurions faite ensemble. » Un moment d'une si grande qualité, qu'elle ne l'oubliera jamais. Le cœur déchiré.

Elle ne supportera jamais de continuer ainsi. Elle veut rester auprès de René. Lui prendre son mal. Elle annule tout. Les spectacles, les enregistrements, les télés, les interviews. Évidemment, il n'est pas d'accord. – Qu'est-ce que ça change ? demande-t-il l'air épuisé. Tout. Pour lui faire plaisir, elle assure encore deux, trois concerts. Mais la suite des dates canadiennes et américaines est reportée à l'automne. Enfin, elle va rester seule avec lui, au cœur de la bataille. René avoue qu'il se repose mieux lorsqu'elle est près de lui. Tout près. Elle s'allonge à son côté dans son lit d'hôpital et reste des heures dans la pénombre, en silence, pendant qu'il sommeille apaisé.

Un jour, le docteur Steckler entre en coup de vent dans la chambre, sans frapper. – Hello lovers, comment ça va ? Il a un parler énergique et bref, avec l'accent new-yorkais. Il s'assied sur le lit sans ménagement, insouciant du pansement que René porte au cou, d'où émerge un cathéter. – Qu'est-ce que tu fais ce soir ? demande-t-il, l'air jovial. René sourit faiblement sans répondre.

– Moi je vais voir chanter ta bonne femme. Je peux t'avoir un billet si tu veux.

René rit cette fois-ci, mais répond désolé :

– J'aimerais bien t'accompagner, mais avec ce pansement et ce drain…

– Ah ! Si c'est que ça !

Et d'un seul geste bref, il lui arrache le pansement et le drain.

– Si tu ne viens pas voir chanter ta femme ce soir, je finirai par croire que tu n'es pas un bon mari.

Le traitement de radiothérapie suivra, mais pour l'instant, il faut que René prenne des forces, se distrait et mange bien pour supporter les effets secondaires qui seront désagréables et risquent de lui couper l'appétit. Après l'opération il n'a pu avaler que des nourritures molles, ensuite il a englouti tout ce qu'il voulait sans complexe.

Il allait donc assister à un des derniers shows avant l'interruption annoncée. Depuis plus de quinze ans, chaque fois qu'il était dans la salle, il regardait tout d'un œil critique, consignait ses remarques, en parlait ensuite en détail. Lorsque Céline le repérait dans le public, elle s'obligeait à détourner les yeux pour ne pas se déconcentrer. Mais au contraire, ce soir-là, à Dallas, elle l'a cherché, l'a trouvé, et n'a plus chanté que pour lui. Il y avait plus important que la réussite de son spectacle. Elle disait de toute son âme, presque tournée vers lui, les paroles écrites par Jean-Jacques Goldman :

Je sais les hivers, je sais le froid
Mais la vie sans toi, je sais pas

Bientôt va sortir une compilation de ses plus grands titres anglais pour fêter le deuxième millénaire. Ils racontent sa vie mieux que jamais à ce moment. *The Power of love. I'm Your Angel. Love Can Move Mountains.* Et bien sûr, *My Heart Will Go On*, la chanson d'amour du film *Titanic.* Elle vit quelque chose d'effrayant, de terrible, mais une fois de plus, elle va se dépasser pour l'affronter.

Lorsque René est de retour pour sa convalescence, dans leur magnifique maison de Jupiter, les amis affluent sans discontinuer. Il n'est pas abandonné. Les plus proches viennent passer quelques jours, une semaine. Ils rigolent et se placent autour de lui comme des soldats, des gardes du corps, venus défendre un ami contre les attaques du mal qui menace.

Un foulard autour du cou, René joue au golf très tôt le matin. Lui qui adore le soleil habituellement en bon oriental qu'il est, se garde de la chaleur comme si elle lui était devenue pénible à présent. Il regarde tous les sports à la télé, hockey, golf, base-ball, Formule1. Il fait des paris, joue sur les équipes ou sur les champions. Tout le monde parle et rit bien fort. Dès qu'ils se mettent à chuchoter, Céline devine que René s'est endormi.

Elle passe la journée dans le patio avec ses sœurs, autour de la piscine. Ou bien elle épluche avec soin les magazines pour sa prochaine maison. Entrer dans le monde amical de René ne lui vient pas à l'idée. Copains de golf ou de blackjack, ils ont des codes, des secrets, un langage à eux, se retrouvent à Las Vegas qu'ils appellent « la Maison ». S'appellent entre eux « champion », « chef » ou « docteur ». Ils vont à travers les États-Unis voir des matchs importants de base-ball ou des combats de boxe. Ce sont des joueurs. Ils parient sur tout. Se disputent, disparaissent, réapparaissent toujours, quand ils ont fini de bouder.

Chaque matin à neuf heures cinq, Alain conduit Céline et René à l'hôpital. Pour le traitement de radiothérapie. Un quart d'heure plus tard, lorsque c'est fini, un de ses amis qu'on a prévenu, appelle et lui dit qu'il pense à lui, qu'il va guérir, c'est sûr.

Un matin où Céline, très fatiguée, dort, René a failli partir sans elle. Elle le prend très mal et lui fait de graves reproches. – As-tu oublié, René Angélil que le jour de notre mariage, je me suis engagée à vivre avec toi pour le meilleur et pour le pire ?

Évidemment, René a bientôt soixante ans, et il semble qu'il ait un peu oublié les rêves d'absolu qui habitent toujours Céline. Il pensait qu'il serait plus raisonnable qu'elle dorme un peu ce jour-là. Mais par la suite, il n'est plus jamais parti sans elle. Il est secret, discret sur lui-même, il parle peu de ses doutes ou de ses angoisses. Céline, elle, veut tout savoir de ses peurs, de ses douleurs. Elle panique lorsqu'elle le voit ne jamais se plaindre, ne pas partager avec elle les moments les plus durs.

S'il suffisait d'aimer

Ces moments-là ne vont pas manquer, le médecin vient de proposer de compléter la radiothérapie par de la chimio. Ce sera pénible, mais ce sera plus sûr. René et Céline consultent les trois enfants, Patrick, Jean-Pierre et Anne-Marie pour savoir ce qu'ils en pensent. Oui, il faut mettre toutes les chances de son côté.

Céline se rend bien compte que dans la lutte qu'il va entreprendre René va souvent se trouver seul devant l'épreuve. Comment partager totalement sa douleur ou sa peur ? Pourtant au moment où elle se met à penser très fort à Karine, à sa mort et à sa souffrance, disant à René qu'elle aurait tant préféré que cela lui arrive à elle, il répond dans le noir de leur chambre, toutes lumières éteintes :

– Je savais que tu dirais ça et que tu te battrais jusqu'au bout sans te plaindre. Je le savais. Et c'est ça qui m'aide le plus. Tu es à ma place. Tu es avec moi. Je le sais. Je sens ta force en moi.

Céline écoute, reconnaissante d'entendre le plus important à ses yeux : l'espoir que René ressente vraiment toute l'énergie qu'elle lui distille jour et nuit. Quand on est capable de porter jusqu'aux nues l'émotion de cinquante mille personnes, par la magie de sa seule voix, on peut, avec la même force, insuffler la vie à celui qu'on aime.

La chimiothérapie peut rendre stérile. La peur de l'enfantement, rendu inaccessible pendant des années, terrifie Céline. Elle le veut avec tant d'impatience, l'enfant qu'elle aura de cet homme qu'elle aime depuis toujours. Jusqu'à présent, elle en a été privée par son métier. Mais voici qu'un crabe aux pinces crochues voudrait l'empêcher de réaliser ce rêve ultime, faisant intimement partie de sa vie.

Il faut agir avant qu'il ne soit trop tard. Quelques jours avant de commencer la chimio, ils se sont rendus dans un laboratoire où l'on conserve le sperme congelé dans une éprouvette. L'enfant, ou les enfants, sont en sûreté, bien au froid. Céline en avait tant parlé dans les interviews, les conférences de presse, de cet enfant qu'elle aurait un jour, qu'il existait presque déjà. Comme à son habitude, elle se fait des films. Il suffit qu'un mois elle ne voit rien venir et immédiatement, elle imagine qu'elle est enceinte. Sur l'écran, elle voit le visage de René en gros plan s'illuminer de joie. C'est une petite fille qui fait le bonheur de tous. Dans les avions, sur scène, dans les loges. C'est la mascotte adorée de la troupe. Elle répand la gaieté et le rire partout où elle passe. Le garçon au contraire serait plus timide, plus caché dans les jupes de sa mère. Sérieux, indépendant vis-à-vis des étrangers. Elle le trouve fascinant pour la distance qu'il garde en toute circonstance…

Mais pour l'instant une épreuve terrible se profile. La chimio est en train d'accomplir son œuvre. Bonne et mauvaise. Elle avance comme un monstre de fer. La nourriture a un goût de vase. Nausée, épuisement, et tristesse se mettent de la partie. René ne joue plus au golf, n'a plus faim du tout. Alain tente de lui composer des salades légères. Il avale une feuille. Puis il fait des sorbets de plus en plus aériens. À la fin, des sorbets « à rien ». Il peut seulement boire un thé léger. Autant dire de l'eau chaude. Une fatigue épouvantable lui tombe dessus. Céline à son tour renonce à aller sur le green. Elle a besoin d'être en forme pour trouver au fond d'elle, la paix, la force et la concentration nécessaires. René et elle restent seuls maintenant. Toutes les visites le fatiguent. Ils se coupent complètement du monde extérieur. Évitant au maximum que la presse s'en donne à cœur joie. Avec de gros titres effrayants en première page. Ils se reposent tous deux sous le gros palmier à cinq branches, ou plutôt, Céline veille sur le repos de René. Ils sont plus unis que jamais. Céline dit « sa maladie était devenue *notre* maladie, *notre* cancer, *notre* lutte. »

René a décidé de guérir. La bonne humeur est excellente pour la santé, il sera donc de bonne humeur. Il fait un pari sur la vie. Ils ont prié, pleuré, supporté l'épreuve terrible, armés de tendresse et de patience, sous le joug.

Céline en cette occasion, proclame qu'elle est la femme d'un seul homme. Pour la vie. Le malheur qu'ils traversent les a convaincus que leur amour est inaltérable, indestructible. Elle a été élevée dans une famille où on lui a appris que l'amour est plus fort que tout. Il rend invincible. Plus puissant que tous les médicaments de la terre. Elle est convaincue que le plus grand remède est l'amour. Elle est bien décidée à le prouver.

René arrive au bout de ce long calvaire. Il tient absolument à ce que Céline n'annule pas la tournée des grands stades d'Europe. Il reprend confiance. Il n'a plus de ces affreuses nausées qui donnent envie de mourir. Il redécouvre une nourriture d'enfant. À la mi-juin, lorsque Céline s'envole pour l'Europe, elle a vu dans ses yeux qu'il revenait à la vie. Cela fait deux mois et demi qu'ils ne se sont pas quittés d'une seconde. Elle a dormi toutes les nuits avec lui. À l'hôpital ou à la maison. Elle a veillé à son sommeil, à sa nourriture si difficile à choisir, à son repos, à ses remèdes, et par-dessus tout, à son moral.

En partant, elle a l'impression de briser un enchantement, tant le lien qui s'est tissé entre eux est désormais profond. Jamais ils n'ont été aussi proches aussi longtemps. Lui, à New York ou à Las Vegas, elle, sans cesse au bout du monde, à Stockholm ou Tokyo.

René pense que ce sera pour elle une coupure bienfaisante, après les semaines éprouvantes qu'elle vient de passer auprès de lui. Il fait installer un relais satellite lui permettant de suivre en direct tous les shows de la tournée. Ils vont pouvoir se parler, se voir dans les coulisses ou même sur scène. René va la recevoir chez eux, sur le grand écran de cinéma de la maison de Jupiter.

Au Stade de France, elle chante devant quatre-vingt-dix mille personnes. Qui peut savoir les semaines qu'elle vient de passer ? Ce sera un de ses plus beaux souvenirs. Du public monte une immense vague de chaleur. Des panneaux brandis indiquent « René on t'aime ! Courage !» Après *Pour que tu m'aimes encore*, elle reçoit une ovation qui envahit le stade comme un tonnerre d'océan. Comme une immense vague d'émotion déferlant sur elle. La foule entoure la scène avec ferveur. Sans les extravagances idiotes des petites fans déchaînées qu'on a induit à hurler bêtement, pour un jeune bellâtre qui chante en play-back, et disparaîtra aussi vite qu'il est apparu.

René, en Floride, assiste à tout cela en direct, dans sa salle de cinéma. Daniel, l'ingénieur du son, a branché le micro de René dans les écouteurs de Céline. Soudain, pour elle seule, elle entend la voix un peu éraillée, si douce, « Je t'aime, Céline, t'es mon amour pour *toujours.* » Voilà le grand mot lâché, pour une femme amoureuse. Céline voudrait pleurer dans ses bras, mais elle n'en a pas le droit ni la possibilité, elle doit chanter. Les larmes coulent toutes seules sur son visage. Comme si elle ne pleurait pas, elle, Céline, mais que les pleurs débordant de son cœur par un trop-plein d'amour, de peines endurées, de joie fragile et d'espoir mêlés, se répandaient sur ses joues. Ses mains tremblent sur le micro. Elle ne peut pas lui répondre.

Jean-Jacques Goldman monte sur scène déclenchant un tonnerre d'applaudissements. Il marche vers Céline et commence à parler tranquillement dans son micro, si bien que la clameur s'éteint d'elle-même pour pouvoir entendre ses paroles. Il remercie Céline d'être là, comme s'il parlait au nom du président de la République ! La foule est debout, les bras tendus vers eux, elle exprime un véritable amour pour les deux artistes réunis ce soir-là. Et puis, comme il a déjà écrit ce qu'il y a de plus beau à dire en amour, Goldman, simplement, entame de cette voix un peu enrouée qui a fait son immense succès, *S'il suffisait qu'on s'aime…* Elle est si belle, – comme un hymne –, sa chanson, que les quatre-vingt-dix mille personnes l'entonnent avec lui. Céline sent comme une déflagration qui dure, dans tout son corps, elle est transie de larmes devant cette foule amoureuse. Pour ne pas perdre complètement le contrôle, elle se recule vingt secondes dans la pénombre, respire profondément, pour relâcher la terrible tension qui l'oppresse dans cet instant de bonheur douloureux, puis elle revient dans la lumière. Elle chante avec Goldman. C'est un des plus beaux duos de sa vie.

Une voix, un cœur, en or

Car lorsque Céline chante c'est un spectacle étourdissant. Lorsqu'elle paraît, en robe courte à paillettes blanches ou noires, piquée de strass, en mousseline de soie jaune ou rouge, en fourreau de sirène mordoré ou en robe de lumière, en cuir, partout dans le monde, les mêmes stades, remplis de dizaines de milliers de personnes, acclament celle qui est LA voix.

Longtemps, sa tenue de scène favorite fut un boléro de perles argentées, sur un t.shirt sans manches, de soie noire. Un pantalon assorti, incrusté de strass aux genoux, aux cuisses, à la taille, comme un cache-sexe aussi, sur le devant. Le bas des jambes évasé en corolle.

Fougueuse, elle entre en scène. Elle est chez elle. At home. Tout son corps parle de musique, de vie, d'énergie : il incarne son chant. Longue chevelure dorée, buste plat comme un garçon, jambes fines, fesses hautes.

Entre naturel et sauvagerie, entre sagesse et folie, enfance et maturité, elle lâche toute sa fantaisie. Tenant son micro d'une main, elle saisit, de l'autre, le pied couvert de strass, le fait tournoyer au-dessus de sa tête, à une vitesse folle, dansant sur place, dans une robe dorée à paillettes, les jambes nues, les cheveux libres. Sur un podium inondé de lumière. Prise d'une euphorie créatrice qui électrise le public. Une immense vague de bravos monte vers la scène et l'emporte dans sa gloire. Elle sourit doucement embrumée de joie. Comblée de reconnaissance. Elle s'est donnée corps et âme.

La jeune fille que nous avons connue trop jeune, trop tôt, – encore chrysalide –, est devenue cette femme qui a sculpté son corps sur le modèle de son âme. Virtuose d'elle-même. Perchée sur des talons aussi vertigineux que son talent, elle maîtrise autant les escarpins aiguilles que les contre-ut majeurs.

Quand elle chante « All by myself », elle se bat pour la note ultime, interminablement, jusqu'au bout d'elle-même, de sa force, et la foule entière explose en larmes, tendue vers la scène, tétanisée. Elle tombe à genoux à la renverse, la face vers le ciel, dans une apothéose d'amour, abandonnée au bonheur du public.

60 000 personnes l'acclament, debout.

Lorsqu'arrive le chef-d'œuvre, *S'il suffisait d'aimer* qu'elle a chanté partout dans le monde, en français, un jour, même, sous la pluie battante, le public, dans une tornade d'émotion, se soulève. Une mélodie, belle et acrobatique ; pleine de périls, qu'elle dompte de sa voix assouplie comme un cuir de Cordoue, dépouillée de sa force, comme trop riche. Grande voix, pour une idée si fine à ne pas écraser, à approcher tout doucement.

Elle est soudain comme un Christ. Quelque chose est atteint dans le cœur des gens qui se définit mal. Les larmes montent aux yeux. On n'y peut rien. À cet instant, la foule n'a plus qu'une seule âme. Hommes, femmes, ils se lèvent, tendent les bras, la remercient. Ils sont des millions comme cela. Elle dit de cette chanson « c'est un hymne, c'est une prière ». Goldman lui avait dit : « Il faut « déchanter » ». C'est un conseil qu'elle garde « comme une pièce dans ses bagages ». Juste supprimer quelques fioritures, lui a suggéré Goldman. Mais quand elle la chante, le public est à la messe. Elle est calme, offerte, mystique. Ah, le grand mot lâché !

Et pourtant, si. Oubliées la mort, la laideur, la souffrance, tous, vraiment tous, ont oublié leurs soucis dans la voix d'amour de cette femme. Même René la regarde, extasié, lui qui est là avant tout pour le débriefing qui suivra chaque concert. Sans concession.

Elle ouvre les bras au monde. Elle veut tout. Et en fait elle s'en fout, car elle veut *plus* que tout. « She is the biggest heart I know » dit la plus célèbre chanteuse japonaise, Ito Yuna, à Tokio.

Dans sa loge, après le spectacle, Céline lui offre un diamant seul, non monté, pour la remercier d'avoir chanté sur scène avec elle. Elle en fera ce qu'elle voudra, bague, boucle d'oreille, pendentif. Le diamant, c'est elle, qui sera sertie d'une grande carrière, lui prédit Céline.

La jeune fille est confuse, émerveillée. « Céline, on voit son cœur à travers sa voix. » a-t-elle dit sur scène. Et ce cœur est fait de chair et de sang.

Car Céline voit tout en grand, propulsée par la volonté inflexible de René, l'homme de sa vie, comme elle le répète à tous vents. Et pourquoi faudrait-il se cacher d'être riche ? demande-t-elle avec quelque naïveté. Son rêve sera celui de tous. « C'est possible ! », dit cet enfant de Charlemagne, petit village obscur du Québec.

Alors, elle prend son jet comme on prend un taxi. Va chanter à cinq cents bornes de chez elle, puis rentre le soir comme si elle avait pris le métro. Elle a déjà semé son cœur aux quatre coins du monde. Elle n'a oublié personne. À Bercy, elle dit aux soixante mille spectateurs qui chantent avec elle : « Vous partez en tournée avec moi ! » À Shangaï, la plus jolie et la plus célèbre journaliste de TV, Yang Lan, a déclaré : « Dans la voix de Céline il y a un amour puissant. Elle exprime toute la force intérieure de l'être humain. Lorsqu'elle chante, c'est une explosion d'amour. She is the powerfull love. »

Elle est capable, dans sa loge, en peignoir, pendant qu'on la coiffe, de retracer en quelques minutes, avec sa chorégraphe, chaque mouvement de son show qu'elle connaît par cœur. Avec un brio, une dextérité, un humour, renversants. Un vif-argent.

Ce n'est pas seulement une voix, c'est une interprète qui saisit ceux qui l'écoutent. On croit à ses mots. Ils sont ciselés, incrustés profond, dans son chant. C'est velours ou rocaille. Volutes douces ou lame tranchante. Hymne ou bataille. Sa vie parle.

Dans « Destin », elle chante « Il y a juste un peu d'or autour de ma voix. » Dedans aussi. Or brut ou gravé. Au point que des paroles – parfois – mal arrimées, deviennent d'étranges chefs-d'œuvre, dans sa façon habile de les dire. Ainsi, dans « Papillon », elle chante ces mots banals « je voudrais vous dire combien je vous aime ». Mais quand elle les chante, cela devient, à ce moment, si aérien, si radieux, si secret, que l'émotion l'emporte.

À Los Angeles, sur Hollywood Boulevard, elle a une étoile à son nom, comme la plupart des grandes stars de la planète. À Dubaï, dans le public debout, des femmes voilées chantent à tue-tête « We were, we were rock you ! » et un jeune iranien, venu en visite déclare : « It's the greatest night in my life ! » Cela fait quinze ans qu'il attend ce jour-là. Il a fait le déplacement exprès pour la voir chanter.

Une jeune marocaine voilée, le même soir, sur les toits de Dubaï où résonne l'appel à la prière, exprime sa ferveur : « Cela peut vous paraître curieux, mais pour moi c'est une femme magnifique. » Dans ce pays de confession islamique, Céline a veillé à ne pas choquer. Elle a écarté ses tenues de scène trop dénudées. Ce soir-là, elle porte sur sa tunique en strass, un boléro et un pantalon de cuir. Elle répond aux questions à ce sujet : « On s'adapte parce qu'on peut. »

Partout elle déclenche la joie, la fête, l'émotion. Elle est rodée à mort. Mais jamais totalement satisfaite. Toujours plus, toujours mieux, toujours plus haut.

À Milan, une Italienne ravissante arrive en compagnie de son petit ami et se jette à ses genoux. Elle est dans un tel état d'euphorie, qu'elle a pris une grande lampée de ventoline pour ne pas étouffer de la joie de voir son idole. Céline a un mouvement de recul et la relève en disant « ho non, pas ça ! » Elle ne veut pas de ces adorations fanatiques et déplacées. La jeune femme pleure et rit « Oh, Céline, cela fait onze ans que je t'attends ! C'est un rêve ! À travers tes chansons, je vois ma vie, mes passions. Je suis Sicilienne !! Je t'aime Céline, mon amour ! » Céline rit et danse et, pour détendre l'atmosphère, entonne avec elle « Lassa me cantare ! ». Elles chantent ensemble un moment, puis séance de photos. Céline se prête patiemment à ces épisodes inévitables. Qu'elle affronte comme rançon du succès.

Ce qu'il lui faut d'intelligence et de courage, même épuisée par son tour de chant, pour retourner les situations les plus délicates ! Combien n'en a-t-elle pas vécues ! À Paris, devant l'hôtel George V, elle signe encore des tonnes d'autographes. Elle sort de Bercy où elle a chanté devant 60 000 personnes !

Entre chaque partie du show, elle change de tenue en trois minutes ; chaussures, robes. Boit quelques gorgées d'eau. Repasse un peu de fond de teint sur le décolleté, un peu de poudre sur le visage, de brillant sur ses lèvres. Ébouriffe ses cheveux. On les crêpe un peu, les asperge de laque. Encore une gorgée d'eau à la paille. Arrange les franges de sa robe. Elle est prête.

Entourée de créatures de rêve, hommes et femmes, elle scintille de tous ses feux. Libre, forte, effilée, conquérante. Sa voix comme une arme d'amour, de combat, contre la morosité du monde. Maîtrisant une chorégraphie sculptée au couteau, du haut de ses talons étourdissants.

Une fois que le concert a eu lieu, elle n'aime pas se revoir en vidéo. Personne n'a été aussi heureuse qu'elle l'a été à ce moment-là. Se regarder extérieurement lui donne à voir uniquement les défauts. Lorsqu'elle se donne sur scène, entièrement, c'est comme « un animal qui sort de sa cage ». L'expression est d'elle. Mais sans la présence, la chaleur réelle du public, ça n'a plus de saveur. Elle l'a vécu à cent pour cent et n'en recherche pas un ersatz inutile. Si elle voit quelque chose à rectifier, elle sent monter en elle une sorte d'étouffement face à l'impuissance momentanée de changer ce qui ne lui plaît pas. Elle l'a fait autrefois de longues heures avec René. Aujourd'hui les répétitions sont là pour cela. En se préparant à monter sur scène, elle a vécu le stress, l'adrénaline, la passion, l'énervement, le bonheur, l'impatience d'y être enfin. C'est la grande fièvre qui monte. Qu'elle contrôle lorsque tout est en place pour le show.

Quand tout est terminé, l'euphorie retombe. Dans son salon, sur le canapé, elle ne peut plus rien. C'est passé. C'est fixé. Elle ne veut pas se torturer de l'angoisse qu'il y a à ne plus pouvoir apporter de retouches à ce spectacle-là. Comme un peintre pourrait le faire sur sa toile. Visuellement, c'est un art éphémère. Les disques gravés en studio sont là pour en garder les traces.

Chez elle, c'est la farandole des vêtements de luxe, des chaussures par centaines, – sa folie –, des palaces, des avions privés. Toujours par passion de ce qui est beau, généreux, bien fait. Elle est obsédée de perfectionnisme. Dans sa vie, dans son chant, dans son amour pour sa famille, ses enfants, son homme. Elle l'a prouvé comme jamais. Elle s'est démultipliée, s'est montrée présente à tous et à chacun. Ce fut une lutte immense pour le bonheur, pendant trente ans de sa vie.

En rentrant à Jupiter, elle constate que René va beaucoup mieux. Il reprend une petite vie sage. Il épluche, pile et tranche les légumes tout doucement dans la vaste cuisine. Il est changé, amaigri, sa voix est plus rauque et plus sourde que jamais. Il arrive qu'il s'étouffe en parlant. Il lui faut toujours une bouteille d'eau à portée de main. Or un nouveau show télévisé se prépare. Céline et René redoutent déjà les questions cannibales qu'on va leur poser sur *leur* maladie. Pour affronter la meute, ils choisissent la conférence de presse. Devant les dizaines de caméras et de micros, René prend la parole sans s'étouffer, ni pleurer : « Nous avons traversé Céline et moi une dure épreuve. Nous sommes plus proches, plus amoureux que jamais. Et pour tout vous dire, nous sommes heureux. » Ils applaudissent à cette déclaration. Puis pendant près d'une heure, Céline va parler du grand show qui se prépare pour le

31 décembre, la nuit de l'an 2000 qui fait fantasmer le monde entier. Du congé sabbatique qu'ils vont prendre ensuite. Et bien sûr de l'enfant qu'elle compte bien avoir, elle espère le plus vite possible. D'où le congé.

René recommence peu à peu à jouer au golf et au black-jack. C'est le meilleur signe de guérison qui soit. Il est là le soir du grand show de l'an 2000, et cette nuit-là, à minuit sonnante, Céline l'embrasse à pleine bouche sur la scène. Et les vingt-cinq mille personnes présentes, d'en faire autant, dans la mesure du possible !

Cette même nuit ils partent pour Las Vegas, où ils sont invités à une grande fête par Arthur Goldberg, propriétaire d'une douzaine de casinos, au Caesars Palace. Céline a décidé de renouveler son mariage devant Dieu et devant les hommes. Ce début de millénaire lui apparaît comme un nouveau grand départ, après tout ce qu'ils ont vécu ensemble. Goldberg leur offre cette soirée en cadeau de (secondes) noces. Tout, le décor, la musique, les chants, l'office religieux, la réception des époux, le banquet, toute cette fête célébrera les origines libanaises et syriennes de René. L'étoile et le croissant, en strass lumineux, sont partout présents dans la grande salle où Céline donnera un peu plus tard six cents concerts entre 2003 et 2007. Les musiques, les danses et les costumes ont tout des contes de *Mille et Une Nuits*. Il y a des oiseaux exotiques et des chameaux. René trône sur des coussins de soie, dans le rôle du Grand Vizir et Céline, en danseuse à moitié nue, dans celui de Shéhérazade. On a aussi aménagé une mosquée arabe où s'est déroulée la cérémonie religieuse des serments, devant Allah.

Dans la grande salle de bal du Caesars Palace, on a recréé un jardin oriental avec six tentes berbères, chacune dans un décor somptueux à l'oriental, tentures multicolores, grands lampions de lumière orangée, fourrures au sol etc. Le festin a été composé par des chefs libanais, syrien et marocain, selon les origines de René. Lui-même est habillé tout en blanc et Céline porte une robe dorée signée Givenchy. Elle veut dire au monde entier « René je t'aime ». On lui a reproché de n'être pas discrète. Mais ça ne peut pas l'être. Elle veut que ça se sache aux quatre coins de la planète.

L'Enfant-Dieu

Après cette grande soirée d'apothéose, le résultat est clair : Céline a chanté sur les plus grandes scènes du monde, a vendu des millions d'albums et a conquis l'homme de sa vie. Elle a cru ne jamais pouvoir se résoudre à entamer une année sabbatique. Comment se passer de l'excitation fabuleuse de la scène ? De ce stress devenu une véritable drogue. De ce tourbillon de folie qui les a emportés René et elle pendant près de vingt ans. Elle prend de fermes résolutions : apprendre l'espagnol, suivre des cours de dessin, de piano… ne plus chanter. Mais elle repousse de mois en mois le moment d'entamer ces apprentissages et de tenir les engagements qu'elle s'est imposés. Au contraire, elle se lève tôt, chante sans arrêt pour le plaisir, s'occupe de ses fleurs, s'instruit auprès du jardinier, regarde pour la première fois les matchs de hockey à la TV. Ne se bat plus avec les trois feuilles mortes qui restent parfois à la surface de la piscine.

Un projet d'une toute autre grandeur a pris maintenant possession d'elle : célébrer, accueillir, la VIE. D'abord la vie de René. Pour laquelle elle vient de se battre de toute son âme. Et puis la vie qu'elle veut donner. Elle a souvent déclaré « Je pourrais très bien avoir quatorze enfants comme maman ! » L'exemple est tentant. Mais c'était un autre destin. Sa folle vie de star de la chanson n'a pas permis que les conditions soient réunies jusque-là pour être enceinte. Désormais elle ne veut plus rêver à avoir un enfant. Elle va tout faire pour que cela arrive. René est le premier à savoir à quel point elle veut donner la vie. Elle dit « c'est le plus beau cadeau qu'il peut me faire. Porter la vie c'est être béni. »

Elle s'est précisément renseignée auprès de son gynéco, le docteur Ronald Ackerman, des dernières avancées techniques concernant la fécondation *in vitro* et l'insémination artificielle. Quand Céline saisit un sujet à bras-le-corps, rien ne l'arrête. Elle va longuement étudier toute la mise en place du protocole pour se donner toutes les chances de réussir. René est devenu plus contemplatif. Il est en entier engagé à ses côtés. Plus que jamais fasciné par cette femme qui obtient tout ce qu'elle désire, malgré les pires embûches. Il doit simplement continuer de vivre. Et ça il n'en a pas la certitude. Le crabe a-t-il seulement desserré son étreinte ou bien s'en est-il allé vers d'autres victimes ?

Céline fait tout pour lui rendre la vie la plus douce. Non contente de la maison de rêve qu'elle a fait construire en Floride elle suit l'élaboration, plan, chantier, décoration, de celle qu'elle veut au Québec. Elle cherche à ce que dans tous les domaines, les choses soient claires, en ordre, impeccables. Elle a soif de toute la beauté du monde qu'elle n'a pas pris le temps de contempler à loisir. Les châteaux, Venise, la France, les musées. Mais d'abord, le bébé.

Elle a pris rendez-vous avec le docteur Zev Rosenwaks, à New York, le grand spécialiste de la procréation assistée. Il faudra isoler un spermatozoïde et le replacer dans un ovule pour le réinjecter ensuite dans l'utérus. Patience et sang-froid sont les maîtres mots de l'opération. Céline est prête à tout. Elle fera ce qui est en son pouvoir pour se conformer exactement à ce qui lui sera demandé. Elle a tout mis en place pour que cela réussisse. Le taux de succès n'est que de vingt-cinq pour cent, elle le sait. Mais jamais départie de son humour, elle répond au professeur :

– Même la bonne vieille méthode naturelle n'est jamais sûre à cent pour cent !

Elle va recevoir des doses massives d'anti-oestrogènes pour réguler l'ovulation. Puis prendre des hormones pour en provoquer une plus forte. Elle fait presque chaque jour des bilans sanguins et des échographies pour un dosage précis. Elle subit tout cela sans se plaindre. Comptant pour rien les effets secondaires, étourdissements, malaises, gonflements du ventre. Enfin le 25 mai, on place en elle, trois ovules fécondés ce qui lui donne l'espoir d'avoir des triplés ou des jumeaux. Mais rien n'est encore sûr. Il va lui falloir pendant deux mois recevoir chaque jour une dose de progestérone pour maintenir la grossesse en cours.

René suit chaque opération attentivement, comme s'il devait gagner le tiercé dans l'ordre ! Mais c'est un projet si grand qu'il mobilise tout son amour pour elle. L'épreuve est froide, technique et sans poésie. Seul le but qui la sous-tend lui donne son caractère fabuleux. Céline a déclaré sans donner plus de détails – « Nous n'avons jamais caché que nous avions des problèmes de fertilité. »

Elle reste allongée pendant plusieurs semaines pour que les « œufs » restent bien accrochés. Déterminée, elle a même affirmé – Si vous voulez je peux ne pas bouger pendant neuf mois ! Heureusement, on ne lui en demande pas tant. Mais elle l'aurait fait. Elle est ainsi.

Le 8 juin, le docteur Ackerman vient chez eux, à Jupiter. Il venait souvent leur rendre visite, mais ce jour-là ce n'était pas prévu. La veille, il l'a auscultée, examinée en détail, fait une prise de sang. On saurait bientôt si la grossesse avait pris. À ce moment, le docteur Rosenwaks qui prend de ses nouvelles chaque jour, appelle de New York. Il ne demande pas à parler au professeur Ackerman avec qui il se concerte régulièrement. Non, il demande à parler à Céline en direct. Et à René aussi.

Céline appelle son mari par l'interphone pour qu'il la rejoigne dans la cuisine. Pourquoi le docteur prend-il tant de précautions ? Le cœur battant d'émotion, elle pense que c'est pour une très bonne, ou, une très mauvaise nouvelle. Ackerman tournicote dans la cuisine en faisant semblant de s'intéresser aux appareils ménagers.

Lorsque René arrive, la voix du docteur Rosenwaks se fait entendre dans le haut-parleur. Il a tout prévu avec son confrère. Ils lancent ensemble le mot tant attendu : « Bravo, les amoureux ! » Céline est enceinte. Elle chavire dans un bonheur sans nom. René rit à travers ses larmes. Ils se tiennent enlacés sans pouvoir parler. Même Ackerman a les larmes aux yeux. Ils étouffent de joie et vont passer la journée au téléphone pour annoncer le résultat à « tout le monde ». Famille, amis, bureaux de presse, à Montréal, à Paris, à New York. Les journalistes sont déchaînés. Ils veulent tout savoir. Avant même que ce soit sûr. Car il faut encore que tout se passe bien, comme les en a avertis Ackerman. Dans les mois suivants des hélicoptères et des drones survolent leur propriété dans l'espoir de surprendre le ventre arrondi de la star de la chanson. Du coup, Céline se terre dans sa maison, n'ose même plus aller dans le parc, ni dans le terrain de golf où elle aime marcher. René entre dans une colère froide. Il fait savoir par un communiqué aux médias qu'on est instamment prié de laisser sa femme vivre sa grossesse dans le calme. Et le harcèlement cesse peu à peu. Céline peut à nouveau sortir librement. Johannes, la décoratrice, a préparé une chambre de conte de fées pour l'arrivée du bébé. Céline va souvent y rêver en contemplant un angelot de bois sculpté que lui a offert Eddy Marney au moment du Stade de France.

Tous les trois, quatre, six mois, René passe un scanner. Céline enceinte est parcouru d'un frisson d'angoisse, dans l'attente du résultat d'un énième test. Cela prend une journée entière d'épreuves épuisantes pour tous les deux. Deux tests d'une heure tôt le matin. Puis un examen de cinq heures dans un caisson d'où il ne peut plus communiquer. Céline, assise près de la machine qui fait un bruit d'enfer, lui parle, la supplie, lui envoie des ondes positives pour conjurer le mal. Qu'il disparaisse, par pitié !

Ce jour de novembre, ils rentrent chez eux en fin de journée, attendre les résultats. Ils s'enferment dans leur chambre, pétris d'angoisse. René évoque le stress destructeur des condamnés à mort attendant leur sentence. Il ne tient pas en place. Les heures s'écoulent de plus en plus lourdes. Céline tombe dans une sorte de léthargie sombre et nauséeuse. Une mauvaise nouvelle signerait son entrée dans le monde du malheur. À quoi bon mettre au monde l'enfant de son amour disparu ? Elle vit à nouveau un de ces horribles moments où elle a entrevu la mort.

Et puis la voix du docteur sur haut-parleur se fait tonitruante :

– OK ! Everything is OK, René ! You're all right !

Elle a failli mourir de soulagement et s'écroule en sanglots. Elle serre son mari dans ses bras et ne peut plus se détacher de lui qui rit de bonheur. Les autres attendent là-bas, à l'autre bout de la maison pour connaître le résultat. Elle n'a pas la force pour l'instant. Elle a eu si peur. Ses jambes tremblent. Mais ensuite c'est le délire on appelle tout le monde. Partout.

Quand elle annoncera au début de son spectacle : « Je voudrais vous dire que René va bien !! » La foule pousse un cri de triomphe comme si on lui annonçait une victoire nationale. C'en est une pour eux. Céline dira « Je n'ai pas besoin de falbalas, d'artifice, d'amants people qu'on trouve dans les tabloïds, et tout cela. J'ai toujours eu des tonnes d'amour. » Si bien que Jean-Pierre Ferland lui écrit une chanson paradoxale « Je n'ai pas besoin d'amour ». À quoi René s'empresse de répondre « J'espère bien qu'elle a besoin de mon amour parce que je suis prêt à lui en donner tant qu'elle veut. » Il ira même jusqu'à chanter, lui qui commença sa carrière comme chanteur pendant une dizaine d'années :

Si brillante et si belle
Tu es mon étincelle
Notre rêve dure encore
Céline, je t'adore.

La source de cette énergie fabuleuse qui l'anime, elle l'enracine dans l'amour. L'amour pour cet homme – son pilier –, pour ses enfants – sa gloire de femme –, pour sa mère et sa famille – son terreau de naissance-. *Pour que tu m'aimes encore*, qu'elle considère comme la chanson la plus importante de son répertoire français, écrite par Goldman, sacre sa maturité de femme. Elle tire les larmes aux amoureux délaissés ou heureux. Mais elle l'adresse depuis tant d'années à celui qu'elle aime, cet homme René Angélil, qu'elle a voulu avec rage, avec passion, avec désespoir par moment. Rêvant comme une folle qu'il ait envie d'elle jour et nuit. Pour ensuite reconnaître que l'amour est là, qu'il grandit à son rythme. « La magie est présente, il ne faut pas la créer, il faut la capter » dit-elle aujourd'hui avec sagesse.

De petite fille qu'elle était – à peine quinze ans – auprès de ce nouveau père plein de charme et d'exotisme, il a fallu qu'elle devienne femme en tuant cette enfance en elle pour acquérir sa dimension d'amoureuse. Les épreuves l'y ont contrainte. Elle est même devenue mère de cet homme qui aurait pu être son père pour l'aider à surmonter la mort.

Elle n'est pratiquement jamais hors caméra. Comme l'idole qu'elle joue à être, elle donne à voir ses visites aux médecins pour sa voix, le chemin aride qui mène à ses grossesses, ses larmes de bonheur ou de chagrin, ses enfants, les soins de beauté qu'on lui donne. Elle joue sa vie devant nous. Mais c'est la vie de sa vie.

Un soir, par exemple, après le concert, elle est dans la limousine, encore en tenue de scène. À côté d'elle, en un instant, René épuisé s'est endormi, comme un vieux monsieur. Elle le regarde. Dans ses yeux on lit tout un discours désolé. « Mon Dieu, mon pauvre amour n'en peut plus. Est-ce que je lui en demande trop ? Est-ce qu'un jour prochain il ne sera plus là près de moi ? René, ne me quitte pas. Vis encore longtemps s'il te plaît. Tu m'as tout donné. Mais j'aurai toujours besoin de toi. » Mais non, pas toujours, elle le sait. En perdant René – mais on sait qu'avec sa force, elle le gardera encore longtemps –, elle ne pourra que devenir, si elle le souhaite, encore plus belle, encore plus grande que jamais. Il a presque trente ans de plus qu'elle. Comment en serait-il autrement ? Tout cela, elle le sait. Quand elle chante *Ne me quitte pas*, elle y pense les larmes aux yeux.

Depuis vingt ans, elle offre sa vie, au public qui la suit dans le monde. Il est au courant de ses peines, elle ne lui cachera pas ses joies. « Les garder pour soi, c'est les perdre. » a-t-elle affirmé. Ils sont tous deux, elle et lui, vainqueurs face à l'adversité. Malgré le succès planétaire, que seraient un homme détruit par la maladie, ou une femme dont le désir fou d'enfant serait resté lettre morte ?

La vie s'avance bousculant le mal qui rôde. Le cœur du fœtus bat à cent soixante-deux pulsations minute, ignorant la peur. Le petit être qui a pris place est plus fort dans sa fragilité que tous les mauvais présages.

Ainsi au moment du mariage de sa fille Anne-Marie, René apprend qu'il aura bientôt un autre fils. Il cache au fond de lui la grande angoisse de disparaître avant de le voir grandir. La rémission sera-t-elle définitive ou provisoire ? Les médecins doivent attendre cinq ans pour se prononcer. Il a tant d'amour pour ses enfants. Il se montre tendre, respectueux, émerveillé par sa fille. Si fier de s'avancer avec elle vers l'autel, pour la conduire à l'homme qu'elle aime, Marc Dupré, un jeune humoriste.

Quant à Céline, les mariages la bouleversent. Elle

pleure et se remarie à chaque fois, murmurant « Je le veux » avec les nouveaux époux. « Toute la beauté et tout le bonheur que je voyais autour de moi me réjouissaient et m'émouvaient à la fois » dira-t-elle. En voyant le lien profond entre ce père et sa fille, elle se demande quel sera le sien avec l'enfant qui bouge déjà dans son ventre. Comment ce nouvel être, vénéré avant que d'être là, va-t-il s'inscrire dans sa vie ? Elle est d'une famille qui adore les enfants. Les bébés de ses sœurs l'ont toujours fait craquer. Que sera-ce avec le sien ?

Elle va nous donner la preuve un peu plus tard de l'extraordinaire attachement qui la lie aux nouveaux nés.

Maternité

Avec la naissance de son fils René-Charles, elle a vécu ce qu'elle appelle un *Miracle*, titre de l'album consacré à l'amour entre une mère et son enfant qu'elle enregistre en 2004. Or une photographe, Anne Geddes, s'est spécialisée dans les clichés de bébés. Les deux femmes étaient faites pour se rencontrer. Elles vont unir leur fascination, dans un ouvrage où l'on retrouve les photos, le CD, et le DVD des séances incroyables qu'elles vont réaliser ensemble. Anne Geddes a travaillé avec des centaines de nourrissons, âgés seulement de quelques jours. Ce livre aussi intitulé *Miracle*, illustre « la connexion profonde et universelle… l'attache amoureuse qui unit la mère et l'enfant. » a déclaré Céline. Elle chante, dans l'album *Sans attendre* :

Le miracle est en nous, mon amour
Sauras-tu le voir ?
Au cœur de nos cœurs et dans le point du jour.

Elles se sont retrouvées à Las Vegas pour des séances de prises de vue en studio, qui restent une expérience unique. Anne a entendu parler de l'intérêt sans limites que Céline porte aux enfants. Elle a photographié René-Charles âgé de 19 jours, dans les bras de sa mère, un papillon de soie blanche sur le dos.

Elle installe les tout-petits dans des cocons de fleur, les en coiffe, les y love. Chez elle, les enfants ne naissent pas dans les choux, mais dans les fleurs. Céline sait combien il est difficile de confier son enfant à des mains étrangères. Mais si des dizaines de mamans l'ont fait, c'est qu'elles ont cru Anne Geddes digne de les recevoir. Et si Céline s'est prêtée à ces séances de photos c'est qu'elle a découvert chez cette femme toutes les qualités requises.

Ces petits bébés de toutes les couleurs humaines, – aucun n'a plus de quinze à vingt jours –, ont l'air si confortables et si confiants, nus dans ses longues mains fines, son visage tout près de leur petite face de lune, qu'ils donnent un spectacle étonnant. Elle les a tous tenus, contemplés, dévorés des yeux, comme étant les plus grandes – et les plus minuscules –, merveilles de la terre.

Elle a bu en eux la beauté du tout premier âge. Il y avait bien quelques principes de réalité venant rappeler, de temps à autre, l'humanité réelle de ces petits bouts d'homme. Ainsi Anne a changé des centaines de couches, les a bercés, cajolés, manipulés avec un immense respect. En présence des mères émues et consentantes.

Céline a vécu tout cela, mais surtout, elle les a vus là, divins, miraculeux. Comme le renouveau de la Vie en action.

Elle évolue au milieu d'eux et des mamans, douce, fraîche, délicate, paisible, heureuse. Belle. Un rêve de béatitude dans les yeux, comme si on y lisait le monde de brume immaculée dont ils sont sortis récemment, se donnant à nous dans une absolue confiance.

Elle pose ses lèvres sur eux, avec une piété religieuse. Sur son cou nu, ses épaules nues, l'enfant nouveau-né délasse son effort de vivre, avec un soulagement, une reconnaissance tangibles. Tels de petits rois-fainéant pleins de grâce, ils confient leur souveraineté fragile à ses mains attentives. À poings fermés, ils lui offrent leur ignorance du mal.

Assise en robe blanche comme une corolle géante de magnolia, elle recueille le bébé noir, tout frisé, dans ses mains tendres, la joue penchée sur son épaule ronde. Il dort. Son petit bras posé le long du pouce de Céline. Comme s'il avait trouvé un séjour idéal.

Ailleurs, lorsqu'un bébé-fleur s'endort contre sa joue veloutée, la main miniature de l'enfant se pose sur le contour de son visage. Avec élégance. La même expression de félicité erre sur leurs traits semblables. Ils ne sont pas mère et fils, ils sont juste deux êtres humains, accordés sur une musique mystérieuse, qu'ils sont seuls à entendre. Que certaines photos aient bénéficié d'un montage, éventuellement, ne change rien à l'affaire. Céline est dans son élément.

C'est la madone aux cent bébés. Ils peuvent être jusqu'à deux ou trois à dormir sur elle en même temps. Dans son cou, au creux de son épaule ou de sa hanche, dans ses mains. C'est une incroyable séance d'amour où une femme de trente-six ans retrouve son innocence évanouie, en tenant contre sa chair, la chair des bébés du monde.

À quoi se relie-t-elle lorsqu'elle dépose ses lèvres tendrement sur la petite tête mouillée de sueur du bébé métis, qu'elle tient roulé en boule dans ses mains ? La fleur d'orchidée qui forme des ailes au petiot, se retrouvent en motifs sur son bras à elle, comme s'ils ne faisaient qu'un. C'est le secret de ces mains blanches sur ce corps caramel.

Céline a purifié sa silhouette, sculpté son âme, conquis son bonheur. La noblesse de cœur dont parlait

Barbra Streisand s'est inscrite sur ses traits, dans ses mouvements. Elle a refusé le médiocre, le vulgaire, l'étroitesse d'esprit. Elle a acquis la puissance, soutenue par l'amour de toute une famille et par le savoir-faire d'un homme risque-tout.

Angélil s'est calqué sur les plus grands impresarii au monde, Brian Epstein et George Martin, ceux des Beatles, ou le colonel Parker, celui d'Elvis Presley. Il a offert toute sa vie pour la réussite de son poulain. Même si la cavale en question, n'a eu de cesse, de l'emporter jusqu'au grand amour qu'il s'effrayait de vivre avec elle.

Dans ce livre elle entre dans le monde du silence éternel dont nous sommes tous issus. Dont ils ont jailli brutalement, eux les nourrissons, encore tout enduits d'innocence. Elle illustre cette passion de la maternité qui fonde sa vie, ayant elle-même eu un lien prodigieux avec sa propre mère.

Dans l'album *Sans attendre*, elle interprète, avec toute la douleur que cela suscite en elle, *Les petits pieds de Léa*. Mariane, la compagne d'un de ses cameramen, Jean-François, enceinte de sept mois, a perdu un précédent bébé, à cinq mois de grossesse. La maman gravement choquée, a écrit les paroles de cette chanson :

Pourquoi les petits pieds de Léa
Ne feront jamais leurs tout premiers pas ?
Pourquoi ces petits pieds ne grandiront pas
Mon Dieu dites-moi pourquoi ?

Dans le studio, devant la jeune femme à nouveau enceinte et son compagnon, derrière la caméra, Céline, les yeux baignés de larmes, enregistre les paroles écrites par la mère.

« Il faut leur montrer que « ça va » », dit-elle en fermant les poings. « Il fallait casser cette glace, mais j'ai jamais senti une lentille de caméra si fragile » ajoute-t-elle.

Parce qu'un des embryons implantés en elle n'a pas survécu, elle perçoit déjà la déception cuisante de l'enfant mort-né. Elle a vécu aussi la mort de Karine, sa nièce, et poursuit « La perte d'un enfant, c'est tellement un grand malheur, ça nous habite pour la fin de nos jours. » Mariane a la consolation, grâce à l'enregistrement de sa chanson par Céline, que l'existence de la petite Léa soit gravée à jamais dans la matière d'un disque, à défaut de mieux.

Céline a la passion non seulement de la Vie, car elle veut le bonheur, la beauté, mais aussi, de tout ce que renferme la Vie : souffrance, larmes, amour, mort. Elle veut le baiser dévorant de la Vie sous toutes ses formes. Aussi risqué soit-il.

C'est pourquoi elle en inculque tous les aspects à son fils aîné René-Charles. Après l'avoir suivie dans le monde entier, être passé brièvement sur scène, désormais il va à l'école avec les autres enfants. Il a vécu des moments durs lorsqu'elle l'a emmené dans le camp de concentration de Berlin. Elle disait « je ne veux pas l'attrister, mais il faut qu'il accepte de comprendre ce qu'il faut changer dans le monde. L'avenir c'est maintenant. » Et l'enfant certainement n'oubliera jamais les restes terribles du camp de déportation qu'il a visité avec ses parents. Ni les larmes de sa mère. Elle lui a montré la pauvreté des enfants d'Afrique. Lui apprend le bonheur non de recevoir toujours, mais aussi de donner.

Elle le trouve secret, réservé. Mais n'est-il pas parfois désorienté, étourdi par l'énergie féroce de sa mère ? Elle lui dédie en plein concert sa chanson *La mer et l'enfant*, écrite par Fabien Marsaud, alias Grand Corps Malade : « à mon fils adoré ».

Je te recouvre chaque instant
De mes vagues de passion
Comme une mer de sentiments.

Cela pourrait faire peur ! Mais elle aime partager ses émotions, ses amours, avec le public. Elle utilise ses chansons pour communiquer avec l'humanité. Elle ne peut pas faire de grands discours mais elle peut chanter ce qu'elle pense. Que les gens partagent avec elle ses craintes, ses désirs, ses déceptions, ses chagrins, ses rêves, car ce sont aussi les leurs.

René-Charles, quant à lui, l'enfant aux cheveux d'indien, a dû aller chez le coiffeur. Il travaille bien à l'école, nous dit sa mère, mais il a une passion pour le sport, comme un petit américain de la bonne société. Céline est heureuse qu'il trouve là l'occasion de dépenser son énergie, de « lâcher son fou » comme on dit au Québec. Sans être tout le temps à l'étude. Il s'éclate au base-ball, au football, basketball, au golf. Il joue au bowling, « … au yoyo ! » continue Céline qui a l'humour gargantuesque et adore prendre le large ! Il s'exerce déjà au piano.

Quant au jeu, son père, René le Flambeur, lui a déjà fait la leçon. Céline ne plaisante pas là-dessus. De toute façon, il est trop jeune pour entrer au casino.

Puis Céline a réitéré l'aventure de l'enfantement. Elle a donné naissance à deux garçons jumeaux, Eddy et Nelson. On l'a vue, son ventre énorme, prête à accoucher, sur la plage de Jupiter Island, regardant ravie, René-Charles et son père, dûment casqués, jouant au base-ball, se bousculant sans retenue. Céline, assise au bord de la piscine, applaudit. Le père et le fils, très contents d'eux, posent ensemble sous un arbre, pour la postérité.

Quelques mois plus tard, on la retrouve assise par terre en jogging, poussant la balancelle où se trouvent ses jumeaux. Les deux parents pouponnent. René, l'un. Céline, l'autre. Le bébé rit aux éclats. Dans l'avion privé qui les emporte tous, il baille quand sa mère baille. L'autre dort tandis que son père dort. « Pourquoi faudrait-il cacher son bonheur ? » a dit Céline. Elle le montre pour qu'on ne le lui vole pas abusivement.

Eddy est un personnage très drôle, d'un caractère indépendant, plutôt casse-cou. Il fait l'admiration de son frère, Nelson, plus inquiet, plus doux, que Céline, pour le fortifier, a allaité jusqu'à l'âge de deux ans. On la voit sur la plage de Floride où donne sa propriété de Jupiter Island, se coucher par terre dans le sable, l'oreille contre le sol disant à ses jumeaux « écoutez les petits crabes qui gargouillent. » Les deux enfants dans ses bras, elle contemple la mer, certaine d'être arrivée au bout du rêve le plus fou, le plus simple : être mère.

Évidemment ce n'est pas toujours facile. Quand il faut se lever la nuit parce que l'un des enfants est malade, qu'il a de la fièvre ou qu'il vomit, on ne peut pas lui dire : « Nelson, tu ne peux pas vomir parce que maman chante ce soir » ! Parfois, elle ne sait plus si elle a dormi, si elle a mangé. Et, bien sûr, elle déteste le moment de partir de chez elle. Elle doit imaginer tant de ruses pour que les enfants n'en souffrent pas. Auprès d'eux, elle sait qu'elle est au meilleur d'elle-même, mais elle a encore envie de chanter. C'est inscrit au plus profond de son être également. C'est sa passion première. Même si les enfants ont envahi sa vie. Elle avoue « Le jour où je me dirai « ça fait une heure trente que je m'ennuie sur scène » j'arrêterai.

Bien sûr les départs certains soirs sont déchirants, mais dès qu'elle se retrouve avec son équipe de techniciens et de musiciens, dans l'excitation des loges et du maquillage, des tenues de scène, des paillettes, elle oublie sa tristesse. Et quand elle revient chez elle, c'est une récompense incomparable, le cadeau ultime. Elle y trouve une force nouvelle.

Tout l'amour du monde

Présente à tous. Attentive, dans chaque pays traversé, à la marque de la douleur, inscrite pour les temps à venir. En Afrique du Sud, elle visite Nelson Mandela. René-Charles, son fils, est présent partout. Elle lui explique : « Cet homme a une âme d'enfant. Il a l'âme d'une mère et la force d'un père. » Elle dit à celui dont les cheveux ont blanchi dans la lutte, son respect, son admiration. Elle veut voir la prison où il a été incarcéré 27 ans. René murmure à son fils ce que l'on a fait à cet homme qui luttait contre le racisme de son pays.

Elle prend le bateau avec René et René-Charles jusqu'à Robben Island où se trouve le pénitencier de la honte. Dans la cellule nue, en simple petite robe noire, les cheveux attachés, elle s'étend sur la couche du prisonnier pour ressentir vraiment l'oppression. Le guide lui raconte le bruit incessant dans la geôle, le vacarme des portes, des trousseaux de clefs, les cris dans les corridors sonores. Elle serre ses mains contre son ventre, comme si elle souffrait. Puis elle remercie en le serrant dans ses bras.

L'après-midi, ils vont tous les trois visiter le Parc aux lions. Elle câline un jeune lionceau blanc, comme un bébé. L'animal est calme. Il se laisse faire. René est plus circonspect. Il attend que Céline entre la première dans l'enclos en protestant faiblement : « T'es sûre ? ». Puis il la suit en tenant René-Charles par la main. Très peu rassuré. Dans ses bras perplexes, le lionceau s'agite et dans ceux de René-Charles, l'animal s'en prend aux longs cheveux de l'enfant. Puis ils vont voir les éléphants, les girafes, et Céline, aux anges, leur prend un peu de cette force brute qu'elle retrouve le soir. Ce qu'elle vit, ce qu'elle rencontre sur son chemin, « je le bois, je le porte, je le garde, dit-elle, et je le projette sur scène à travers mes chansons. »

Pendant la répétition, à Johannesburg, car bien sûr, elle est là pour chanter, elle se lance sous les yeux de René, dans une danse effrénée, digne de Fred Astaire, chantant comme une folle « I got the blues, babe ! », les jambes, comme des caoutchoucs élastiques. René, hilare, esquisse le rythme avec elle, tandis que s'emparant d'une chaussure, elle enchaîne « I got the shoes, babe », histoire de tourner en dérision ce moment de fantaisie. Le soir, en strass et paillettes, elle donnera son cœur.

À Soweto, chez les enfants d'une Fondation Éducative qu'elle soutient, elle distribue la nourriture, puis elle chante avec eux, écoute les femmes jouer de la musique, et leur avoue, émue : « Votre voix et vos chants sont vrais. Vous me faites comprendre le sens de la musique. Après vous, je ne chanterai plus de la même façon. » Les chants d'Afrique l'ont emportée au cœur de la vie. Elle thésaurise pour plus tard. Pour son public.

À Berlin, elle se rend au musée commémoratif du camp de concentration de Sachsenhausen, qui a fonctionné de 1936 à 1945. Sur la grille d'entrée les déportés pouvaient lire : « Arbeit Macht Frei » – le travail rend libre –. Deux cent mille victimes y ont été emprisonnées, dont des dizaines de milliers sont mortes de faim, de froid, de maladies, pendues ou exécutées. Le guide montre à Céline, à René et à René-Charles, les fondations qui restent du gibet, où les pendaisons avaient lieu devant les prisonniers. On les rassemblait pour qu'ils assistent au supplice.

Céline, les cheveux attachés en chignon, en robe simple de coton beige, écoute et pleure. Elle approche près du four crématoire où se trouve une fosse dans laquelle les prisonniers vidaient les cendres de leurs compagnons consumés. Elle cache ses larmes dans les bras de René. René-Charles, inquiet, se dissimule entre ses parents. Une voix récite :

« Paralysé, je regarde derrière le grillage, des étincelles dansent, rougeoyantes, brillantes. La vie d'un autre ami s'éteint. »

Céline et René-Charles se serrent l'un contre l'autre.

« Combien d'étincelles ai-je vu ainsi s'envoler. Des cendres s'enfoncer dans la glaise couverte de mousse ? »

Tous les trois sont devant la sculpture qui représente les déportés ; puis devant les ruines qui subsistent des baraquements où étaient entassés les condamnés.

« Ne pourrais-je pas moi aussi choisir un jour de disparaître ainsi ? »

Horrifiée, malade, bouleversée, Céline s'est assise au pied d'un arbre en tenant René-Charles contre elle. Des enfants aussi sont partis en fumée. Elle pense aux mères torturées. Elle lui parle, lui dit les choses doucement. Elle veut que, sortant de son conte de fées d'enfant, il connaisse l'existence du malheur qui frappe aveuglément. Elle a bien des raisons pour cela.

Puis elle s'éloigne seule en pleurant. Elle répète : « Je comprends, je comprends. » Elle ne veut pas de tour d'ivoire. Ça ne l'intéresse pas. Ce qu'elle n'a pas appris en classe, elle ira le chercher au vif de l'Histoire.

Le soir, à Berlin, elle chante comme une prière, avec un visage grave et beau. 60 000 personnes clament leur émotion.

À Amsterdam, pendant que René donne libre cours à sa passion pour le golf, en compagnie de René-Charles, elle se promène sur les canaux avec sa sœur Linda, qui ne la quitte pas, sa mère, toujours présente, et sa chorégraphe. Elle les fait tordre de rire en faisant le clown, un morceau de carotte dans les gencives.

À Bruxelles, elle danse dans la chocolaterie, vêtue d'une méchante combinaison de plastic et d'un bonnet de même nature, qui enlaidiraient la plus belle fille du monde. Dopée, dit-elle, elle gambade comme un épouvantail et se moque, en proposant à sa mère un autre chocolat tandis qu'elle en a déjà la bouche pleine. Le très gâté René-Charles fait la fine bouche. Quand il veut faire des farces à ses gardes du corps, il se met à côté d'eux, à table, et les appelle en cachette sur leur portable. Pour leur faire croire qu'il se passe quelque chose. Les gros mahous rigolent. Ils ont l'habitude. À Macao, René-Charles perd une dent. Céline commente « il en perd une à chaque pays qu'on voit ! »

À Anvers, elle reçoit une famille de fans au complet. La maman a donné un rein à son cadet. Le père et les deux autres fils sont là aussi. La mère semble fragile et très émue. Céline veut saluer le courage des mères du monde entier. Elle sent sa gorge se serrer et ne *doit pas* pleurer. Elle porte une robe courte fushia, épaules nues, strass écarlates, bracelets scintillants, coiffée, maquillée, prête pour le spectacle. Elle lutte pour que ses larmes ne viennent pas casser sa voix, juste avant de chanter. Elle arpente sa loge, ravalant les pleurs qui la guettent, s'éventant nerveusement avec le programme. Elle supplie René du regard, lui qui n'en peut mais, et répète avec chagrin « Oh my God ! Oh my God ! » Voilà la folle sagesse de Céline qui a privilégié une rencontre déchirante au risque de gâcher sa prestation, devant des dizaines de milliers de gens venus l'entendre chanter !

À Séoul, en Corée du Sud. Longue séquence émotion. Elle fait acclamer sur scène une de ses danseuses engagée pour toute sa tournée. Celle-ci revient pour la première fois dans son pays natal. Gaddie Yungmee, belle comme une star de cinéma de chez elle, la gorge serrée, le visage couvert de larmes, remercie la foule qui l'applaudit avec enthousiasme.

Puis c'est le tour d'une de ses choristes. La jeune femme monte sur scène auprès de Céline, portant son fils Lucas, d'origine coréenne, dans ses bras. Céline les embrasse et dit : « Merci pour cet amour de mère dans le monde. » Le jeune Lucas est un peu abasourdi mais sa mère est émue aux larmes. Céline parle des deux jeunes Coréens comme faisant partie d'une même fratrie.

Tout ceci est sincère. Céline considère l'amour maternel comme l'amour sacré d'une vie. Même si elle a tout fait pour conquérir l'homme de sa vie. Elle a donc offert le voyage à l'enfant de sa choriste pour qu'il soit présent en Corée. Dans les coulisses ils jouent tous deux à se poursuivre. Mais c'est plus de l'amour que du jeu. Les enfants, tous les enfants, sont une des grandes passions de sa vie.

En Australie, à Brisbane, elle doit annuler deux de ses concerts. Elle a pris un coup de froid, sa voix se casse.

Certains fans, venus de très loin pour la voir, sont en larmes. Sa gorge lui fait mal, elle est désolée, triste, affectée de les décevoir. Si elle chante au moyen d'une piqûre anesthésiante, le mal peut s'aggraver. Elle ne voulait pas interrompre sa tournée, mais le médecin a dit non. Du coup, elle reçoit toute la famille d'un de ses danseurs australiens, venue exprès pour son concert.

À Sydney, elle s'offre un moment de détente avec René-Charles, au grand aquarium, pour contempler les requins blancs et les raies géantes. L'enfant est suivi pendant la tournée, de son institutrice qui lui donne ses cours. Céline débarque, le prend dans ses bras le fait tourner comme une toupie, et le repose titubant. Il est ravi. Elle a oublié qu'elle est un monstre d'énergie, insatiable, affamé.

On a lu dans les yeux de l'enfant aux longs cheveux d'Indien, un rêve vague, un peu étourdi. Il avait peut-être besoin de copains de son âge, pour jouer, se disputer, se connaître. Il parcourait le monde entier à pas de géant. Toujours en vadrouille. N'ayant jamais le temps de constituer son monde à lui. Mais un monstre d'amour le sauvait malgré tout. Il est maintenant un peu plus souvent avec ceux de son âge. La vie rêvée de Céline n'est pas la sienne. Elle excède ce qu'il peut intégrer du monde en si peu de temps.

Tant de lieux, tant de gens, tant de voyages, tant de fêtes et de lumières, ont dû saturer son esprit encore vierge. Une boule de feu tournoyante entraîne des satellites autour d'elle. Une étoile lumineuse peut aveugler de ses rayons. Mais elle dégage aussi une chaleur qui ne s'éteindra pas de longtemps.

À Shangaï, elle doit affronter, dans une conférence de presse impressionnante, les redoutables journalistes chinois. Ceux-là, se moquant éperdument de sa carrière, lui demandent sans aucun complexe : « Pourriez-vous nous parler de l'avenir de la Chine et de sa force ? » L'interprète lui traduit la question. Céline suffocant légèrement intérieurement se fait répéter la question. « Que pouvez-vous nous dire du miracle de la Chine ? » reprend sans se démonter le journaliste. Et voici la fine et généreuse Céline à l'œuvre. Sans broncher non plus, elle répond : « Je ne suis pas certaine de bien connaître le cœur des gens ici. C'est la première fois que je viens dans ce pays. Mais si vous croyez en vos rêves et que vous écoutez votre cœur, vous ne pouvez pas vous tromper. Quelquefois vous devez être leader et pour cela croire en vos propres rêves. » On ne saurait mieux dire.

À New York, au Madison Square Garden, elle chante avec Charice, 16 ans. La maman, eurasienne, est dans la salle. La voix de la jeune fille est hallucinante de justesse, de puissance. Céline la laisse chanter, un sourire aux lèvres. Pourquoi agit-elle ainsi ? Parce que la femme qui est là ce soir-là, s'est dégagée de l'emprise d'un mari violent qui l'a longuement fait souffrir. Elle a mis tout son espoir dans la carrière de sa fille. Céline l'accueille au sein de son spectacle pour lui donner sa chance. Il est vrai qu'avant ce concert, épuisée par cette folle tournée, elle a dû se rendre chez l'oto-rinho après avoir vomi. La voix fragilisée.

À Manchester, René qui ne sait comment plaire à sa « terrible » épouse, a cherché les chaussures qu'elle agréerait. Il est tout fier d'avoir trouvé une paire de Prada bleu ciel fluo, vernies. Quand elle les voit, catastrophe ! Elle éclate de rire « Ah ! Non ! Pas des chaussures de bowling ! » s'écrie-t-elle. Et le pire, c'est que lorsqu'il les montre à l'amie chorégraphe, elle s'exclame elle aussi : « Mais ce sont des chaussures de bowling ! » René ne voudra jamais croire qu'elles ne se soient pas donné le mot. Elles lui assurent que non. L'imprudente Céline jure même sur la tête de ses enfants.

Et puis, il y a Paris. À l'hôtel George V, René-Charles joue au golf dans la grande suite qu'ils occupent. Il oublie la cérémonie officielle où sa mère vient d'être décorée chevalier de la légion d'honneur, par Nicolas Sarkozy. Il lui a dit « lorsque vous chantez en français, vous retenez la puissance vocale, pour faire place à l'émotion et aux états d'âme, alors continuez à être émue, ce sera notre plus grand plaisir de vous entendre. »

Mais elle, répond dans sa ligne, dans sa lignée « Mon père aurait été très fier d'être là, monsieur le Président. Voir sa petite dernière saluée par la France l'aurait beaucoup touché. Il aurait été fier parce que c'était quelqu'un de simple. Mais qui avait un grand sens de l'honneur et du devoir accompli. » Adhémar Dion a rejoint le ciel, mais Thérèse Dion est présente. L'hommage de sa cadette à l'homme disparu dont elle a eu quatorze enfants lui est sensible. Femme d'amour, femme de fer.

À Tokyo, Céline a chanté sur scène avec Ito Yuna, l'interprète la plus célèbre du pays. Dans l'avion qui les emmenait à Osaka, René a voulu désespérément laisser un gros pourboire à la serveuse de boissons, mais elle le refuse avec une constance étonnante. Souriant « à la japonaise », c'est-à-dire sans qu'on sache si elle est vexée ou touchée. Finalement, elle le prend pour lui faire plaisir, et, René, en bon occidental, trouve l'anecdote fort drôle.

Après le concert, Céline, en robe longue de mousseline jaune poussin, va briefer ses gardes du corps, avec un humour de chef de bande. En effet, lorsqu'elle a traversé la foule massée derrière les barrières pour la voir passer, l'un d'eux a marché sur sa robe, ce qui ne lui a pas facilité l'abord des mains tendues qu'elle voulait saisir. Deux autres se sont placés un peu maladroitement devant elle, entravant sa progression.

D'une humeur toujours souriante, elle les rassemble avant même de quitter sa tenue de scène. Leur fait un petit discours de géométrie variable, se laissant inopinément tombée dans les bras de l'un ou de l'autre, pour illustrer sa démonstration. Puis elle les embrasse et déclare à l'un d'entre eux, une vraie baraque, « T'es un peu p'tit mais ça ira ! » Il est trois fois comme elle !

Ensuite, toujours dans la même tenue, elle rejoint les sumos qui l'attendent dans un salon proche. Le champion du Japon, un géant, Yokosuma Asashoryn, est là, avec son équipe. Elle lui demande si sa ceinture vient de chez Louis Vuitton. Tout le monde rigole. Puis elle se met en position de combat. Jambes pliées écartées, mains sur les genoux. Elle ébauche un assaut en robe longue. Les sumos éclatent de rire. Les photos se font dans une ambiance joviale. La vie lui plaît.

Céline adore le Japon depuis qu'elle a représenté la France, devant des millions de téléspectateurs, au concours international Yamaha, à Tokyo. Une sorte d'Eurovision. C'était en 1981. Elle avait 13 ans. C'était le plus important festival de ce genre dans le monde. Deux mille candidats, dont trente, admis à concourir. Un seul lauréat. Pour lui apprendre la nouvelle, René, joueur de black-jack, habitué de Las Vegas, dont madame Dion se méfiait terriblement, lui avait parlé tout bas au téléphone.

Qui peut vivre sans amour ?

Lorsqu'on l'entend chanter *Qui peut vivre sans amour ?* C'est la nouvelle Céline qui se montre. Plus rien à voir avec la grande voix des débuts sortie d'un corps d'adolescente. Qui avait épaté le monde. Sans le séduire. Non, sans séduire. Aujourd'hui, il y a *Parler à mon père*, cette merveilleuse chanson, qui cartonne, mais l'autre, qui déclare « l'amour est un criminel en cavale », elle en fait un cri de guerre puissant. C'est vers cela qu'elle ira, peut-être. Elle pourrait alors doubler son « audience » comme elle l'appelle là-bas, à Montréal. Elle y trouve cette nouvelle énergie qui l'emportera « plus haut » selon les termes de son mentor. Longtemps encore, elle pourra se lâcher dans une danse euphorique comme elle en a le secret, tourbillonnant les bras grands ouverts, vers son public déchaîné.

La scène d'ailleurs est à ce point son domaine – autant que les studios d'enregistrement – que lorsqu'on lui propose une séance de photos de mode par exemple, cela l'ennuie profondément. Ça revient, dans son langage au franc-parler, à respirer la poussière, à être en courant d'air – sa hantise –, et puis « t'es fatiguée, t'as des ampoules aux orteils, car ce sont des chaussures empruntées, trop petites ou trop grandes, en fin de journée, t'as rien mangé, t'as bu trop de café, t'es tellement fatiguée… »

Elle n'a pas envie de poser pour faire plaisir aux photographes. Elle ne se sent pas libre avec eux. Elle veut se dépenser, boxer, chanter, danser. Seule la scène est son domaine d'expression. Même si la séance de photos et de maquillage a donné des clichés de star où une beauté nouvelle se lit sur ses traits. Elle y pensera plus tard. Peut-être est-ce la beauté de son âge futur. Mais pour elle, c'est faux. Elle n'est pas adepte de photoshop.

La chirurgie esthétique, elle n'a rien contre. Mais aujourd'hui, elle fait encore confiance aux techniciens des lumières pour l'éclairer le mieux possible. Pour se trouver belle au naturel. Après, on verra. Elle reconnaît qu'il y a ceux et celles qui ont besoin de se faire remonter le « moral », donc elle ne dit pas non pour plus tard. Une petite ride par-ci, un cou détendu par là, mais il n'y a rien encore dans les découvertes scientifiques qui lui convienne vraiment. Elle ne peut s'empêcher de penser à ces femmes qui se sont réveillées de l'anesthésie – ou pas – paralysées, défigurées. Elle a des frayeurs comme en ont toutes les femmes avant de sauter le pas. Elle ajoute, ironique, je ne veux jamais avoir à dire « je t'aime mon amour », avec la bouche de travers ou le visage tendu par un lifting trop agressif.

Le botox peut être dangereux pour les cordes vocales, si l'injection est trop profonde dans les tissus. Jusqu'à maintenant, elle a toujours sa voix, sa foi. Mais tout reste ouvert dans sa vie professionnelle. L'important est d'accueillir ce qui se présente, dit-elle. Ne fermer aucune porte. Il ne faut pas lutter à contre-courant. Il faut aussi se laisser emporter où la destinée veut nous placer.

Quand elle parle ainsi, elle pense au cinéma qui se présentera peut-être dans sa vie, un peu plus tard, avec plus de maturité, dit-elle, modestement. Elle a dit souvent qu'elle aimerait interpréter le rôle de Maria Callas. Même si elle reconnaît qu'elle n'est pas une chanteuse d'opéra. Le personnage l'attire. Au niveau vocal, « on en reparlera, dit-elle avec humour, parce que c'est un autre monde. »

Céline chante de tout son corps. Mais il y a des étapes où elle doit s'arrêter un moment. De temps en temps, elle se souvient que l'être humain n'est pas une machine corvéable à merci, même avec les deux pieds bien ancrés dans le sol. Elle en a fait l'amère expérience au cours de sa carrière. Le temps est-il venu de remplacer les 165 concerts annuels par un rythme beaucoup plus sage qui lui laisserait le temps d'interpréter des rôles ?

C'est d'ailleurs ce qu'elle a choisi de faire en signant pour sept ans un engagement au Caesars Palace de Las Vegas. Elle y a déjà donné des centaines de concerts depuis 2003. Qui ont été à l'origine d'un album intitulé *A new day… Live in Las Vegas*, où l'on retrouve des hits comme *My Heart Will Go On* ou *What a Wonderfull World.*

La France n'est jamais oubliée dans son programme. Et au premier chef, Michel Drucker, qui l'avait reçue dès son premier séjour à Paris, le 29 janvier 1983. Vingt-cinq ans plus tard, exactement, en janvier 2008, elle présente son nouveau parfum *Sensationnal*, dans les salons du Studio Gabriel, au-dessus du plateau où elle revient toujours présenter ses nouveaux albums, en exclusivité. Michel est là, avec sa productrice, Françoise Coquet, il arrive, fidèle, pour se souvenir, rire et s'émouvoir, en évoquant le temps des débuts. Il est en famille, avec Céline, René, René-Charles, madame Dion indestructible, ravie de venir en France, Linda Dion, Paul Sara, le cousin, Patrick, le fils aîné, et tout le staff de Céline.

Pour la sortie de son album *Sans attendre,* en 2012, elle a donné un grand show au Palais des Congrès de Paris, à nouveau reçue par son ami, Michel Drucker. C'est un album, dit-elle, pour tous ceux qui me connaissent « en vrai ». Une interprétation plus sobre pour des chansons intimistes. Des titres qui collent à sa vie. Qui ne cachent rien. Plus que jamais, elle veut être un livre ouvert pour tous ceux qui veulent savoir. Elle a privilégié une voix moins éclatante, plus feutrée. Elle est restée au plus près de l'émotion, sans être forcément « à bout de poumons ». C'est aussi un album de duos. Elle chante avec Johnny Hallyday *L'amour peut prendre froid.*

Elle est vêtue « à la parisienne chic ». Veste cintrée de velours noir à boutons dorés, sur un brocard argenté en poitrail, pantalon de cuir, bottines-aiguilles de daim noir, bracelet de diamants, bague de petit doigt.

Pour Johnny, c'est un honneur. Pour Céline, c'est un cadeau. Deux monuments de la chanson se saluent. Avec affection, respect, calme. Sept ans avant – déjà –, ils avaient chanté ensemble *L'envie d'avoir envie.* En tournée mondiale, ils ont fait, chacun leur tour, les mêmes stades immenses, remplis de fans passionnés. Le vrai trésor de sa vie, explique Céline en scène, mis à part l'amour de ses enfants, c'est celui qui est né entre le public et elle. Elle déclenche par ces mots un tonnerre d'acclamations. Son histoire d'amour avec le public est réelle. Elle sait toujours trouver les mots qui le font vibrer. Johnny déclare, modeste, « pour chanter avec Céline, il faut être à la hauteur. C'est la plus grande chanteuse avec qui j'ai fait des duos. » Effectivement, on cherche en vain avec qui d'autre. Céline est touchée comme une petite fille qui reçoit un beau cadeau. Pour elle, chanter avec des artistes comme lui, qui ont un public fervent, une carrière fabuleuse, c'est composer un « succès mutuel » que l'on offre au public, qui, en dernier recours, décide de tout.

À la TV, avec une certaine malice, Drucker lui a concocté un petit medley de certaines séquences anciennes ! On la voit, âgée de seize ans, imiter Mireille Mathieu, puis déguisée en poupée punk, à la même époque, dans ces premiers looks improbables où on la reconnaît à peine ! Céline craque « On ne va pas se repasser tout ce qu'on a fait depuis trente ans ! » s'exclame-t-elle pour enchaîner sur autre chose. La suite, c'est un duo avec Florent Pagny, qui, lui, n'assure pas du tout ! À côté d'elle, plus grande que lui, dans tous les sens du terme, élégante, à l'aise, sûre d'elle, elle est longue, fine, solide sur ses jambes de cuir, comme en vacances, superbe. Rockeuse très cool, pour ce titre *J'irai où tu iras* qu'elle a déjà chanté dans une version magnifique, avec Jean-Jacques Goldman. Pagny, loyal, avoue qu'il court après le talent vocal de Céline. Il parle de ce fameux *fa* de *All By Myself* qui, pour lui, est une déflagration entrée dans toutes les radios du monde, en Inde, en Chine, en Russie, partout. Inoubliable !

Et puis, comme Henri Salvador était venu la voir à Los Angeles, Céline reprend virtuellement un titre avec lui, enregistré avant sa mort, *Tant de temps.*

Tant de temps au cadran de l'absence
Lancinant roulement de silence

Deux voix de velours se mêlent doucement. Catherine Salvador, la dernière épouse du chanteur est très émue.

Elle a apporté avec elle un précieux cadeau qu'elle remet à Céline. En ouvrant la grande boîte ronde, Céline découvre un chapeau-claque, orné de soie blanche, qu'il a porté en scène. Elle sait l'importance des objets qui parlent et se souviennent. Ses yeux s'embuent de larmes, mais elle ne dit rien. Elle respire le carton à chapeau et chantonne quelques bribes d'*Une chanson douce* qu'elle a enregistrée dans son album pour enfants, *Miracle*.

Pour remercier Catherine Salvador elle dit « Je crois que des choses sont écrites là-haut. Que des gens nous ouvrent le chemin. Il suffit d'ouvrir les petites portes. C'est la vie. Il y a ceux qui sont autour de nous, il faut savoir les voir, les recevoir. »

Puis elle chante encore et toujours en robe de cuir noire fendue. Et soudain, on avait oublié, mais dans sa chanson *Attendre*, lorsqu'elle chante la phrase « C'est l'amour qu'il me faut te rendre », elle nous offre comme ça, gratuitement, pour le plaisir, une note de vertige, qui donne le frisson, sur la syllabe *faut*. La salle frémit. Ses gestes sont plus doux. Son rythme est plus tendre. Elle ouvre les bras et virevolte, légère, amoureuse. Le public est conquis.

Michel Drucker l'avait reçue le premier en 1983, dans son émission *Champs Élysées*. Elle avait quinze ans et toutes ses dents ! Mais déjà sa voix. Elle chantait *D'amour et d'amitié*. En 1998, il l'avait reçue dans *Vivement Dimanche* pour son tub planétaire, la chanson du film *Titanic*. Puisqu'il lui a donné sa chance, il y a trente ans, il lui donne rendez-vous dans trente ans. Par étape ! Soyons raisonnables !

Et puis Michel est très famille. Il a bien connu les parents de Céline qui l'accompagnaient toujours les premières fois. Il lui parle de son père Adhémar. « Ça a toujours été mon fan n° 1, dit Céline, Je ne vais plus frapper chez lui. Il m'habite et cela me rend heureuse. Je vis avec lui de cette façon. J'aurais tellement aimé qu'il fasse danser mes enfants avec son accordéon. Mais il le fait quand même avec les vidéos que j'ai de lui. Toutes celles où il est avec René-Charles, je les passe aussi à mes jumeaux. Ainsi mes deux petits bébés entendent leur grand-père jouer de l'accordéon. Il faut accepter le départ. Et je sais que ça s'est bien passé. » On a vu Adhémar, vieil homme lumineux, tenir son petit-fils dans ses bras, une expression de bonheur sur son visage parcheminé.

Et puis il y a la femme d'amour, la femme de fer, celle « qui lui a tout appris ». Elle n'est pas là ce soir, mais elle a enregistré un message pour sa fille. Thérèse lit avec conviction, et ce bel accent des Laurentides, les paroles écrites par Grand Corps Malade dans *La Mer et l'Enfant*.

On voit Céline sur le rivage de son île, avec ses jumeaux Nelson et Eddy. Mais dans son cœur on sent une petite réticence à partager les images intimes de son bonheur. On touche à son jardin secret, celui dont elle a dit plusieurs fois qu'elle le gardait pour elle. Elle sourit poliment mais ne répond pas. Elle ne peut pas non plus pleurer toutes les minutes. Elle a même appris à se taire, ça aide à garder les larmes à l'intérieur.

Cérémonie

Aujourd'hui, elle peut savourer sa victoire. Elle l'avoue sans complexe, « c'est la crème de la crème ». Elle faisait jusqu'à 165 concerts par an ; parfois plus. Elle a ralenti à une soixantaine de shows monstres au cours desquels elle ne se donne pas moins. Il reste les interviews, les photos, la promotion, toujours les mêmes questions des centaines de fois. Mais qu'est-ce que cela fait, puisque la maison s'est remplie des cris de joie et des jeux des enfants ? Et que, oui vraiment, elle en est sûre, il suffirait d'aimer.

Aimer c'est sa bataille, c'est sa fidélité à ceux qu'elle a choisis ou que le ciel lui a donné. Et après René, il y a ses enfants bien sûr, et puis sa mère. Ah ! Thérèse Dion ! Comme son rêve s'est réalisé au-delà de toute espérance ! Comme son instinct de mère ne l'a pas trompée ! Quelle force, quelle énergie, a-t-elle su insuffler à sa petite dernière ! Lorsqu'elle est auprès d'elle, dans une somptueuse suite du Caesars Palace pour ne pas la laisser seule avant ou après un concert, plus rien ne l'étonne. Les ors, les marbres, le luxe, les fleurs magnifiques, la vue le soir, sur ce monde féerique de lumières artificielles qui cache tant de folies. Tout est en place. Selon son rêve. René est au poker, personne ne l'en empêchera. Même si Céline a parfois du mal à le voir y passer ses nuits, et rentrer au petit matin, de mauvaise humeur, ayant « tout » perdu, ou enthousiaste, les poches pleines, et les yeux cernés. Thérèse Dion, quant à elle, ne comprend pas que René soit toujours aussi superstitieux alors que sa réussite est totale. Enfin tant qu'il ne dépasse pas le budget qui lui est alloué pour ses paris de toutes natures, elle ne s'inquiète pas. Mais pour Céline cela reste difficile à admettre. Elle est convaincue que l'hygiène de vie est le nerf de la guerre. Or le nerf de la guerre, pour René, c'est le magnétisme des tables de poker ou de black-Jack. Il ne peut pas s'en passer, c'est sa drogue et, plus que cela, son éthique de vie. Jouer pour gagner, c'est une discipline, une ascèse, une totale maîtrise de soi, cela demande une volonté d'acier.

Céline se console avec un bon sandwich tomate mayonnaise, et une infusion de fruits rouges. Emmitouflée dans de grandes serviettes blanches, moelleuses et tièdes, les yeux perdus sur les néons multicolores suspendus dans la nuit, elle rêvasse à son bonheur. Rien n'est jamais parfait. René jouera toujours des nuits entières, au détriment de sa santé. Las Vegas est *sa* ville, son lieu mythique, là où le King a vécu lui aussi. Elvis Presley, son idole. C'est pourquoi peu à peu, leurs deux passions, la scène et le jeu, se trouveront satisfaites dans cette ville perdue au milieu du désert.

Ils ont chacun leurs rituels immuables. Lorsque la limousine souvent escortée de motards, a déposé Céline aux pieds du palace où elle va résider une nuit ou plusieurs nuits sous la protection constante de son garde du corps Eric Burrows, la machine se met en marche. Eric surveille tout, les fans trop exubérants, les paparazzis indiscrets, les illuminés, les bousculades inquiétantes.

Comme ceux qui se jettent sur le pare-brise ou supplient pour un selfy alors que Céline est déjà partie. Tout à l'heure, après le spectacle, elle signera encore des autographes, accordera des photos, donnera des baisers. Eric a les épaules et l'assurance nécessaires. Manon Dion et son mari, Gilles, travaillent pour Céline et ne la quittent pas non plus. Ils s'occupent de toute la logistique, en général.

René, la plupart du temps, est présent à ses côtés. Souvent il s'angoisse du rythme échevelé de Céline. Du nombre hallucinant de concerts qu'elle enchaîne. Parfois un par ville. Elle prend son jet chaque soir, épuisée, dans un état second.

À peine arrivée, elle a repéré la salle, retrouvé ses musiciens déjà en place. Elle plaisante, distribue des bises, des gestes chaleureux, fait des essais micros, réchauffe sa voix, vérifie la balance du son avec eux. Ils sont si proches d'elle, si intime de sa vie de chanteuse, si précieux. Sans eux, les meilleurs, choisis par René et les producteurs de Sony, elle perdrait tous ses moyens. Elle exécute quelques pas de danse avec Mégo, fait un petit duo avec sa choriste Elise Duguay. Mais il ne faut pas forcer sa voix avant le concert. Tout est millimétré.

Que rien ne cloche ou bien l'enfant gâtée de cette folle aventure risque de s'assombrir très vite. Céline ne fait pas de caprices, non, mais son perfectionnisme, son angoisse pour que tout soit au mieux, peut la rendre très exigeante. René ne lui en veut pas. Il a le même désir d'absolue réussite pour chaque concert. Dans sa loge, on pensera à enlever les fleurs qui gênent sa respiration, on branchera l'humidificateur dont sa gorge a besoin, que la chaleur soit douce et tous ses costumes de scènes en ordre. Sinon… Ils ont tous l'habitude maintenant.

Céline se concentre, répète dans sa tête, se maquille en partie elle-même, se laisse coiffer par Suzanne ou Manon. Tous les gestes sont calibrés. Son corps ne lui appartient plus vraiment. Il est déjà en scène, là-bas, où le monstre à mille têtes attend de la dévorer d'amour avec la sauvagerie des foules. Elle se sent appelée. Dans l'urgence de tout donner, quitte à en mourir. Elle boit un peu d'eau chaude salée, comme les athlètes, pour ne pas perdre trop de transpiration. Un peu de boisson au miel, pour adoucir sa voix qui va être mise à l'épreuve comme jamais. Comme chaque fois. Elle va l'attraper ce *fa* qui fait frémir les salles, à l'exemple des contre ut de La Callas.

Elle active son souffle, se prépare à la grande fête amoureuse, ne parle pas, communique par les gestes que chacun connaît par cœur. Manon préviendra Eric lorsqu'elle sera prête. Il attend patiemment, prêt à intervenir, son écouteur à l'oreille, en lien avec Gilles, ou Alain, ou Patrick. Chacun est sur les starting-blocks. Elle boit une dernière gorgée à la paille, pour ne pas abîmer son rouge à lèvre et sort de sa loge avec Manon. À Paris, le grand Gérard, – Depardieu –, est venu un soir la réchauffer de son énorme rire d'ogre. Elle a ri avec lui au grand dam de René, mais cela lui faisait du bien ce bain gargantuesque, au moment où le trac insidieux la guette.

Comme elle la redoute cette nausée qui la prend lorsqu'elle sait qu'elle va devoir chanter pour la six-centième fois, parfois, ou plus même, des chansons, aussi belles soient-elles, dont elle a déjà étanché tout le suc. Où va-t-elle puiser le sens, la chair, le désir, enchâssés dans ces paroles si souvent livrées au public ? La chanteuse automate ne gagnera pas ! C'est le serment qu'elle se fait.

À ce moment René glisse ses doigts dans les siens comme un philtre d'amour. Il lui donne sa force en silence dans un baiser effleuré. Elle lui répond par leur signe de victoire, leur secret à tous deux, la lettre L majuscule, avec son pouce et son index, et la lettre V.

Puis elle progresse vers le champ de bataille, dans les couloirs sombres des coulisses qui mènent au cercle magique de lumière. Elle prend encore un peu d'eau tiède, en crache une partie par jeu, redemande la ville où elle se trouve pour ne pas dire Bonjour Sydney au lieu de Bonjour Paris. Oui, elle en est capable, car sa vie est juste un rêve où tout se catapulte en étoiles filantes lorsqu'elle est sous les spots. Si fine et si forte, au milieu de scènes immenses où tout converge sur elle.

Avant de plonger dans le tourbillon de lumière et le bain fantastique des acclamations qui l'enlèvent à elle-même, la dernière silhouette présente est celle du grand organisateur. Son amoureux, son homme, son pilier, son sparing partner, son chevalier, son guide. Il lui tend sa main droite pour qu'elle la prenne dans les siennes. Et pour cela, elle exige son regard à lui, dans ses yeux à elle. Puis elle touche les pouces de tous ses musiciens en scène. Elle est derrière le rideau, son cœur bat, la foule hurle. S'ils sont debout, elle va s'offrir à eux sans hésiter. En pleine folie. Puis elle va leur raconter l'amour, la douleur, la mort, le bonheur, le désir. Elle va vibrer de tout son corps pour eux et ils vont tout comprendre. Tout. S'ils sont assis, ce sera la même chose, mais elle les aura d'abord tiré de leur torpeur. Et ce sera sans mal. Ils ne résistent pas.

À un moment, juste, il lui semble qu'elle va chavirer, alors elle sait qu'*il* est là quelque part. Elle le cherche, éblouie par la rampe de lumière. Souvent, elle le trouve à ses pieds, là, devant le parterre, tendu vers elle, comme le premier de ses fans. Elle sait, elle sent même, qu'il vit la même chose qu'elle, qu'il est aux aguets des réactions du public, des moindres nuances de sa voix, de ce qu'elle dit dans son chant. *J'irai chercher ton corps pour que tu m'aimes encore.* C'est à lui qu'elle s'adresse. Il le sait. L'ambiance est survoltée d'émotion. Eric veille. Personne n'accédera à la scène où Céline se bat comme une bête sauvage pour « tous les renverser » comme lui a dit René. Elle se penche vers eux, leur tend les bras, reçoit les fleurs, les pluches, les lettres d'amour. Parfois, si le lieu s'y prête, elle s'assied sur le bord de la scène et leur raconte des bêtises pour les rapprocher d'elle.

Quand elle a interprété *All by myself*, toute la foule s'est dressée vers elle, les visages se sont mouillés de pleurs, une émotion profonde a relié tous les spectateurs dans un même mouvement vers celle qui leur fait oublier leurs chagrins dans le don d'elle-même. Non, ce n'est pas Madonna, Beyoncé ou Justin Bieber, c'est une chanteuse du cœur qui a séduit le monde entier de la Chine à l'Australie, en passant par l'Europe et l'Afrique noire.

Elle s'échappe le temps d'une gorgée d'eau et écoute comme en rêve le tremblement de la salle qui scande son nom pour qu'elle revienne en chanter encore une, encore deux. Encore ! Céline, ne nous laisse pas retomber dans la douleur du quotidien. Elle est si grise, si rude, si mauvaise. Dis-nous encore que seul l'amour compte. Alors, elle revient chanter une dernière fois même si elle a tout donné. Puis elle envoie des baisers, écoute la rumeur qui enfle jusqu'à elle, sourit, savoure ce retour du public auquel elle a droit. Elle resterait bien là, portée par leur ferveur, longtemps, longtemps, toute la nuit. Mais il lui faut maintenant reprendre des forces pour pouvoir continuer. Il y en a tant qui espèrent sa venue.

Dans la limousine, René l'attend déjà, conscient que son poulain a fait le maximum. Lui aussi un jour a été récompensé. Il a reçu un trophée d'honneur au gala de l'Adisq, pour l'ensemble de sa carrière de manager. Mais ce soir en rentrant dans leur fabuleuse maison de Jupiter, Céline est complètement vidée, elle se sent défaite comme si un véhicule de touristes lui était passé sur le corps. Alors elle fait un caprice. Elle ne rêve que de manger ces sandwichs en plastic, au poulet et à la mayonnaise. Aussi sec, la limousine s'arrête et Eric part dans la première station service dont les néons brillent encore dans la nuit, et achète une cargaison de ces fameux, et très mauvais, sandwichs qui collent aux dents, mais qui la réparent de toute fatigue ! Comme une petite fille qui vient d'agrandir ses dimensions à celles d'une grande star et en ressort égarée.

Un léger désaccord

Il y a René le manager, René le joueur héroïque, René l'amoureux, René l'homme d'affaires impénitent, et puis René le père. Bientôt, le patriarche. Lorsque Marie Sara, sa tante, est morte en 2008, à quatre-vingt-dix-neuf ans, il s'est senti investi de ce nouveau rôle avec quelque appréhension d'ailleurs. Le méritera-t-il auprès de ses enfants qui le suivent fidèlement depuis le début de cette aventure ? Aura-t-il l'aura tutélaire du chef de famille ? Auprès de son fils Patrick, bon vivant, grand lecteur, garçon sérieux qui a décidé rapidement de manager la grosse machine des tournées de Céline, la société *Feeling*. C'était en fait pour lui le meilleur moyen de ne plus quitter ce père qu'il admire, en participant à son rêve. Même si l'envergure de René ne laisse pas énormément de place à ses rejetons. Ils ne s'aventurent jamais à le contredire qu'il ait raison ou tort. Il faut faire preuve envers lui de souplesse et de diplomatie.

Ce qui n'a pas toujours plu à son autre fils, Jean-Pierre, trop semblable à son père. Comme lui, il aime la bonne chère, il a le goût du jeu, il a son côté rebelle et obstiné. Il est champion d'échec et bon musicien, et manifeste une certaine indépendance dans la réussite de sa propre vie. Comment exister aux côtés d'un homme aussi exigeant et sûr de lui ; aspiré dans le vertige des risques incessants qu'il a pris pour la réussite de son entreprise titanesque ? Souvent il s'est tenu sur un fil, et perdre de la vitesse aurait supposé pour lui se casser la figure dans la grande largeur. Il n'avait pas le temps d'hésiter, ni d'écouter les conseils de prudence. Il devait être dur aux plaintes, transgresser l'évidence, au profit d'une vision à long terme que d'aucuns lui reprochaient. René l'artiste. René le génial improvisateur, qui assure tous les risques. Et, au final, gagne la mise.

Quant à sa fille, Anne-Marie, le rapport à son père, est harmonieux, même si elle ne l'a pas beaucoup vu, étant petite. Mais n'ayant jamais manqué de rien, elle a réussi à être une mère passionnée, une fille pleine d'amour et d'admiration pour ce père qui reste à ses yeux un héros.

Or voici qu'à plus de soixante ans, René a été à nouveau papa. Ce beau miracle dans sa vie est venu le ramener aux abords du bonheur, après l'effroyable épreuve qu'il a vécue. Le premier René-Charles, puis les deux jumeaux, Eddy et Nelson, ont fait de celui qui était bardé de certitudes, un homme attendri devant les trésors que le ciel lui envoyait. René-Charles, âgé de sept ans, a suivi la grande tournée mondiale *Taking Chances*, d'abord parce que ses parents ne pouvaient ni l'un ni l'autre, imaginer de s'en séparer pendant de si longs mois, presque une année, ensuite parce que c'était l'occasion en or de lui faire découvrir le monde. Du coup, comme eux, il aime le jeu, le golf, la nuit. Et il apprend à son père à jouer au base-ball !

Mais, son éducation est aux mains de Céline et de sa sœur Linda, qui est sa marraine. René ne conserve auprès de son fils, que la partie ludique de son existence, et ne perd pas une seconde sa passion du poker. Il continue à passer des nuits entières sur les tapis verts. René-Charles comprend vite que les gardes du corps, comme Nick, ou bien son parrain, Alain, incomparable cuisinier et mari de Linda, sa nounou, sont plus proches de sa vie au quotidien, que son père qui rentre de ses nuits de poker, sur les genoux, et somnolant une partie du jour. Il s'éloigne de lui tout en s'en désolant ce qui provoque la colère de Céline. Car celle-ci remplit toutes les charges d'une mère à laquelle revient les soins, l'inquiétude, les visites au pédiatre, le choix des vêtements, des cours, du sport, etc. René a beau dire je lui apprends la vie et lui m'apprend le bonheur, Céline n'est pas contente. Elle est certaine que son fils a besoin de son père. D'autre part, elle a compris que la passion qu'elle a pour ses enfants a entamé celle qu'elle avait pour son homme. Elle lui garde un immense amour, mais elle sait maintenant, que le lien qui les unit a pris la forme adorée de leurs enfants.

Alors un jour, elle explose. Désormais René doit changer de vie. Finies les nuits de patachon ! Céline ne vit pas avec son manager. Elle vit avec l'homme qui est son mari et le père de ses enfants. De plus il met lui-même sa santé en danger. Il doit revoir son hygiène de vie, faire de l'exercice, ne pas manger autant. Les enfants ont besoin de lui autant qu'elle. Tous manquent de sa présence.

Mais tout n'est pas si simple. René a peur de mourir comme son père à l'âge de soixante-sept ans. Il brûle sa vie par les deux bouts, car elle pourrait s'interrompre. En tout cas, il le craint. Et puis l'amour fou de Céline pour son fils n'a pas beaucoup laissé de place à celui de René. Il s'est écarté car la mère amoureuse prenait beaucoup de place. Hé bien, non, pas du tout. Céline va lui offrir comme cadeau d'anniversaire, un entraîneur personnel qui va lui apprendre à faire du sport, à suivre un régime de santé où la nourriture orientale ne sera plus forcément au premier plan !

C'est un cadeau pour son homme autant que pour son fils.

Il faut dire qu'après les succès fabuleux de *Falling into you*, vendu à trente millions d'exemplaires, et de l'album *D'Eux*, écrit par Jean-Jacques Goldman, vendu à huit millions, record absolu pour un disque en français, que pouvait-il encore espérer ? De quel challenge aurait-il eu envie ? Céline avait chanté au gala des Oscars, devant les plus grandes stars d'Hollywood. Ils avaient rencontré Mohamed Ali, autre idole de René. Il avait tout fait pour qu'autour de lui, tout le monde soit heureux. Il avait vu sur grand écran, de sa maison de Jupiter, sa femme chanter au Stade de France, devant quatre-vingt-dix mille personnes déchaînées.

Lorsqu'il est sorti de son traitement, il a compris qu'il aurait du mal désormais à parcourir le monde en jet privé au rythme des spectacles de Céline. Quant à Céline, elle a vu que son rôle de mère de trois enfants encore petits, ne lui permettait plus de s'absenter comme avant. C'est ainsi que dans la tête de René s'est forgé le projet de faire chanter son artiste dans un des plus grands casinos de Las Vegas, le Caesars Palace. En demandant à un des plus grands metteurs en scène du moment de lui créer un show jamais vu. Ce fut Franco Dragone, qui avait assisté au concert de Céline, au Stade de France, et avait mis en scène les sept derniers spectacles du Cirque du Soleil, dont *Mystère* et *Saltimbanco*. Céline voulait un immense plateau en rond, un rideau grandiose escamotable, des danseurs, des écrans géants. Il fallait construire un théâtre de quatre mille places. Un budget pharaonique de cent quarante millions de dollars. Céline et René reçurent le gouverneur de la ligue de hockey, Phil Anschutz, chez eux. C'était un des hommes les plus riches des États-Unis qui produirait avec la société de René le show le plus fou de Las Vegas.

Et ce qui fut dit fut fait. Ce fut le spectacle *A New Day*, au Colosseum, qui rassembla des millions de spectateurs. En tournée, ou non, Céline avait un show permanent à elle, dans une salle construite sur mesure et selon ses désirs. Elle pourrait même la louer à d'autres artistes, lorsqu'elle partirait en tournée. Un deal magnifique.

Une fois de plus René est arrivé à combler les désirs les plus fous de sa femme. Il lui reste à combler les siens. Il a été une vingtaine de fois en finale dans les plus grands tournois de poker. Il en a remporté à peu près la moitié d'entre eux. Il est un joueur redouté. Armé de ses fameuses lunettes Von Zipper dont il s'est offert une dizaine de paires, il s'inscrit ce jour-là au tournoi de poker du Caesars Palace de décembre 2007, pour un droit de cent mille dollars. Tout va être correct, a-t-il affirmé, selon sa devise. TVEC, le nom qu'il a donné à son bateau.

Dans les salons feutrés, les cinq tables de joueurs attendent les concurrents. Les trophées en jeu sont deux millions et demi de dollars et un bracelet de diamant. Porter ce bracelet à son poignet serait le signe d'une victoire glorieuse. Elle retentirait jusque dans les casinos du monde entier, où René avait un jour ou l'autre miser sur les tapis verts, à Paris, Londres, Shangaï ou Sydney. Ce sont de grands tournois qui durent deux ou trois jours où il a été confronté aux plus grands *gambler* de poker. Cela fait plusieurs jours qu'il se concentre, mange moins, parcourt le green, se couche de bonne heure, boit du thé vert. Une ascèse ! Au point que Céline s'est exclamée, « je vais finir par croire que le poker est bon pour ta santé ! » Dans sa voiture il n'a pas dit un mot au chauffeur. Celui-ci a l'habitude. Le patron s'économise. Il ne faut pas le distraire. Il porte ses verres fumés fétiches, les Von Zipper, sans lesquelles il ne peut imaginer une seconde avoir de bonnes « mains ». À côté de lui, il y aura seulement la bouteille d'eau dont il ne se sépare jamais depuis le traitement qu'il a subi à la gorge, et qui a supprimé presque toute sa salive.

Lorsqu'il a composé son jeu de cinq cartes, tout le talent du joueur Angélil se déploie. Il devient à la seconde indéchiffrable. La neutralité absolue. Aucune réaction. S'il se mordille les lèvres, personne ne sait s'il fait semblant d'être ennuyé ou s'il l'est vraiment. S'il a un mauvais jeu, ou si son jeu est excellent et qu'il joue à la perplexité. Il est maître ès bluff ! Ses verres fumés cachent ses yeux aux adversaires, mais ne l'empêchent pas de lire sur eux le moindre signe indicateur qu'il décrypte avec maestria. C'est un don. C'est une passion. Il est comme un poisson dans l'eau. Tété Nour a mis dans son sang le virus du jeu dès son plus jeune âge.

Dans ce tournoi, il y a des Russes, des Chinois, des Saoudiens, des Brésiliens, des hommes, des femmes, qui communiquent par gestes et sont liés puissamment par la même ivresse : quitter la table le bracelet de diamant au poignet, riche de quelques millions supplémentaires. Le croupier en chef a lancé « *Dealers, shuffle up and deal* ! » Les joueurs misent et sont éliminés peu à peu. Ils ne sont plus que vingt. Au bout de sept heures, ils ne sont plus que cinq. René reçoit un jeu d'enfer, une quinte (dix, valet, dame, roi, as)! Mais Chip Reese, un très grand joueur de poker, lui a appris que devant une main grandiose, il faut rester calme. Il faut toujours rester calme. René, après avoir fait semblant d'hésiter relance la mise, *Raise* ! Il pousse sur la table, quatre-vingt-dix mille dollars, puis il fait *all in*, et avance tout ce qui lui reste sept cent mille dollars. Sûr de son fait. Il est *chip leader*.

À la fin du jour, ils ne sont plus que deux. Les croupiers, suivis par les gardes du corps armés, mettent sur la table le lot de 1 650 000 dollars destinés à celui qui sera vainqueur de ce tournoi, et 825 000 dollars, au second. René a donc éliminé tous les joueurs, sauf un qui lui fait face. Il peut encore tout perdre s'il a deux ou trois mauvaises cartes. Il pense que c'est son dernier grand tournoi. Ni l'un ni l'autre ne veulent renoncer. René propose à son challenger qu'ils se partagent le prix et lui abandonne même le bracelet s'il le veut, avec en prime un plus de 175 000 dollars. Et celui-ci accepte le deal. Sans prendre le bracelet. René, fou de joie, part embrasser sa femme qui va entrer sur la scène du Caesars Palace, avec 1 475 000 dollars en poche et un bracelet de diamant au poignet. TAEC Tout a été correct !

Sans lui

Céline est sûre d'une chose qu'elle affirme sans cesse : « Ma carrière était son chef-d'œuvre, sa symphonie à lui. » C'est ce mot, « était », qui fait frémir son cœur. René est mort le 14 janvier 2015, à l'âge de 73 ans. Il faudrait ajouter, dans les bras de la femme de sa vie. C'était cela qu'elle redoutait le plus, qu'il s'éteigne pendant qu'elle était en scène. Lorsque René est atteint du cancer pour la première fois, ils se re-marient sous le rite des chrétiens d'Orient, dans une cérémonie grandiose au Caesars Palace. Alors que leur premier mariage, le 17 décembre 1994, qui avait coûté un demi-million de dollars, était déjà digne d'une reine. Avec une traîne de vingt kilos, portée par ses huit sœurs, une tiare de perles pesant des tonnes, et la basilique Notre-Dame de Montréal, bondée d'une foule d'admirateurs.

René savait que Céline a la passion des enfants. Il disait « quand je ne serai plus là, elle aura ses trois enfants pour me continuer auprès d'elle ». René-Charles, né le 25 janvier 2001, et les jumeaux Eddy et Nelson, nés le 23 octobre 2010. Céline a tout vécu pour ce résultat d'amour : les piqûres d'hormones, les prises de sang, les échographies à répétition. Puis ce fut la victoire de la venue de l'enfant.

On a encore vu la famille au complet dans la presse people de 2014. René a l'air d'un vieux monsieur très doux, affaibli, mais heureux, auprès de ses trois derniers fils et de sa femme comblée. Jusqu'au bout elle le tient par la main, dans leur jardin de Laval où il peut encore faire quelques pas en 2014. Puis elle le soigne, le nourrit car il ne peut plus s'alimenter seul. Organise autour de lui, pour le soulager au maximum, un défilé continu de médecins, d'infirmières, de kinés, pour l'aider à respirer. Ses enfants la maintiennent, ainsi que lui, accrochée à la vie. Indomptable, volontaire, triomphant de tout, même de la mort, puisqu'elle l'accepte et lui refuse son caractère morbide. L'amour est plus fort que la mort, chante-t-elle.

Le 25 mars 2015, sur la chaîne ABC news, elle avoue dans ses larmes « René m'a simplement demandé de mourir dans mes bras ». La dernière fois qu'on les a vus ensemble publiquement, c'est au cours de l'émission *Good Morning America*, où elle racontait « leur » long combat contre le cancer. René, très ému, l'avait enlacée avec reconnaissance et tendresse. Puis le 23 décembre 2013, René a subi une opération qui lui enlève une partie de la langue. Il ne peut plus manger par la voie naturelle. On doit lui poser un tube dans l'estomac. Deux ou trois fois par jour, Céline le nourrit elle-même. Il n'entend plus, mais continue à tchatcher avec ses fils. Il accompagne René-Charles au basket et fréquente encore les tables de poker !

Puis il veut régler les affaires d'argent. Il vend leur palais de Jupiter Island, en Floride, pour 50 millions d'euros. Et le château de l'île Gagnon, au Québec, 23 millions. Ayant tout mis en place, le grand maître d'œuvre renonce, et cède sa place à Aldo Gianpaolo. Celui-ci pourra gérer la carrière de Céline.

La jeune femme traverse toutes les tempêtes. Ils s'installent à Henderson, la banlieue chic de Végas. En plein désert, en pleine chaleur. Mais tout près du Caesars Palace où elle continue de chanter, entre deux soins donnés à son homme dans la peine. Elle a dit, « le 27 août, quand je reprendrai mon spectacle, il sera là ».

Mais dans la matinée du 14 janvier, René a retenu sa vie jusqu'à ce qu'elle rentre du Colosseum, puis il a expiré dans ses bras.

N'avait-elle pas chanté devant 3 milliards de téléspectateurs, en 1996, pour l'ouverture des Jeux d'Atlanta ? Aux Oscars d'Hollywood ? Dans le monde entier, jusqu'en Chine ? Ou encore au Caesars Palace, pour de longues années encore, René ayant fait construire, pour elle, le Colosseum ? N'avait-elle pas vendu plus de 230 millions d'albums dans le monde ? N'avait-elle pas ses trois fils auprès d'elle ? Un nouveau manager convié par René ? Il pouvait partir en paix. Il avait pensé à tout. Il avait même organisé son enterrement. Retransmis à la TV, avec tapis rouge, photographes agréés et hélicoptère pour la sécurité. Il avait choisi les musiques et les chansons.

Le 22 janvier 2016, par moins 7 degrés, deux mille personnes sont venues dans la basilique de Montréal, où ils s'étaient mariés 22 ans auparavant, pour rendre un dernier hommage à leur chanteuse préférée et à son défunt époux. Le maire de Montréal est présent. La veille, les Québécois sont venus par milliers pour un dernier salut au couple star. Le défilé devait durer trente à quarante minutes. Céline, indestructible, est restée debout près de 7 heures, pour recevoir les condoléances les plus touchantes d'un peuple dont elle est l'icône. René-Charles était reparti discrètement avec ses deux petits frères, comme l'ange gardien qu'il est devenu auprès d'eux et de sa mère.

Le jour des funérailles, accompagnée de ses jumeaux, Eddy et Nelson, âgés de 5 ans, tous deux coiffés d'un chapeau de feutre à large bord, elle est arrivée portant une voilette de dentelle sombre sur ses cheveux ramassés en chignon. Marchant derrière elle, son fils, René-Charles, 15 ans, soutenant sa grand-mère, Thérèse, âgée de 88 ans, qui vient elle-même de perdre un de ses fils. La famille royale du Québec.

Dans la basilique le corps embaumé de René repose à découvert. Le prêtre en chasuble jaune officie devant Céline, René-Charles et les trois premiers enfants de René, Patrick, Jean-Pierre et Anne-Marie. Lorsque René-Charles monte au pupitre de bois doré pour prononcer l'adieu à son père, c'est un moment de grâce qui saisit toute l'assemblée. Le jeune adolescent, plus pâle que jamais, parle d'une voix calme et maîtrisée. Il englobe ses deux jeunes frères dans son discours. « Tu m'as laissé assez de souvenirs pour que je leur parle de toi, dit-il. Je t'aime, papa. » La basilique résonne des accents de *Pour que tu m'aimes encore* et de *L'amour existe encore* et Céline se penche ardemment sur le cercueil refermé de René, après un tonnerre d'applaudissements qui ébranle les voûtes. Elle lui lance un dernier adieu vers le ciel et laisse couler ses larmes, le visage transfiguré.

Elle chantera bientôt les paroles de Jean Jacques Goldman qui disent ce grand amour qui a duré près de 35 ans. Armée de la force que lui donnent ses trois fils, elle va apprendre à vivre sans lui, et continuer à se battre, comme elle sait le faire. Habitée par l'amour de celui qui la regarde, là-haut, ailleurs, elle en est sûre. Que de calme, de maîtrise et de dignité dans son attitude durant ces deux jours difficiles à vivre. Elle est star, mais sobre. Résignée devant l'inévitable, mais affermie par l'amour de l'absent autant que par celui de ses enfants.

Et puis il y a eu la grande soirée d'adieu et d'hommage à René Angélil, au Caesars Palace. Le 3 février, devant 1 200 personnes, conviées au Colosseum, les huiles du show biz ont partagé leurs meilleurs souvenirs avec celui qui fut le grand manager, producteur, entertainer, qu'ils connurent. Céline a pris la parole pour dire combien elle était sûre de sa présence parmi eux, dans ces murs qu'il avait voulus pour elle. Combien elle gardait à jamais d'amour pour lui, certaine qu'il la protégeait.

Son premier concert sans lui, a eu lieu le 23 février devant des milliers de fans venus l'applaudir debout. En robe noire pailletée, puis en long fourreau de strass dorés, elle a parlé, chanté. Avec l'étincelant esprit dont elle peut faire preuve. Sa voix éraillée par l'émotion, elle a déclaré : « C'est curieux, dans mon dressing, ça se passait mieux », au milieu des larmes qui montaient. Puis elle a voulu ajouter : « Il était le seul homme que j'ai connu. Nous n'étions qu'un, et rien n'a changé aujourd'hui. Je ne peux plus entendre sa voix, mais je lui parle. Je le sens, je sais, qu'il m'entend… Et à cet instant précis, je sens qu'il me dit de la fermer et de commencer à chanter ! » Incroyable Céline ! Capable de toutes les folies. Avec sagesse. Et puis elle continuera comme cela de parler à son public, pendant tout le concert, au point qu'elle dira à un moment : « Au rythme où vont les choses, cela risque de durer quatre heures. Si vous avez une réservation au resto, annulez-la ! » Mais, après avoir chanté une quinzaine de titres, la tchatche s'est brisée en éclats. À la fin de *All by myself*, elle s'écroule en sanglots. Aussitôt le public lui fait une longue *standing ovation.* « C'est le spectacle le plus difficile que j'ai fait de ma vie » avoue-t-elle à travers ses larmes. « Merci pour tous vos mots, vos gestes, votre amour. Merci d'être là ce soir. Vous m'avez tellement aidée à passer ces semaines. Ce spectacle c'est ma façon de vous remercier et de vous dire que je vous aime. »

Mais à la fin de sa chanson, elle n'a pas trouvé le visage de René tendu vers elle, comme ce fut le cas des centaines de fois. Il ne lui a pas murmuré à l'oreille, dans un écouteur, comme c'est arrivé lorsqu'il ne pouvait pas être là, « Tu es la meilleure, la plus grande, je t'aime. » Alors, avant que le rideau ne retombe, elle s'est tournée vers le ciel et elle a lancé de toute son âme : « Je t'aime, René ! », tout son corps envahi de chagrin.

Aubin
IMPRIMEUR

IMPRIM'VERT
Votre imprimeur agit pour l'environnement

Achevé d'imprimer en mai 2016
N° d'impression 1604.0402
Dépôt légal, mai 2016
Imprimé en France

conception
réalisation
mise en page
pca

44405 Rezé cedex